JN126035

一《いち》隅《ぐう》を照らす

衆議院議員
義家《よしいえ》 弘介《ひろゆき》 著

協同出版

まえがき

令和二年十月二十六日に召集された第二〇三回・国会において院の御承認を賜り「衆議院法務委員長」を拝命いたしました。国権の最高機関であり唯一の立法機関（憲法第四十一条）の法務分野を司《つかさど》る総括責任者――日々、身の引き締まる思いで職務に精励しております。

皆様から国会での議席をお預かりして早十四年目を迎え、三十六歳だった青年政治家は今、五十歳という人生の節目を迎えようとしております。皆様のお蔭でこれまで多くの得難い経験を積ませて頂きました。身に余る要職も歴任してまいりました。御代替《みよが》わりに立ち会わせて頂くという栄にも浴しました。しかし、私はそれらの経験を個人のものだと考えたことは一度もございません。すべては「私たちのもの」です。私は皆様に生かされながら、この場所におります。今後も支えてくださる皆様に恥じることのなき様、地に足をつけた活動をコツコツと重ねてまいります。どうぞ見守っていてください。

国民の代表たる国会議員、なかんずく一票を投じた議員が、我が国や世界で表出している数多の事象をどのように捉え、どのような考えのもと、どのように対峙《たいじ》しているのか。また、国会議員の日常とは一体どのようなものなのか。

生かされている者として、それを丁寧に皆様にお伝えすることは一丁目一番地にある責任――そう思い立って創刊し、一度の休刊もなく毎週月曜に発行を続けてきた後援会通信『週刊よしいえ』も、令和二年九月二十八日号で300号となりました。

三年前、協同出版（小貫輝雄社長）様の御好意により、創刊から150号までを一冊の本（『あなたは、私の夢だから。』）として出版させて頂きました。そしてこの度、再び協同出版様の御好意で151号から300号までの原稿を書籍としてまとめて頂きました。小貫輝雄社長、中元貴也編集制作部次長ならびに協同出版社員の皆様に心より感謝申し上げます。

本書は衆議院議員・義家弘介の『活動の歴史』であり、毎週、皆様の顔を思い浮かべながら一文字一文字を紡いできた『時の記憶』でもございます。

その意味を噛みしめながら、天台宗の開祖・最澄《さいちょう》伝教大師が遺された「一隅《いちぐう》を照らす者、これ、国の宝なり」という箴言《しんげん》の一部を表題とさせて頂きました。皆様は世襲でも政治エリートでもない私という「一隅《いちぐう》」を照らしてくださっております。そんな私には、コロナ禍にあっても、いやコロナ禍にあるからこそ、世の隅々にあかりを灯し続ける責任がございます。

暗いと不平を言うよりも、すすんであかりを灯《とも》します。

これからも弛むことなく、あの日歩み始めた道の続きを歩んでまいります。

今後も変わらぬ御指導御鞭撻《ごべんたつ》を賜りますよう、お願い申し上げます。

衆議院議員 義家弘介《よしいえひろゆき》 拝

一隅を照らす◎目次

第2章

第3章

第1章

「野党ねじれ」の中で——平成29年末

▼『週刊よしいえ』第151号　2017年11月20日

早速の「野党ねじれ」炸裂に危機感を抱く

衆参で「野党第一党」がねじれている（衆が立民・参が民進）特別国会。当コラムでも国会運営上の懸念を書かせて頂きましたが、それが早速、現実のものとなっております。野党は国会開会当初から、設置審議会より示された『獣医学部』の設置認可の可否判断とそれを受けた大臣認可にからみ「一日も早く衆・参で文部科学委員会を開催せよ！」と強く求めてきました。与党と致しましても、丁寧に説明することに異存はございません。その点で与野党は完全に一致しておりました。しかし一方で野党第二党である「希望の党」（当時）の代表選出（その顛末《てんまつ》は再びのサプライズでしたが）と、執行部人事・委員会人事が終わらなければ野党間合意ができません。やっと先週になって「希望の党」（当時）の代表が選出され、執行部体制が整ったので、早速、衆議院・参議院で委員会をセットする運びとなり、私も与党質問に立たせて頂きましたが、衆議院では先週一五日（水）に四時間コースで文部科学委員会が開催されました。午後に参議院が委員会質疑を行うということから衆議院での質疑は午前中に終わらせなければならず、異例の朝八時半からのスタート。トップバッターだった私は四時起きで国会に向かいました。しかし午後、参議院の委員会質疑は突如「流会」となりました。理由をお聞きすると参野党第一党の民進が「衆議院での質疑でもこれまでと同じやり取りだし開催を急ぐ必要はない」と判断されたのだそうです。既に質問通告もなされ、それを受けて役人は夜中までかけて答弁を作成し、参議院職員も残業して印刷物を揃え、開催手続きを終えた先での流会。さすがに無茶苦茶です。それら準備にかかった経費はすべて税金なのです。

国会審議は、国民への責任です

衆議院で与野党合意が行われても、野党が衆参で「ねじれ」る中、参議院で「ちゃぶ台返し」に合う。まさに憂慮していた通りの顛末《てんまつ》となりました。私も参議院議員を一期務めましたが、昔「貴族院」だった参議院には独特の文化がございます。例えば私たちは登院する際、自らの名前の上のボタンを押し、点灯させてから議場に入りますが、衆議院の氏名掲示板は多数党から順に「会派」ごと「あいうえお順」で並んでおります。一方、参議院は全議員一括で「あいうえお順」。選挙がなかった「貴族院」の名残でしょう。因みに、議員バッジの「値段」も参議院の方が高額です。また選挙が六年に一度なので、例えば三期目の議員は十八年以上の議員歴となります。これは解散のある衆議院議員に換算すると六期目相当。実力者です。「野党ねじれ」の状況は今後も数多の問題を生むでしょう。常に緊張感を持って臨んでまいります。

『週刊よしいえ』第152号　2017年11月27日

議員さえ詳細を知らない衆参の「ちがい」

先週、衆参の「野党ねじれ」の顛末と、参議院独特の文化について「衆議院議員」「参議院議員」の両方を経験している者として少し触れさせて頂いたところ結構な反響がございました。そこで今週も「意外に知られていない国会の徒然《つれづれ》」をもう少しお話しいたします。先週、国会議員の議員バッジは衆議院と参議院では値段が違うとお話ししました。初登院の際にバッジをつけてもらうシーンはテレビ映像でご覧になったことがあるかと思いますが、衆議院でも参議院でも、新人でもベテランでも、選挙後に当選証書を示して頂戴する議員記章（議員バッジ）は無償で、これが登院する際の「通行証」となります。頂くバッジは原則として「水雷型」と呼ばれるスーツの左襟の「フラワーホール」と呼ばれる穴に埋め込むタイプのものです。しかしスーツによって、また女性服などには、この穴がないデザインのものもございます。そこで「タックピン型」のバッジが別途有料で販売されており、私も毎回、購入しております。さて本題に移りますが、衆議院の議員記章（議員バッジ）の「金色」の部分は「メッキ加工」となっております。一方昔、貴族院だった参議院のバッジは「金張り（金箔）」で菊花模様も衆議院のものよりも一回り大きなものになっております。価格については衆議院議員のタックピン型バッジが「一五一二〇円」なのに対して、参議院は「一六二〇〇円」と割高。議員バッジの台座に張られている生地の色にも違いがあり、衆議院の生地色は参議院のものと比べると「赤み」が強くなっています。常在戦場である衆議院議員のバッジは「血が滲んでいる」からだ、と先輩議員に教わりましたが、本当のことは、わかりません。

国会の重みを改めて噛みしめる

現行憲法では「衆議院の優越」が規定されておりますが議員記章に関しては「参議院が優越」のようです。これは最初に議員記章が作られた第一回帝国議会（一八九〇年）当時、貴族院が、皇族議員、華族議員、勅任議員で構成されていた名残なのでしょう。またバッジは登院する際の「通行証」となると前述させて頂きましたがこの運用は例外なく厳格なものとなっております。一九七八年、当時の福田赳夫内閣総理大臣が議員バッジをつけ忘れて議場に入ろうとした際に衛視から制止され、森喜朗官房副長官からバッジを借りてやっと入ることができたという逸話がございます。国権の最高機関である「国会」は時の最高権力者である総理大臣であろうとも軽んじることはできないのです。今、国会議員は党や立場を超えて、その「重さ」と「議論の重要性」を再確認すべきなのではないでしょうか。

▼『週刊よしいえ』第153号　2017年12月4日

変わり続けるものと変わらないもの

師走に入って早二週目となりました。イルミネーションに彩られた街を眺めながら、それも素敵だけれど伝統的な日本の「冬の風情」も忘れてはならないと感じる今日この頃です。とはいえ子ども達にとってはこの風景が「冬の風情」そのものなのかと考えると、しみじみ今昔《こんじゃく》を感じます。さて、今は昔、と言えば、先日、インターネットで赤ちゃんの名前を診断するサイト『赤ちゃん名づけ』が二〇一七年の「トレンド」を発表しました。男の子の第一位は『颯』（はやて等）、第二位が『凛空』（りく等）、第三位が『陽翔』（はると等）、女の子の第一位は初登場の『紬』（つむぎ）、第二位が『心桜』（こころ等）、第三位が『咲花』（えみか等）だったそうです。公表した『赤ちゃん名づけ』という無料アプリサイトは「姓名判断」などから名字と相性のいい名前を検索診断できるサービスを提供しており月間アクセス数四〇〇万を超えるビッグサイトです。調査では二〇一六年十一月～二〇一七年十月までにあった検索総数１９３６万９４３０件から多かった名前を抽出して順位付けを行ったそうです。結果はまさに……「今は昔」でございました。もしルビがふっていなかったなら私の世代から上で『心桜』を『こころ』と読める人は限られたごく少数でしょう。「受付」や「学校の先生」にとってまさに「受難の時代」です。近年では「キラネーム」と呼ばれるさらに度肝を抜かれる名前も登場しています。【男の子＝碧空（みらん）・輝星（べが）・陽空（はるく）・心人（はあと）】【女の子＝星凛（きらり）・奏夢（りずむ）・希星（きてい）】……ここまできたかと思うのは、私だけではないのではないでしょうか。

義家弘介は……政治家には向かない？

ランキングでは「え？」と思った古風な（？）名前も十位にランクインしていました。その名は『主税』（ちから）。ちょっと古い私にとっての「主税」といえばやはり、赤穂浪士の大石内蔵助《くらのすけ》の息子の大石主税《ちから》ですかね。私も立派なおじさんになりました。他方、皆様のお蔭で仕事をさせて頂いている国会では「キラネーム」は絶滅危惧種です。やはり最多は「たろう」「いちろう」「じろう」（名前の一部に入るものを含む）という名です。先の総選挙の候補者（一一八〇人）の中でみると「たろう」は四名、「いちろう」は七名、「じろう」は五名、さらに「〇たろう・〇いちろう・〇じろう」は五十名以上。ちなみに初代総理大臣の伊藤博文と同じ「博文」という名の国会議員は四名にのぼります。世襲が多いからなのか、伝統的な名前が有権者に好まれるからなのか、いずれにしても、とても興味深い傾向だと皆様は思いませんか。

『週刊よしいえ』第１５４号　２０１７年12月11日

「あの日」、そして「これから」を思う

今週の木曜日十二月十四日、平成二十六年の総選挙で自らの「思い違い」の結果として相手候補と「一四八九票差」で「小選挙区」を落としてしまった「あの日」から丸三年になります。本コラムでも、今年十月の総選挙でも何度もお話しさせて頂きましたが、それまでの私は「地元活動」と「国政活動」は「車の両輪」である、という誤った認識の元で

政治活動を重ねておりました。地元の皆様に一票一票を重ねて頂き国会へと届けて頂けなかったなら「国政活動」など一切、できないのに、です。地元と国は「横並びの関係」ではなく「縦に連なる濃密な関係」であることを、上滑りする言葉だけではなく、まさに骨の髄まで染み込ませて頂いた「代議士」としての「原点の日」でございます。あの日があったからこそ、以来一日も欠かしていない毎週月曜日の地元・本厚木駅での「早朝駅頭」があり、本号で一五四号となる『週刊よしいえ』があり、皆様の手で重層的に広げて頂いた「後援会組織」の存在があり、政策を進める上で必要不可欠な首長、県市町村議員の皆様との「連帯の絆」があり、先の総選挙で獲得した十一万五〇八の得票、惜敗した前回の約十倍となる、相手候補に一万四千三八〇票の差をつけての小選挙区での勝利があるのです。あの日から「四度目の冬」を、こうして皆様と共に迎えられていることは心から喜ばしく、誇らしく思っております。名実共に「年末」に差し掛かりましたが、四年目に入る「これから」も「原点」を片時も忘れることなく、地に足をつけた活動を重ねてまいります。本格的な寒さが到来し、インフルエンザも流行の兆しがみえます。健康には十分ご留意され、充実した歳末をお過ごしください。

「亡き恩師」たちに恥じぬように

この三年間で、当時「勘違い者」だった私を「それでも」と必死に支え励ましてくださった何人もの「恩師」が鬼籍に入られました。小雨降る中傘もささずに引き回してくださった方、街頭演説には必ず足を運んでくださり励ましの声をかけてくださった方、ほうぼうに働きかけて後援会を発足してくださった方、毎年、田畑で採れる作物を誇らしげに届けてくださった方、いつも美味しい手料理を振る舞ってくださった方、先輩として地元政治の要諦を説きながら私を導いてくださった方、小選挙区で当選できなかったことに涙を流して悔しがってくれた方……それぞれの皆様の面影と温もりは、今も私の胸にありありと刻まれております。願わくば今回一緒に「小選挙区当選」の喜びを分かち合いたかった。重ね重ねになりますが、すべて私の非力さ故の「悔い」でございます。天から見守ってくださっているであろう日本を愛し地元を愛し平和を愛した今は亡き皆様に恥じぬ態度で「原点の日」を迎えます。

『週刊よしいえ』第１５５号　２０１７年12月18日

子ども達は、常に私たちを見ています

党の財務金融部会長として一つ目の大きな山であった「税制」についてはなんとか決着をはかることができました。具体的な提言を頂いた業界を始めとする関係各位に心から感謝を申し上げます。しかし息つく暇はございません。今週はもう一つの大きな山「今年度補正予算」「来年度当初予算」の決着（閣議決定）という最大の山場を迎えます。皆様の思いを胸に、未来を見定めながら財金部会長として最終最後まで全力を傾注いたします。

ところで先日、地元厚木市の戸田小学校の児童たちが国会見学にきてくれましたが、衆議院第一会館で彼らの昼食が終わったタイミングで歓迎のあいさつに伺わせて頂きましたが、皆、大変、礼儀正しく、熱心に私の話に耳を傾けてくれました。特別国会は今月九日に閉会致しましたが、その日も委員会では常時ヤジが飛び交い、激しい言葉が次々に繰り出される――まさにそんな折りもおりだったこともあり、彼らの姿勢に感激すると共に気恥ずかしさがこみあげ、また日頃より子ども達を教え導いて頂いている先生方に申し訳ない気持ちで一杯になりました。もちろん政党間で激論が交わされることは「言論の府」の必然です。しかし、そうであっても私たちは、子ども達に対して「恥ずかしくない態度」を貫く

責任がございます。先生方が根気よく子ども達に礼節を教えてくださっている一方で、国会見学にきてみたら「国会議員」がそれを全否定するかのような態度で議論しているのを垣間みる。それでは国会は子ども達にとっての「反面教師」の「教材」にしかなり得ません。彼らの「将来の夢」の上位に「政治家」がノミネートされないのはネガティブに報道するメディアの影響だけではないと私は思います。

公に尽くす仕事の権威を守るためにも

最新（二〇一七年十一月集計）の子ども人気職業ランキング（十三歳のハローワーク公式サイト）によると第一位は昔と変わらず「スポーツ選手」、二位は世相を映す「金融マン」、三位は根強い人気の「医師」という結果でした。公を担う職業としては「保育士」（八位）、「警察官」（十五位）、「小学校教諭」（十六位）が上位でランクインしております。翻って「政治家」は……七十九位。別の複数の調査ではランキングにさえ入っておりません。「開かれた国会」を掲げ、子ども達の国会見学に門戸を開いてきた衆・参両院ですが、予算委で予算の議論が一切なされない、といった政局議論を続けている限り訪れる子どもが増えれば増えるほど、その権威は堕ちていくでしょう。彼らは私たちの「鏡」です。「今の子どもも達は」、などと嘆く前に、「今の大人達はどうなのか」。謙虚な態度で、襟を正さねばなりません。

『週刊よしいえ』第156号　2017年12月25日

クリスマス。改めて噛みしめたい「平和」

本日はクリスマスです。日本中、世界中の食卓で家族の笑顔が溢れる日。私はクリスチャンではありませんが「世界的な家族団欒」の光景をイメージしただけで「ほっこり」いたします。他方、キリスト教、ユダヤ教、そしてイスラム教の「聖地」である「エルサレム」を巡って、現在、国際社会は揺れております。発端はアメリカが「イスラエル大使館」の場所を、我が国を始め世界各国が大使館を置く商都「テルアビブ」から「エルサレム」へと移管する決定を行ったことです。「イスラエル」はイギリスが第一次世界大戦の際、自身の陣営で戦争協力をしてくれることを条件に、将来の「ユダヤ人国家」の建国を「確約」したことがきっかけとなりできた国です。しかしこの際イギリスは「パレスチナ」（イスラム教）のアラブ人に対しても同様の約束を交わしていたのです。結果、「イスラエル」（ユダヤ教）と「パレスチナ」（イスラム教）は戦争やテロなど激しい対立を繰り返すこととなりました。収拾がつかなくなったイギリスは第二次大戦後、パレスチナの委任統治を放棄し、国際連合に両国の存立に関する「裁定」を委ねました。国連はそれを受けて「パレスチナ分割決議」を行い、地域の五六・五％の土地をユダヤ国家、四三・五％の土地をアラブ国家とした上で「エルサレム」は「永久信託統治」にするとの議決を行ったのでした。しかしその後も対立は激化の一途を辿り、累次に渡る「中東戦争」が勃発することとなったのです。エルサレムを巡る人種・宗教対立は「ローマ教皇」がエルサレムを奪還するために派兵した「十字軍遠征」が有名ですが、さらに前、紀元前まで歴史を遡らねばならぬほど根深いものなのです。

和の国・日本という存在の意義

「エルサレム」を巡っては一九八〇年にイスラエル議会が「エルサレムは永遠の首都」とする法案を可決し、他方、国際連合は「イスラエルの宣言の無効」と「エルサレムに大使館を置かない」とする決議を行いました。そのため各国の「大使館」は「テルアビブ」に置かれてきたのです。今回の米国の宣言は国連にとっては「ちゃぶ台返し」でした。先の国連総会では米国の決定に反対する決議が可決されましたが、新たな火種は燻《くすぶ》ったままです。宗教は本来、人を幸せにするものであるはずです。しかし歴史的には宗教の対立により数多の不幸が生み出されてきました。世界の文化や価値観を広く受け入れながら独自の文化を醸成してきた日本。歴史的に神道・仏教国でありながら国を挙げてクリスマスを祝福する国、日本。キリストでもイスラムでもない開かれた国家、日本。そんな我が国は今世界から求められているのです。

一年の感謝を込めて、皆様へ

党の財務金融部会長として大きな責任を担っておりました「税制改正」「補正予算」「当初予算」がようやく確定し、有事が起きない限り本年の国会での仕事は一区切りとなりました。

平成二十九年、こうして衆議院議員として、地元代議士として大きな仕事を成し遂げることができたのも皆様あってのこと、でございます。改めて心よりの感謝を申し上げます。本年もお支え誠に有難うございました。

年末は連日、各地区後援会の皆様に「望年会」を開催して頂いておりますが、その際、私は一つの誓いを立て実践してきました。「宴の翌朝は、必ず早朝の駅頭に立つ」と。「決して浮足立つことなく、地に足をつけ総力で地元の、国の未来を拓く」。総選挙で皆様に約束した姿勢を、本年の最終最後まで誠実に貫いてまいります。

義家拝

国会は国家、国民のためにある——平成30年新春

『週刊よしいえ』第１５７号　２０１８年１月１日・元旦

本年も、どうぞ宜しくお願い致します

平成三十年（二〇一八年）がスタート致しました。元号が変わってから「三十年」という「節目の年」が「月曜日」からスタートするという巡り合わせに接し「新たな始まり」を強く予感しながら元日を迎えさせて頂きました。本年も目の前の諸課題から片時も目を逸らすことなく「一意専心」、正道を歩んでまいります。尚一層の御指導、御鞭撻《ごべんたつ》を賜りますよう宜しく御願い申し上げます。本年の干支《えと》は「戌《いぬ》」。昨年の「酉《とり》」は、「収穫」（採り）や「繁盛」の年と言われており、事実、正社員の有効求人倍率は過去最高を記録し株価も二万円を大きく超えました。そして、本年の干支「戌《いぬ》」は収穫後の地盤を「守る年」であると伝えられております。過去五年間、安倍内閣では「地球儀を俯瞰《ふかん》する外交」を強力に推進

してまいりました。これは個別の事案に対しては「虫の目」で、その解決にあたっては広く「鳥の目」で見つめ、世界と連帯・協働しながら諸課題と向き合っていくという、まさに「和（輪）の外交」でございます。迎えた本年は「朝鮮半島情勢」という具体的かつ深刻な事態から我が国の平和を「守り抜く年」であり、これまでの外交・安全保障政策の真価が問われる年となります。また、景気の上昇軌道は安定しつつありますが、それを「確たるもの」にするための重要な年でもあります。さらに明治維新から一五〇年という「節目」である本年は、来年に予定されている天皇陛下のご譲位に向け万全な備えを講ずる年でもございます。独りよがりのパフォーマンスでは政治は動きません。本年も後援会、首長、県市町村議会議員の皆様と力を合わせ「総力」でことにあたらせて頂きます。

桃太郎の仲間と干支《えと》の不思議

桃から生まれた若者が鬼ケ島に向かう道すがら、「猿」「雉《きじ》」「犬」と「きび団子」を介して仲間になり、力を合わせて鬼を退治する――「桃太郎」は日本一有名な昔話です。物語の中の鬼たち同様、無垢な若者を拉致し、大陸間弾道ミサイルの発射や核開発を進める北朝鮮に対して、これまで我が国は世界各国と連携しながら重層的な「包囲網」を形成してきました。ここ三年間の干支《えと》を「桃太郎」にあてはめると不思議なリンクが垣間見えます。

一昨年の「申《さる》」、昨年の「酉《とり》」、そして本年の「戌《いぬ》」、そう本年で「桃太郎の仲間」が勢ぞろいするのです。今年こそ東アジア和平のためにも北朝鮮との「対話の前提」となる「非核化」「拉致問題の解決」を、「国際社会の総意」として実現しなければなりません。「経済制裁」を所掌する財務金融部会長としても手腕が問われる一年となります。平和の為に、本年もひたすら邁進致します。

▼『週刊よしいえ』第158号　2018年1月8日

政治はあくまで国民のものでございます

早いもので「松の内」も明け、本日より本格的に一年が始動いたします。我が家では昨日「七日正月《なぬか》」恒例の「七草がゆ」ならぬ「七草雑炊《ぞうすい》」をいただき家族一同で一年の健康を祈願しました。「春の七草」と呼ばれる「せり、なずな、ごぎょう、はこべら、ほとけのざ、すずな（かぶ）、すずしろ（大根）」を「お粥《かゆ》」でいただくという平安時代から続く伝統は、早春の野山に自生する若菜を食して自然界から新しい生命力をいただき一年の健康を祈願するという伝統的な風習で、私も子どもの頃は毎年、祖父に連れられて「七草」の採集に出かけたものです。しかし昨今ではご丁寧にスーパーに「特設コーナー」が設けられています。便利でありがたい世の中ですが一方で、伝統的な風習の「由来」が希薄になってしまうことも危惧されます。子ども達に関わる大人はすべからく「先生」であらねば、歴史や伝統を後世に繋げていくことはできません。家族で「七草雑炊」をいただきながら改めて親という存在の「総合的な責任」に思いを致した「七日正月」でした。今年も地元代議士として多くの新年会等で皆様方にご挨拶させて頂きますが、平行して「アベノミクス」の成否のカギを握る党の財務金融部会長、衆議院財務金融委員会・与党理事としての職責を全うするという重要な使命がございます。まずは二十二日に召集される通常国会に向けて、補正予算・当初予算・予算関連法案を速やかに成立させるための準備を整えねばなりません。立憲民主・希望・維新・無所属(民進?)・共産・社民・参議院民進という多数の野党が分立し、熾烈《しれつ》な権力闘争を繰り広げている中で進めねばならない今国会は困難を極めることが予想されます。

総力で向き合わねばならぬ危機

しかし仮に困難であっても速やかに「補正予算」を成立させ、年度末までに「平成三十年度予算」を成立させなければ基礎自治体は大混乱に陥ってしまいますし、地元施策の推進に水を差す事態にもなります。またこれまでも「政局」に絡んで数回ございましたが「日切れ法案」（予算関連法案）を期日までに成立させることができなければ、それこそ「一大事」です。そもそも朝鮮半島有事の懸念が高まっている今「野党の覇権争い」への対応に時間を費やしている暇はございません。本日は、金正恩朝鮮労働党委員長の誕生日。これまで北朝鮮は記念日を目途として暴挙を繰り返してきました。野党の皆様も「国民の代表」に違いはございません。「政党の危機」ではなく、「我が国の危機」を直視しながら、言葉ではなく行動でその責と向き合って頂くことを切に願っております。今週も緊張感を持ちながら、謙虚な姿勢で精進致します。

▼『週刊よしいえ』第159号　2018年1月15日

こたつの上から姿を消しつつある風物詩

私が子どもの頃、大半の家庭の「冬の居間」には「こたつ」がございました。そして申し合わせたかのように「こたつ」の中央にはカゴに積まれた「みかん」がありました。私自身「みかん」が大好きで祖父母から「食べ過ぎると肌が黄色くなるぞ」などと言われながらも、日本の風土が育んだ絶妙な「甘みと酸味のハーモニー」に舌鼓を打ったものです。「みかん」は正月のお供え餅の飾りにも不可欠な「日本の冬」と共に歴史を刻んできた伝統果実。『古事記』や『日本書紀』にも「みかん」の記述がありますが、本格的な栽培は奈良時代から始まったと言われております。日本最古の「みかんの木」は平安末期の一一五七年に植樹され、昭和十二年に国の「天然記念物」に指定された老木ですが、なんとこの木は、現在も実をつけ続けております。毎年この木から収穫される「みかん」は「八百年みかん」として銀座の高級果物店で販売されますが、例年、即日完売するそうです。今は亡き祖父が闘病していた頃、この話を聞きつけた私は是非とも手に入れたいと所望して店に足を運びましたが、コネもない若造が入手するのは困難だと聞かされ、大層がっかりしたものです。私にとっての「みかん」は昔も今も「ソウル・フルーツ」です。誇らしいことに地元は古くから「みかん栽培の北限」と言われ、特に伊勢原では現在も栽培が盛んです。「地産」のみかんを日常的に食せることは、私にとって無類の幸せとなっております。本年は、台風など秋の天候不順の影響で卸売り相場が二十一年振りの高値（日本農業新聞）となっているそうですが、さは、さりなん。「箱みかん」は我が家の冬の家族団欒には不可欠な季節の風物詩です。

バナナもいいけど、みかんもね！

ただ、一部では「日本人のみかん離れ」も囁かれており、実際にそれを示すデータもございます。果物の消費ランキングでは長らく「みかん」が断トツの一位でしたが、平成十六年にその座を外国から入って来る「バナナ」に明け渡すこととなりました。現在は最盛期だった三十年ほど前に比べて出荷量が四分の一に減っており、生産者の高齢化や老木の更新が進んでいない現状も憂慮されております。栄養については最新の研究でも折り紙付きの「みかん」。学校給食でも国民の消費性向を鑑みてなのか「バナナ」が頻繁に出されますが、給食は「食育の時間」であり、そのために多額の税金を投じているのですから最大限「国産」「地産地消」を追求するべきだと私は思っております。小学校だけで七百万人以上の児童がいます。「食」は大切な「文化」です。その「文化」を守り継承できるのは「自国民」だけなのです。

『週刊よしいえ』第160号　2018年1月22日

大切なものは「自己の外」にあるのが政治

先の総選挙の直前、民進党の「何でも反対路線」を批判し、「平和安全法制」を是認する改革保守政党として立党（実質、民進から衣替え）された「希望の党」（当時）。選挙では大きな話題となり一定の支持が寄せられました。しかし総選挙から三カ月余……「希望の党」（当時）は「民進党」（元サヤ）と共に統一会派を結成して野党第一会派となることを画策し、いったんは代表同士で合意。しかしわずか二日後に党内政局で白紙撤回、と本日召集される国会の直前になっても国民不在のドタバタ劇を展開しております。多額の税金が充当されている「政党」や選挙の際の「国民との約束」（公約）など「どうでもいい」と居直るかのような野党の「なんでもあり」には、ただただ呆れるばかりです。結局「お金」（約八十億と言われる内部留保）と「権力闘争」が最優先ということなんでしょうか。私が心配することではございませんが彼らは支援者にどのように理解を求めるのでしょう。「魔法の話術」か「詐欺的話法」でも用いないかぎり説明のしようがないと私などは思いますが……。いずれにしても「上から目線」なのです。「理解してくれるからこその組織なんだ」「次の選挙まではみんな忘れるだろう」と思っていらっしゃるのでしょう。残念でなりません。今はただただ、会期中に「再分裂」して国会審議に空白を作らないで頂きたいと願うばかりです。何度も繰り返し言及してきましたが「政治」とは「政治家」や「政党」のものではありません。政治は「国民」のものでございます。今後、どのような動きが政界で起ころうとも私はその「不文律」だけは、片時も軽んじないことを皆様にお誓い致します。私たちは今、試されているのです。

成せばなる、成さねばならぬ、何事も

よく皆様から「ちっとも太らないね」と言われます。確かに体型は昔からほとんど変わりませんが、私も今や立派な中年。節制を怠れば、たちまちお腹に肉がつきます。例えば、今月だけで六十を超える賀詞交歓会、新春の集いに出席させて頂きますが、一会場で「一くち」お料理を頂戴したとしても、十会場なら「十くち」となります。お酒も、お一人から一杯、お猪口で頂戴したとして十人で十杯、百人だと百杯も頂くことになります。食うや食わずだった昔のことを思えば大変幸せな事ですが、カロリー摂取が過多になるのは必定です。そこで「絶対に体重の軽重を五五～五八以内に収める！」と自らに誓ってコントロールしているのですが、つい今しがた体重計にのってみたところ……ごっ五九キログラム！「おい、大変だ。今日の夕飯は湯豆腐にしてくれ！」。妻が居てくれるからこその節制です。心から、感謝しております。

▼『週刊よしいえ』第161号　2018年1月29日

通常国会。襟を正して、謙虚に臨みます

通常国会が「ドタバタ」しながらも本格的に動き出しました。財務金融委員会理事という重責を担う今国会ですが、それでも昨年の同時期と比すれば「雲泥の差」でございます。振り返れば昨年は文部科学副大臣として一月冒頭から職員と共に「寝ずの作業」に追われておりました。「文科省再就職斡旋問題」（天下り問題）への対応、その後は「森友学園」への国有地払い下げの額を巡る議論から派生した「私学の教育内容」にまつわる押し問答、そして「天下りの斡旋」に主導的な役割を果たし（『検証チームまとめ』）たことで退職された前川元文科次官がメディアに登場して以降は、「加計学園」の獣医学部新設に際して「総理のご意向」があったのか、なかったのか、というマスコミの一大キャンペーンの渦中に置かれました。他方、毎週この通信をご覧になって頂けている方々にはお伝えしてきましたが、『天・もり・かけそば』問題ばかりが報道される中で、私は現場責任者として長年、悲願としてきた政策の成就にむけて執念を燃やしておりました。「十六年ぶり」となる「教職員の計画的定数改善」や「給付型奨学金の創設」などでございます。その成果として、生徒数が減る中で長らく減少の一途を辿ってきた教職員定数は「純増」となり、多くの高校生が親の経済状況にかかわらず高等教育へと挑戦できるようになりました。歴史的な前進です。しかし、これらは野党・報道キャンペーンの陰に隠れ、十分周知されてきたとはいえず、本来であれば「給付型奨学金」を受給できた学生からの申請があがってこないという事態も起きてしまいました。報道には「権力の監視」だけではなく、制度を幅広く周知するという役割もあるはずです。

お役に立てるのなら、縁の下でいい

もちろん視聴率は収入に直結しますし、購読者が減り続ける新聞も部数の伸長は至上命題でありましょう。しかし「政権の成果」より「政権のスキャンダル」が最優先というなら、それは「偏向報道」そのものです。また近年の特徴の一つとして、古くからの暗黙の壁を超えて「雑誌」の報道に「新聞・テレビ」が追随するという傾向が強くなってきました。テレビ・新聞記者の方がよほど高給取りなんですが……ね。野党議員は「報道されること」を目的に質問します。政策にコミットできない野党議員にとってはそれ以外、国会での活躍をアピールする手段がないからです。結果として一部報道の姿勢（質）と野党質問の「質」が比例してしまうのです。嘆かわしい現状です。議員や政党のために国会があるのではありません。国家、国民のためにこそ国会があるのです。今週も、その原点を片時も忘れることなく政務に勤《いそ》しみます。

『週刊よしいえ』第１６２号　２０１８年２月５日

お花畑で中立を守ることはできぬという必定

皆様は日本を除く先進国の中で長らくの間「平和」を守ってきた国はどこか、と問われたらどの国を連想されるでしょうか。おそらく多くの方々が「スイス」を挙げられるのではないでしょうか。確かに「スイス」は歴史上、ナポレオンがヨーロッパを席巻した十八世紀末から十九世紀初頭にかけての四年間しか、外国勢力の支配を受けたことがありません。また二度の世界大戦においても、どの勢力にも一切くみすることなくほぼ無傷で国土を守り抜いた自他ともに認める「永世中立国」です。このスイスの首尾一貫した中立外交戦略は、アメリカ、ロシア、中国、朝鮮半島に囲まれて存立している我が国の外交・安全保障政策の在り方や「憲法改正」の議論の中で、無知なのか確信犯的なのか、よくモデル例として持ち出されます。「アメリカ追従一辺倒ではなく、中・ロとも『等間隔』で外交すべき。スイスのように『中立』を貫く姿勢こそ日本にふさわしい」と。実に困った言説です。そこで今週と来週は皆様と共にこのスイスという国を再確認しておきたいと思います。スイスは九州とほぼ同じ国土面積四・一万平方キロメートル、人口約八五九万人、日本の一五分の一の規模の西ヨーロッパの小さな内陸国です。一方で国策として全人口の二四％

に上る外国人居住者を迎え入れて多様化・活性化を図り、国民一人当たりのＧＤＰが八万米ドル超えという世界有数の富裕国となりました。また「永世中立国」として名高いスイスですが「非武装中立」の国ではございません。スイスは強固な「武装中立」の国家なのです。スイス憲法第五八条第一項には「スイスは軍隊を保持する。軍隊は原則として民兵団として組織される」と明確に規定されております。

「自分の国は自分で守る」故の中立

「民兵」とは「通常は一般の職業（本業）に就きながら一定期間の兵役に服する軍人」を指しますが、スイスではこうした民兵が国防の主体を担い、医師、警察、消防など「有事」の際には軍と共に動く極限られた職業に就いている者を除き二十歳になると原則三〇〇日間の訓練を受け、三十歳になるまで何らかの兵役に就く義務があります（女性は志願制）。「国防軍」の総定員二十万人の中で専門知識・技能を必要とする職業軍人はわずか四〇〇〇人しかいないのです。また「民兵」はそれぞれの家庭において銃器の保管が義務付けられ、常に射撃技術の向上に努めねばなりません。市町村が行う訓練で一定のスコアが取れない場合には追試験を受けねばならないという徹底ぶりです。「国民で国家を守る」。それがスイスの国是なのです。北朝鮮指導部の子息がスイスに留学するのはこういった国柄が背景にあるのでしょう。

『週刊よしいえ』第１６３号　２０１８年２月12日

平和は「ある」のではなく「守るもの」

先週に引き続き「永世中立国」として名高いスイスの実情と外交戦略について、我が国の安全保障に関する議論を念頭に考察してみたいと思います。スイスは「国民総民兵制」を採用する「武装中立国家」ですが、「中立国」としての地位はナポレオンの没後に開催された「ウィーン会議」で「大国の中間に位置するスイスの中立はヨーロッパの秩序維持に有益である」と周辺諸国から認証され始まりました。以来、スイスはこの地位の確保のためにあらゆる努力を重ね、二十世紀の二つの世界大戦から国土をほぼ無傷で守り抜き、今日の経済発展を築いてきました。私もスイス高官と安全保障政策を意見交換した経験がありますが、この「国是」に対するスイス人の自負と自信はまさに「アイデンティティー」ともいえるものです。他国からの侵略にはハリネズミのように徹底武装して戦うが、他国間の紛争に対しては中立の立場を守り抜いて巻き込まれない、という姿勢がブレたことは一度もありません。ＥＵに加盟していないこともその証左でございましょう。翻って我が国の「存立軸」とはどのようなものでしょう。憲法議論の際には必ず第九条第二項で定める「平和主義」と「自衛権」の整合性が机上にあがりますが、我が国の「存立」における基本的スタンスを理解するには「前文」を紐解く必要がございます。曰《いわ》く――「日本国民は恒久の平和を念願し、人間相互の関係を支配する崇高な理想を深く自覚するのであって、平和を愛する諸国民の公正と信義に信頼して、われらの安全と生存を保持しようと決意した」。そう我が国及び日本国民の「安全」と「生存」は「平和を愛する諸国民（外国人）」に委ねる、と最高法規は謳《うた》っているのです。

周辺諸国の現状と前文理念との乖離《かいり》

「政府の最も重要な役割は国家の存立と国民の生命・財産を守ることです。その責任を『諸外国民への信頼』に委ねる、というのですか？　私は理解できません。国民の側から『おかしい』という声が上がらないことが不思議です」。会談したスイス高官の言葉です。憲法議論が本格的にスタートします。不毛なイデオロギー闘争に明けくれることなく、北朝鮮の具体的脅威に対して、我が国の存立と国民を「どうやって守り抜くのか」を徹底議論し、主権者たる国民に問う責任がございます。有事の際に前線に立つのは自衛隊です。少なくとも私は不穏当・不誠実な言動・行動を繰り返す（平和を愛しているとは思えない）

隣国より、「憲法違反」と一部から指摘されながらも平和のために無私の汗を重ねてきた自衛隊を信頼いたします。戦争のためではなく平和のためにこそ、「自衛隊」を憲法に位置付けるべきだと私は考えております。

▼『週刊よしいえ』第１６４号　２０１８年2月19日

耳をつんざく音よりも、優しい明かりを灯《とも》す国

地元を回らせて頂いている際、これまで深く考えたことがなかった「ある変化」にふっと気が付きました。車のクラクションの音がほとんど聞かれなくなった、また私も鳴らさなくなった、ということです。車を運転するようになって二十年以上経ちますが、当時は危険な時だけではなく、道を譲ってもらった際などにも「プッ」と短くクラクションを鳴らしたものです。もちろん今でも、信号が青に変わったのに進まない前の車に対してクラクションが鳴らされることがありますし、電気自動車や電気走行モードの際のハイブリッド車はエンジン音がしないため、前方にいる歩行者に存在を知らせる目的でクラクションを鳴らす場合もあるでしょうが、その音を耳にするのもごく稀《まれ》になっております。道の譲り合いの際に交わされるドライバー同士の挨拶も御存じのように「クラクション」ではなく

「ハザードランプ」を点灯させる方法が一般的になっております。私の知り得る限り、この変化は日本特有のものでございます。開発途上国ではクラクションの音は街の風物詩の一つですし、直近の二年余りの間で訪問した先進国のアメリカ、イギリス、ドイツでも、街を歩けばクラクションの音が日常的に耳に届きます。近年の我が国におけるクラクションの音の激減は「日本人の伝統的心性」に由来する変化であると私は思います。「武士道の真骨頂は『惻隠《そくいん》の情』にあり」と伝えられておりますが『惻隠』とは「相手の立場に立って物事を察する」ことで『江戸の十育』の一つとして寺子屋でも広く教えられました。クラクション——乱暴に鳴らされれば何ごとかと驚きますし、少なくとも嬉しい気持ちにはなりませんよね。

クラクションが必要な局面では躊躇《ちゅうちょ》なく

一方、日本で普及した、車列を空けてもらった際に後続車に対して灯《とも》される御礼のハザードランプはなんだか「感謝の笑顔」みたいで少なくとも私は悪い気がしません。また、車種によってその「表情」が異なるのも実に楽しいと思っております。本格的な車社会の到来から半世紀の時を経て独自の成熟をみせる我が国を私は誇らしく思っております。他方、国際社会では、クラクションのように「はっきり」と立場を示さなければ「認めたこと」

にされてしまう場面が多々ございます。安倍総理は平昌五輪開会式への出席に合わせて首脳会談を行い、日韓合意に疑義を呈する韓国側に、我が国の立場を明確に伝えました。国益を守るため、国民の賛否が分かれる中で訪韓した総理の決断も、大変誇らしく思っております。国会では野党からのクラクションが鳴りっ放しですが、今週も決して怒らず冷静に対応いたします（苦笑）。

▼『週刊よしいえ』第165号　2018年2月26日

心からの感謝を胸に、予算成立に全力投球

二月二十四日（土）、「衆議院は常在戦場」と総選挙後も解散せずにずっと支えてくださっている『執行部』の皆様、「日本一温かい組織」と誇りに思っている『地元後援会』の皆様の御尽力により厚木市のレンブラントホテル厚木で『平成三十年 よしいえ ひろゆき新春の集い』が盛大に開催（一三〇〇名超参加）されました。執行部・後援会、そして足をお運び頂いた皆様、お忙しい中、日程を調整してくださった自民党と公明党の国会議員の皆様、地元各首長、神奈川県議会・地元市町村議会議員の皆様、日頃よりご指導、ご支援を頂いている企業・組織・団体の皆様、スペシャルゲストとして門下生（ジャパン・アク

ションクラブ）と共に駆けつけてくださったアクション俳優・千葉真一さんに、この場を借りて心から感謝を申し上げます。かくも素晴らしい集いを開催して頂き、本当に有難うございました。またこの度の集いでは、こうして毎週月曜日発行させて頂いているこの後援会通信『週刊よしいえ』の第1号から第150号までを書籍化した『あなたは、私の夢だから。』を、お一人お一人に贈らせて頂きました。三九二ページに及ぶ大作を編さんしてくださった老舗の出版社、協同出版（小貫輝雄社長）の皆様にも心より感謝申し上げます。『週刊よしいえ』は私と後援会の皆様との『絆』そのものでございます。その『絆』を書籍という立派な『結晶』にしてくださり、誠に有難うございました。宝物にさせて頂きます。国会議員に選んで頂いてから今年で十一年となりますが、地域を国を愛する皆様に、こうして温かく支えて頂いている私は、本当に幸せな政治家だと思っております。今週もそんな皆様に恥じないよう誠実な歩みを重ねます。

最近、ＣｏＣｏ壱番屋にはまっています

必ず月に一度は「食べたい」と猛烈に思う『カレーライス』。もともとインド料理であったカレーが日本に伝来したのは明治初期。インドから当時、宗主国だった英国に伝わり、英海軍から日本海軍、そして国民へと伝わりました。その後、カレーは独自の和の深化を遂

げ、現在、世界ではインド料理ではなく「和食」として扱われる場合も多くなっているそうです。英国で、特に人気を博しているのは「カツカレー」。カツカレーは日本オリジナルのカレー料理で、ある洋食屋の店主が「カレー」と「カツレツ」という人気料理の二つを同時に味わえる「カツカレー」なら相乗効果でもっと人気が出るのでは、と開発したメニューです。伝来から一五〇年の時を経て「和食」として英国に戻った「カツカレー」。排他的にならず「和の力」で「新たな価値」を創造し続ける食を含めた日本文化は、確実に世界を豊かにしております。

平成30年春

『真』を伝える責任

『週刊よしいえ』第166号　2018年3月5日

ソロリと忍び寄る安心・安全体制の危機

過日、警察庁より、昨年一月から十一月までにあった日本全国の『一一〇番通報』の実態に関する調査の結果報告を受けました。それによると『一一〇番通報』の総数は八二〇万六五〇二件あったそうです。皆様ご承知の通りダイヤル『一一〇番』は警察への「緊急通報用」の共通電話番号で地域住民の安心・安全を守る「生命線」です。しかし現在、我が国の一部でその「生命線」を守る「責任」と「警察官の日々の汗」を踏みにじるような実態がございます。報告では『一一〇番通報』の総数の内、なんと約二〇％（一九・四％）にあたる一五九万三四七八件が「緊急性」のない「通報」だったそうです。具体例を紐解《ひもと》くと「公衆トイレが詰まっている」などの要望・苦情に類する通報が六八万二八九六件。「妻が浮気をしているようだ」なんていう啞然とする事例も報告されております。「近くに二十四時間営業のガソリンスタンドはあるか」などの各種照会・問い合わせも七十六万五九六〇件に上り、「携帯電話でつながるのかどうかを試してみた」なんてものまであったそうで……議員である前に一日本国民として二十四時間体制で対応している警察官に申し訳ない思いになりました。なお念のため。警察は「緊急を要さない」相談や問い合わせなども排除しておらず、『警察総合相談センター』（番号＃九一一〇・シャープきゅういちいちまる）を設けております。もっとも『一一〇番』でさえ前述のような状況であることを鑑みれば、さらにとんでもない内容の電話が寄せられていることも想像できます。また『救急自動車』（救急車）の出動を要請する『一一九番』でも『一一〇番』同様、由々しき事態が散見されております。

警察・消防・自衛官の誇りを守る責務

各自治体消防からの聞き取りによると「通報を受け救急車で駆けつけたところ、入院用の荷物を持った女性が自ら乗り込んできた」「『〇月〇日の〇時に来てほしい』と救急車の予約を問い合わせる通報があった」「『具合が悪くて動けない』と通報があったが、症状は軽微で、あらかじめ病院に診察予約が入っていた」等のケースが多数報告されております。

また、「救急車で病院に行けば早く診察してもらえる」と診察待ちをしている人が病院を抜け出して『一一九番』したという、にわかに信じられない事例も七消防本部から複数、報告されております。例え軽い気持ちであろうとも、警察・消防・自衛隊などの危機管理体制に対する冒涜行為は、国民の安心・安全を根底から覆す萌芽《ほうが》となります。マスコミもスキャンダル追及ばかりではなく、国の根幹を揺るがすこういった危機についてもしっかり報道して頂きたいものです。

『週刊よしいえ』第１６７号　２０１８年３月12日

等身大でなければ、真の支援ではありません

「陸のシルクロード」に加え「海のシルクロード」の創造を掲げ、主導する『アジア・インフラ銀行』を通じて途上国の港湾の整備等に巨額の投資をする中国の「一帯一路政策」。当コラムでは、その政策の結果として起こることが想定される「危うい側面」への懸念を指摘してきましたが、早くもその懸念が「現実の危機」として表出しました。中国の援助により建設されたスリランカ南部のハンバントタ港を、中国が九九年間租借《そしゃく》することとなったのです。港湾建設の総工費は13億ドルでしたが、スリランカはその大半を中国からの融資

で整備したのです。融資の金利は最高で六・三％。厳しい財政事情を抱えるスリランカにとって金利の支払いだけでも大変な財政負担となっていました。そしてついに行き詰まったスリランカ国営企業は港湾の管理会社株式の七七％を中国国有企業に一一億二千万ドル（約一二四〇億円）で譲渡し、九九年という長期間の租借を認めてしまったのです。現在ハンバントタ港には中国旗がはためいております。皆様も御存じのとおりスリランカはインドの南東に浮かぶ島国ですが、仮にこの租借によってインド洋（シーレーン）の自由な航行に影響が及ぶようなことがあれば、この海路で資源を輸入している日本にとっては死活問題となります。また近年、頻発しているインド洋への中国潜水艦の航行に強い警戒感を抱いている隣国インドも、中国側に租借された港から約二十キロメートルの距離にあるマッタラ・ラージャパクサ空港の租借を検討しているという情報もあります。仮に、中国による港湾の軍事拠点化のような動きでも起これば、中国とインドのスリランカを巡る海上と空での武力衝突が起こる可能性があるのです。

「こころ」を伴った日本の戦後外交史

スリランカといえば、現在、我が国で八〇年代に放送されたドラマ「おしん」が大変な人気を博しており、繰り返し再放送されているほどの親日国ですが、歴史を紐解けば、戦後の日本にとっては極めて重要な国でもございました。我が国の主権が回復したサンフランシスコ講和条約（一九五一年）の締結に向けた連合国間での話し合いの際、スリランカのジャヤワルダナ代表は「憎悪は憎悪によってやむのではなく愛（寛容）によってやむ」と主張し、日本に対する賠償請求権の放棄を宣言しました。スリランカは寛容な姿勢で日本の国際社会への復帰の後押しをしてくれた歴史的友好国なのです。国益のために自由で開かれた「平和の海」を守るために国際社会と連携しながら対応するのは当然ですが、友好国の安定と平和を守るためにも、日本だからこそできる心の伴った外交、そして地域への貢献で責任を果たしてまいります。

▼『週刊よしいえ』第１６８号　２０１８年３月19日

一律ではないハンディキャップ支援の輪を

近年、国会でも新聞やメディアでも「ダイバーシティ」（多様性）「インクルージョン」（多様性の受容）といった横文字が、度々飛び交うようになり、この言葉は皆様の界隈でも徐々に浸透しつつあるのではないでしょうか。しかし一方で、真夜中に障がい者施設を凶器を用いて襲撃するという『津久井やまゆり園事件』に象徴されるように、ハンディキャップを持つ方々を蔑視するなどの排他性を根絶できていない現実もございます。誰もが人格と個性を尊重しあいながら共存できる『真の共生社会の実現』は『やまゆり園』を地元に持つ私の政治家としての責務だと強く認識し、これまで汗をかいてまいりました。世界保健機関（WHO）の統計によれば、何らかの障がいを抱える人は世界人口のおよそ一〇%、七億人に上ります。我が国では約八五〇万人。身体障がい者三九三万人、知的障がい者七四万人、精神障がい者三九二万人という内訳となっております。また高齢化と共に新たな障がいを抱える方も必然、増えてまいります。それぞれが社会の中に「居場所」があってこその「共生社会」でございます。国は障がい者の一般企業への就職のための就労支援を行う「就労移行支援」の他、一般企業への就労が困難な障がい者に「就労の場」を提供するためA型・B型という二種類の就労支援事業を設け約二八万七〇〇〇人の皆様が就労されておりますが、重度の障がいをお持ちの方々を対象とした「B型」での就労が約二十万人と多くの割合を占めております。この「B型」はお菓子の袋詰め、箱詰めなどの軽作業・単純作業を行うものですが支払われる報酬は、月平均わずか一万五〇〇〇円（月二十日）しか受け取ることができません。

誰もが幸せになるために生まれてきた

この「工賃」と呼ばれる報酬は「収益」から必要経費を抜いた額を「分配」する形で就労者に支払われておりますが、これとは別に、事業者にはA・B型とも収益とは無関係に、一人を受け入れるごとに、月一二万〜一八万の支援報酬が給付されるため、どうしても収益への意識が低くなってしまうという問題が以前から指摘されてきました。障がいがあっても「とてつもない才能」をお持ちの方は、たくさんいらっしゃいます。特別支援教育を所掌する文科省（十八歳まで）と障がい者の生活支援・就労支援（十八歳から）を所掌する厚労省が、縦割りを排しながら連携し一人ひとりの才能や個性・適性をきめ細やかに見つめながら、それが活かされる・輝く支援体制を構築する必要がございます。誰もが皆、幸せになるために生まれ、生きているのですから。今週も丁寧に寄り添い続けます。

『週刊よしいえ』第１６９号　２０１８年３月26日

「幸せ」の意味。先達の残した寓話《ぐうわ》から

先日、間もなく中三になる息子と妻の会話を聞きながら、フッと昔、祖父が読み聞かせてく

れた『聞く地蔵と聞かぬ地蔵』という童話を思い出しました。戦前～戦後にかけて活躍された宇野浩二氏の作品ですがおおまかに要約すると以下のような、大変示唆に富んだお話です。

昔々、ある貧しい村に、旅のお坊さんが立ち寄りました。村人達は貧しいながらも親切にお坊さんをもてなしました。お坊さんは大変感謝して村を発つ際に村の西と東に二体のお地蔵様を置いてゆかれました。「西のお地蔵様」は何でも願いを叶えてくださる『聞く地蔵様』、「東のお地蔵様」は願ってもただ黙って見守っているだけの『聞かぬ地蔵様』。お坊さんは「西の地蔵より、東の地蔵に御参りする方がよい」と言い残して立ち去りました。しかし「東のお地蔵様」は村人たちの願いは叶えてはくださりません。しばらく経つと、村人はこぞって「西のお地蔵様」（聞く地蔵）ばかりに御参りするようになりました。結果、村人たちは病気や災厄から免れ、豊かになり、村人達は立派な家も手に入れました。すると今度は、ほかの村人よりさらに立派な家に住みたい、もっともっとお金持ちになりたいと願うようになり、果ては、お地蔵様に「あの者が病気になりますように」「あの家が貧乏になりますように」と互いが互いの「不幸」を願うようになってしまったのです。結果、村人達は、いつ、誰から「自分の不幸」が祈られるのか、と疑心暗鬼となり、やがて村ではいさかいが絶えなくなりました。そんなある日、二体のお地蔵様を村に置いていったあのお坊さんが再び村にやってきて、村人達に言いました。「東の聞かぬ地蔵に、お参りしなさい」と。

「欲求のとりこ」では、何も守れません

村人達はやっと最初にお坊さんから言われた言葉の意味を理解し『東のお地蔵様』を大切にするようになりました。村は以前より貧しくなりましたが、村人は再び懸命に働くようになり、互いを信頼し合える平和な村に戻りました、とさ。願いを叶えてくれる『聞く地蔵』は、ありがたいお地蔵様ですが、人の欲求は際限がございません。最後には「欲求のとりこ」となってしまいます。

我が家の妻は我慢強く、息子の自発的な行動を待ちます。思春期の息子には反発もあるようですが、妻は明らかに我が家の『東のお地蔵様』です。そして我が家の『東地蔵』は時々こう囁《ささや》くのです。「お父さんにお願いしてみたら」。このパターンにおける息子の願いの成就率は9割超え！はからずも私は極《ごく》まれに現れる『よしいえ西地蔵』となるのです。夫婦も政治もバランスが大切。今週も自らの役割と責任を自覚し地道に正道を歩みます。

『週刊よしいえ』第１７０号　２０１８年４月２日

新年度がスタート。さらに地に足をつけて

四月二日（月）。昨日より「新年度」がスタート致しました。平成三十年の元旦（一月一日）は「月曜日」から始まりましたが、新年度の本格スタート（本日）も「月曜日」です。明治維新一五〇年の節目の年でもある今年を、我が国を「次の時代」へと繋げていく「特別な年（年度）」にしなければならない、という思いを新たにしております。ところで前述のとおり我が国の「新年度」は「四月一日」から始まりますが、一方、子どもたちの学年編成は「四月一日生まれ」までを「同学年」として区分しております。本来であれば年度末の「三月三十一日（私の誕生日）生まれ」までの児童・生徒を「同学年」とするのが自然ですが実際は異なっております。皆様は、このことについて深く考えたことがおありでしょうか。誰もが知ってはいるけれど、改めて理由を問われたらなかなか説明できないという方が大半なのではないでしょうか。新入学を定めている法律（学校教育法）では新年度である「四月一日」に「満六歳」に達している児童が「同学年」として小学校に入学する、と規定されています。また「民法」において「年齢」は「誕生時間」にかかわらず、「午前零時」を過ぎた瞬間「加齢」する、と定められております。つまり「四月一日」

に誕生した子どもは（二四時間のいずれの時刻に生まれても）四月一日の「午前零時」になった瞬間に「満六歳」に達したという括りとなり三月三十一日生まれまでの児童と同様の学年に区分されることとなるのです。しかし、実際問題として私も三月三十一日生まれですが、「早生まれ」によるハンディキャップは甚大でございます。何しろ四月生まれの同級生とは「丸一年の差」があるのですから。

ハンディキャップは将来の強みにもなる

実際、私が小学校に入学した際には、クラスで一番、身体が小さく、クラスで一番行動が幼く、勉強もからきしでした。本当か嘘かは定かではありませんが、昔は三月三十一日や四月一日に子どもが誕生した場合、お医者さんに頼み込んで四月二日に生まれたことにしてもらったとか、もらわなかったとか。実際、私の同級生で三月三十一日あるいは四月一日生まれの同級生はおりませんでした。医学が進歩した現代では、より顕著に我が子の成長を心配する親心が数字として現れております。統計を紐解くと一年三六五日のうち、四月一日生まれの人の数は「三六二位」です。他方「四月二日生まれ」の人の数は堂々の「一位」となっております。これは学年制を厳格に守っている日本特有の傾向だと言われております。しかし翻って今、私は「早生まれ」で本当に良かったと思っております。なぜなら、ちょっとだけ「おじさん」になるのが同級生より遅くなるのですから（笑い）。

▼『週刊よしいえ』第171号　2018年4月9日

国会の常識が、社会の非常識になる理由

本格的な「春」が到来し街では新しい制服・スーツを着た初々しい「新入生」や「フレッシュマン」の姿が多く目に留まるようになりました。自身の当時を振り返れば「期待」より「不安」の方がずっと大きかった事が思い出されます。新たな挑戦を始めた彼らを社会全体で優しく見守りたいものですね。誰もみな最初は「未熟」のまま歩み始めたのですから。さて、社会が年度替わりと共に新陳代謝を繰り返す一方で、国政の世界は、やはり硬直的で多様性が乏しいのが実情です。一口に「国民」と言っても、我が国の一億二千万人余の「国民」は誰一人同じではございません。だからこそ「国民の代表」たる国会議員も多様である必要があると思います。しかし現実はなかなかそうはなっておりません。例えば国会議員の出身大学だけ見ても東京大学（一三三名）、慶応大学（七六名）、早稲田大学（七二名）の三大学出身者が圧倒的多数を占めます。また、重複もございますが三親等以内に元職・現職の国会議員がおられる方が一六八名、中央省庁出身者が一一二名、議員秘書や

大臣秘書官の経験者が一九三名、新聞・テレビなどのマスコミ出身者が六十七名と、永田町・霞ヶ関界隈という特殊な空間で働いておられる方々が大多数を占めているのです。もちろん多様な皆様に一票一票を重ねて頂いたからこその国会議員なのですが、集合体となると「多様性」より「特殊性」の方が圧倒的に際立つのが永田町界隈なのです。現在「公文書」の書き換え問題や、文書の報告漏れ（隠蔽《いんぺい》）を巡り国会は紛糾しておりますが、出自の近しい者同士による「慣れ合い」「かばい合い」「もたれ合い」構造が問題の背景として浮かび上がってきております。

「叩き上げ」だからこその責任がある

だからこそ、私のような泥だらけの「叩き上げ議員」は、自身の役割を自覚した上で、地元に徹底的にまみれながら「人間力」を磨き、あらゆる分野の政策を能動的に錬磨し続ける責任があると考えておりますし、それこそが、こんな私を支えてくださっている皆様の恩に報いる唯一の所作であると肝に銘じております。もちろん永田町・霞が関という特殊な世界とも正面から対峙しなければなりませんが、安易に迎合したり、染まったりせず、謙虚さを旨としながらも有事には自ら先頭に立ってことに臨む。今後もブレずにそんな姿勢を貫き続けて参ります。予算が成立し、その分配を決定する「勝負の季節」でもございます。地元首長、県議会議員、市町村議会議員の皆様とさらにがっちりとスクラムを組んで、今週も丁寧に「結果」を積み上げてまいります。

▼『週刊よしいえ』第172号　2018年4月16日

教師時代と変わることのない私の夢たち

早いもので四月も半ばを過ぎましたが、変わることなく朝の駅頭に立ち続けていると、季節の移り変わりと共に、すれ違う子どもたちの成長を目の当たりにします。一年で十センチメートルくらい背が伸びた子、毎週朝私と「ハイタッチ」してすれ違っていたのに、中学生になってからは「微笑みのあいさつ」に変わった子、挨拶する声が明らかに変声した子、服装が「制服」から「スーツ」に変わった子……。特に今年の冬は寒さが過酷でしたが、彼らの成長を見守れたことは「継続」を支えるモチベーションになってくれました。もちろん中学に入学してから、晴れの日も、雨の日も、風の日も、雪の日も、本日まで「皆勤」を貫いている、朝六時半前に本厚木駅へと吸い込まれていく中学三年生になった息子の存在も大きな励みとなってくれております。継続は力なり。継続は「地力《じりき》」の「母」でございます。今後もひたむきに研鑽を重ねながら成長を遂げてまいります。ところで、朝の駅頭でこの通信を受け取ってくださっている皆様はご承知のことですが、私は朝駅頭ではマイクは使わず地声で元気に挨拶させて頂いております。「誇張のない等身大の自分で早朝より責任へと向かわれる皆様と向き合いたい」という思いからですが、同時に朝から拡声器を通し大声を発して皆様を不快にさせるようなことは避けたい、とも思っております。そもそも私が朝からマイクで演説していたら、気軽に声をかけて頂くことも難しくなってしまいます。朝という漢字は十・月・十・日という四つの漢字から成り立っております。そう、朝という字は母親の胎内に生命が宿ってから、この世に誕生するまでの十月十日（とつきとおか）をあらわしているのです。

もっと皆様の声を、お聞かせください

子どもを宿した母親は、常に胎内の鼓動に耳を澄ませ、小さな躍動を五感で感じ取り、命に向かって優しく語りかけます。先人は「朝という時間は、そのように過ごすべき大切な時間なんだ」との思いから「朝」という漢字を後世に残してくださったのだと私は思っております。公職選挙法でも「拡声器」の使用は、午前八時からと定められておりますが、決まりには、それを定める「理由」がございます。選挙があっても、なくても、皆様に恥じぬよう、今週も謙虚に、真面目に、地道な活動を重ねてまいります。同時に「口は一つ、

耳は二つ」。最低でも、皆様に何かを伝えようとするその２倍「耳を傾ける」という努力も続けてまいります。新党結成を巡って、野党の皆様は右往左往しておられるようですが、ブレることなく地に足をつけて正道を歩んでまいります。

▼『週刊よしいえ』第１７３号　２０１８年４月23日

日本は世界経済の「へそ」であるという理

ＧＤＰ（国内総生産）の世界一位・二位であるアメリカと中国の貿易（関税）を巡る応酬が続き、一部エコノミストの口からは『貿易戦争』などという物騒な言葉まで飛び出しております。「保護主義」は、開かれた「自由貿易」によって今日の繁栄を築いてきた我が国の経済にも甚大な影響を及ぼします。一昨年のＧ７（先進７カ国）伊勢志摩サミットで安倍総理が主導して各国合意にこぎつけた「保護主義の抑止」を謳《うた》った『伊勢志摩Ｇ７首脳宣言』の原点に今こそＧ７諸国は立ち返るべきです。『伊勢志摩首脳宣言』の際のアメリカ大統領はオバマ氏でしたが、アジア・太平洋の12カ国で合意していたＴＰＰ（環太平洋パートナーシップ協定）からの離脱表明と同様、大統領が変われば大国間の通商合意が反故《ほご》にされてしまう、ということが続くなら世界経済の混乱を極めることになるでしょう。先の四月十八日（日本時間）・十九日（同）に開催された日米首脳会談では両国の通商政策について相当突っ込んだ議論が行われましたが、関税を巡る応酬が続いている米中の関係、シリアを巡って対立を続ける米ロの関係下で、地政学的にも現実的にも世界経済の安定のために主導的な役割を果たせるのは「開かれた海洋国家」でありGDPが世界第3位の「日本」であることは言を俟《ま》ちません。事実八年ぶりとなる「日中ハイレベル経済対話」も実現させることもできました。離合集散により「新党結成」を画策している野党は声高に安倍内閣の退陣を要求しておりますが、ならば野党はどうすれば世界経済の成長・安定と、我が国の国益を守り抜くことができると思っておられるのでしょうか。「批判のための批判」では経済も政治も一ミリも前に進まないのです。

まず、相手を理解することが大切です

過去、我が国はアメリカとの貿易で今よりはるかに激しい事態に直面した経験がございます。自動車の輸出入を巡る『日米貿易摩擦』です。アメリカの労働者が日本車をハンマーでたたき壊す映像は衝撃的でした。それを受け日本企業はどうしたか。次々に現地に工場を作り、優れた日本車のアメリカ仕様を現地生産する体制へとシフトさせました。これは今もアメリカの雇用に大きく寄与しております。トランプ大統領は「日本からは数百万台

の車が来るのに日本でアメリカ車は少ない」と主張していますが、例えば日本でよく見かける欧州車は各メーカーがコストをかけて「右ハンドル」（日本仕様）をラインナップに加えております。しかしアメリカ車は……頑なまでに「左ハンドル」で大きさも排気量も米国基準そのままです。それでは一般への普及は困難でしょう。上から目線ではなく相互理解と未来志向。政治もビジネスも同じでございます。今週もその視座を大切にしながら諸課題と向き合います。

『週刊よしいえ』第１７４号　２０１８年４月30日

穏やかな日々の向こうにある厳を直視する

ゴールデンウィークが始まりました。お仕事が「土日休み」の方で、さらに平日の五月一日（火）・五月二日（水）の両日に有給休暇を取得できる方にとっては『九連休』。まさにその名の通りの「黄金週間」ですね。私も地元各所で開催されている数多の行事に足を運びながら、皆様と充実した時を過ごさせて頂いております。毎年この時期、皆様にはお伝えさせて頂いておりますが「充実した休日」の向こう側には、その「休日の楽しみ」を「提供してくださっている皆様」の「汗」がございます。この場を借りて心より感謝申し上げます。皆様がおられてこその「ゴールデンウィーク」です。本当に有難うございます。「休日も休むことなく」と言えば、有事に備えて三六五日二十四時間体制で活動してくださっている警察や消防の皆様がおられます。また、国連平和維持活動（PKO）の際の『日報』の取り扱いを巡り国会で激しい追及を受けている自衛隊の皆様も同様でございます。大臣が「ない」と答弁していたイラク派遣時の『日報』の「存在」を一部セクションが、およそ一年前に確認していながら、大臣及び国会に報告しなかった、という事実のみを鑑みれば「隠蔽《いんぺい》していた」という誹《そし》りは免れませんし、文民統制（シビリアン・コントロール）に対する懸念も生じさせます。「情報」は「判断」の羅針盤です。とりわけPKOにおける判断は隊員の命と直結いたします。防衛省は「なぜ、このような事態が発生したのか」を徹底的に検証し組織統制の再構築をはからねばなりません。同時に私たちは、今ひとたび立ち止まって、自衛隊が海外派遣された際に綴っている『日報』の「取り扱い」について、冷静に議論する責任がございます。

自衛隊員も大切な日本国民なのです

『日報』とは現地部隊から上級部隊への「最前線での活動報告」であると同時に、隣接地域で共同活動を展開している他国軍と相互共有される「現地レポート」でもあります。そこには警備、行動計画、弾薬数や食料の備蓄に至るまでが記されているため通常、海外の軍の『日報』は、一定期間は完全非開示とされ、数十年後に開示される、という運用になっております。つぶさに公開されてしまったら軍事作戦や軍事情勢が敵対勢力にも筒抜けとなりテロの標的となる危険性があるからです。他方、我が国の自衛隊の『日報』は他省庁の行政文書と同じ扱いで、請求を受けたら速やかに開示しなければなりません。事実、防衛省への公開請求は年間五千件にも上っております。このような実情が今回の事案に影響を与えたのか否かについても冷静に検証する必要がございます。海外で任務にあたっている自衛隊員の安全を担保することは、派遣を決める私たちの責務だと考えております。

▼『週刊よしいえ』第１７５号　２０１８年５月７日

今そこにある危機を、まっすぐ見つめる責任

ゴールデンウィーク（ＧＷ）もあっという間に過ぎ去り、初夏を感じさせる日差しも差し込むようになりました。ＧＷを境として通常国会は中盤から終盤へと移ります。しかし残念ながら、今国会はかつてないほど停滞しており「外交・安全保障」「働き方改革」「生産性革命」「人づくり革命」といった重要課題、関連法案が完全に「棚ざらし」の状況と

なってしまっております。野党の皆さんは審議拒否を続けた末、本日『国民民主党』なる新党を立ち上げられるそうですが、そうなると「会派」や「所属委員会変更」などの手続きを改めてし直す必要がございます。結果として、国会審議はさらなる遅延を余儀なくされるのです。手続きに充当される経費は「税金」です。国有地の払い下げを巡る議論（森友学園が小学校を設立できず土地は現在、国有地のままで税支出は〇円）が一年以上、続いておりますが、国会の空転や真夜中まで続いた与野党の攻防にかかった経費の積算は、甚大なものとなっております。さらに四月二十日、すでに「解党」が決まっている「希望の党」に政党交付金七億六千万余が支給されました。この税金は一体、どこに行くのでしょう。マスコミは一切、問題視をしておりませんが、「新党結成」の前に国民への説明が必要なのではないでしょうか。今週も冷静さを失うことなく、地に足をつけて責任を全うしていくことを、改めて皆様にお誓い致します。

日・米の主導により国連で北朝鮮に対する強い経済制裁が全会一致で採択されて以降、制止や懸念の声に一切耳を傾けなかった北朝鮮が、軍事政策を大幅転換し、今後は核実験やミサイルの発射実験を行わないことを、国内外に宣言しました。歓迎すべき変化でございます。

外務大臣が、国会に張り付かねばならぬ国

しかし見落としてはならないのは、まだ将来的な朝鮮半島の非核化が宣言されただけで、今も北は核・ミサイルを保有配備しているということです。歴史的に北朝鮮を支援してきた中国、ロシアに加え、韓国、さらに米国も融和路線へとひた走ったなら、我が国は太平洋上で完全に孤立し、今後の北朝鮮の動向次第ではたちまち「存立危機事態」に直面してしまいます。外交は日本の生命線です。日米、日韓、日中、日ロのハイレベル対話を常時積み重ねながら、世界第二の人口を有するインドとの関係なども総合的に強化していく必要がございます。エネルギーを依存する中東への更なるコミットメントも欠かせません。他方、日本の国会では外務大臣は国会が許さぬ限り答弁がなくとも委員会に張り付かねばなりません。外務大臣は「国務大臣」ですが「内務大臣」ではありません。外交強化のためにも「国会改革」は急務です。今週も自ら先頭に立って改革への声をあげてまいります。

▼『週刊よしいえ』第176号　2018年5月14日

盲目的『親《しん》』一方的『反』でなく、『真』を貫きます

皆様は『反日無罪』という言葉を聞いたことはございますでしょうか。この言葉は、中国で生まれた『愛国無罪』（＝国を愛することから行われる蛮行に罪はない）を源流とし、

表　数字でみるアベノミクスの進捗状況

名目GDP 政権交代前 ➡ 安倍政権 493兆円 ➡ **551兆円**	**企業の経常利益** 政権交代前 ➡ 安倍政権 50兆円 ➡ **81兆円**
株　価 政権交代前 ➡ 安倍政権 8,664円 ➡ **2,2319円**	**財政健全化（国・地方税収）** 政権交代前 ➡ 安倍政権 78.7兆円 ➡ **102.5兆円**
女性の就業者数 安倍政権で**201万人増**	**年金財源の増収（運用益）** 公的年金**56.5兆円増収** 企業年金**29兆円増収**
正社員求人倍率 政権交代前 ➡ 安倍政権 0.50倍 ➡ **1.08倍**	**外国人旅行者（観光）** 政権交代前 ➡ 安倍政権 870万人 ➡ **2,869万人**
雇　用 安倍政権で**251万人** ○高卒・大卒の就職内定率過去最高	**農林水産物・食品輸出** 政権交代前 ➡ 安倍政権 4,497億円 ➡ **8,071億円** ○5年連続で過去最高を更新

二〇一二年、当時の民主党・野田内閣が尖閣諸島を国有化した際、中国各地でデモの一部が暴徒化して日系企業の工場や店舗に対する放火や略奪行為を行いました。その際、実行者が罪に問われなかった（あるいは、ごく軽微な刑に処されたのみ）ことにより日本でも認知された由々しき「暴言」でございます。そして今、この言葉は『反安倍無罪』という言葉に変容しメディアと野党を中心に蔓延しつつあります。ご存知のとおり通常、我が国では犯罪を犯して逮捕された人物は「容疑者」と呼称されます。しかし詐欺罪で逮捕・起訴された森友学園の籠池容疑者は今もメ

ディア・野党からは籠池氏、籠池さんと呼ばれています。「親安倍」の姿勢を鮮明にしていた頃には総がかりで徹底批判をしていたのが嘘のようです。違法な天下りの斡旋により辞任された前川前文科次官も「反安倍」の姿勢を鮮明にした途端、まるで「英雄」でもあるかのように野党やメディアから持ち上げられております。まさに今、野党・メディアの一部は『反安倍無罪』の状況なのです。もちろん我々は表出している諸問題と徹底的に向き合う責任がございます。しかし同時に政権の命運を懸けて進めている政策の成果も広く国民に周知する責任がございます。今週は、『数字でみるアベノミクスの進捗状況』をまとめさせて頂きました。このデータは、盲目的な『親《しん》』でも、一方的な『反』でもない実際の社会指標です。私はこれからも誠実かつ謙虚に「『真』の姿勢」を貫いてまいります。

『週刊よしいえ』第１７７号　２０１８年５月21日

不偏不党という建前を越えるメディアたち

これまで何度もお話しさせて頂いておりますが、私の数少ない趣味に『読書』がございます。毎日、自宅と国会を往復する電車の中では、大半の時間を読書に充てますが、それは時に殺伐とする国会活動に「知」と「考」そして「潤い」を与えてくれ、また通勤電車のストレスからも解放してくれております。そんな私は月に数度、書店を一時間近くかけて探索し『本』の『まとめ買い』を致します。それも私の大いなる楽しみの一つなのですが先日、平積み本のコーナーにあった『ある本』を手にしてちょっと驚いてしまいました。その本は『追及力』という自由党の森ゆうこ参議院議員と、東京新聞（中日新聞社）記者の望月衣塑子《いそこ》氏による共著でした。政治家が本を出版することはよくございますが、「ちょっと驚いた」というのは、東京新聞の現役社員である望月記者が特定政党の特定政治家と「一対一」の形で本を出版した、ということです。これは極めて異例なことです。望月記者と言えば､官房長官に厳しい質問を浴びせるなどで注目されるようになった気鋭の『左派論客』の一人です。もちろん日本では言論・思想信条の自由が保障されておりますし、個人としての言論活動は自由です。しかし彼女は、『フリージャーナリスト』ではなく『不偏不党』という『一応の建前』がある新聞社の社員の方です。新聞報道は新聞社によって『一定の傾向』があることは皆様ご承知のとおりです。実際にそうなっているか否かは別としてTVによる報道は『放送法』によって『政治的中立の遵守』が規定されておりますが、放送局の系列であっても新聞（新聞社）は、それぞれの政治スタンスに基づいての『論説』が認められているのです。

これからも誠実に、事実を綴《つづ》ります

他方、新聞は特定に与《くみ》しない『公共財としての側面を持つ機関』とも位置付けられており、消費税増税の除外対象とする議論の際もその側面が強く強調されました。例えば歴史ある『朝日新聞』も綱領の中で「不偏不党の地に立って言論の自由を貫き」と謳《うた》っておられます。逆説的に新聞社は『公共財』としての地位が認められてきたからこそ国有地払い下げや記者クラブ制度などの公的優遇が是認されてきたと言えるのです。五月十六日、中日新聞（東京新聞）の記者が暴力団に警察資料を渡していたことが発覚しました。これも『公共財』としての適格性が問われる由々しき事例ですが、一部新聞社は公という側面を放棄して暴走している感がございます。だからこそ政治家は有権者に対してメディア頼みではない『発信』をより強化する必要がございます。今週で１７７号となった『週刊よしいえ』。その意義と責任を改めて噛みしめながら、今週も『真の姿勢』を貫きます。

『週刊よしいえ』第178号　2018年5月28日

生まれてきてくれて、本当に有難う

わたくし事ではございますが、五月三十日（水）、中学三年生になった我が家の一人息子が十五歳の誕生日を迎えます。身長は父をわずかながら超え、体重もほぼ同じになりました。母の懐に抱かれながら顔を真っ赤にして泣いていた赤ん坊は今、大人への階段を一段一段のぼっております。幸いなことにすこぶる健康で今日まで皆勤で学校に通っています。当日は残念ながら中学の『修学旅行』に行っているため、傍らで祝福してあげることは叶いませんが、息子の誕生日は私たち夫婦それぞれが『父』『母』になった『記念日』でもございます。思春期を迎え、時に憎たらしい口をきくようになった坊主を『酒の肴』にしながら互いに互いをねぎらい合い、これからも息子の成長のかけらほどでも『親』として成長することを誓い合う、そんな記念日にしたいと思っております。それにしても、自分の昔のことを棚に上げて言うのもなんですが、思春期の我が子とのコミュニケーションって本当に難しいですね。親はついつい「まだ幼い」と思って接してしまいがちですが、親離れを模索する子どもにとっては、そんな親の態度がわずらわしく感じるもの。彼も大人になれば少しは私たちの気持ちを理解できるようになるのでしょうが（恥ずかしながら私が本当の意味で理解できたのは親になってからでした）、思春期の子どもたちにとっての親は『世界で最も近くにいる、最も遠くに置きたい人』なのかも知れませんね。高校教師をしていた頃も、よく生徒から「親に『だけ』は言わないで」と懇願されたものです。そう言えば、先日の朝も寝坊助の息子の口から発せられた言葉は「はあ……」「うん……」「いってきます」の三語だけでした（苦笑）。

言葉より背中で伝える父からのエール

だからこそより大切にしているのは、息子にしっかりと『背中』を見せることでございます。国会会期中も連日、駅や交差点で早朝より責任へと向かわれる皆様にご挨拶をさせて頂いておりますが、言葉によるコミュニケーションが難しい年頃だからこそ、雨の日も、風の日も、雪の日でも『自らが決めたこと』をたゆまず継続し続ける『その背中』から、最愛の息子にエールを送ることを心がけております。毎週月曜の本厚木駅、息子は必ずこの『週刊よしいえ』を受け取ってから改札に向かってくれますが、この通信もまた『親父の背中』だと思っております。政治も同様です。上滑りの言葉やパフォーマンスで『真の信』を得ることなどできません。『信なくば立たず』という格言を引用するまでもなく、政治家は、『皆様の信』を寄せて頂いて初めて万事を成すことができるのです。今週も『千の言葉』より『千の汗』を念頭に置き、地に足をつけた活動を重ねてまいります。

世界の真中で輝く日本を――平成30年夏

▼『週刊よしいえ』第179号　2018年6月4日

『ダチョウの平和』と『真の平和』の違い

「光陰《こういん》、矢《や》の如《ごと》し」とはよく言ったもので、早や六月を迎え季節は夏へと移り変わっております。皆様と共に桜の花びらを愛でたのは「つい先日」のことだったように感じておりましたが、平成三十年も約半分が過ぎることとなります。若い時分は「流れる時の多さ」に思いを致しておりましたが、特に最近は「諸行無常」という言葉を実感として感じるようになり、「限りある時との向き合い方」に思いを巡らすようになりました。時が日々、大河のように流れていく一方で、最終盤を迎えている国会は、相も変わらず迷路の中におります。地元を愛し国の行く末を憂いでおられる皆様に対して、当事者の一人として本当に申し訳なく思っております。ところで皆様は『ダチョウの平和』という欧米由来の諺《ことわざ》をご存知でしょうか。「ダチョウ（ostrich／オーストリッチ）の「身に危険が降りそそぐと穴の中に頭を突っ込む習性」を「follow an ostrich policy（ダチョウの信念）」「hiding his head like an ostrich（ダチョウのように頭を隠す）」などと『現実逃避』を象徴する諺です。日本にも「頭隠して尻隠さず」（キジは危機が迫ると頭だけ隠すが体は見えている）という同様の意味を持つ諺がございますが、財務省の『決裁文書の書き換え問題』も、防衛省の『日報問題』も、例えればこの『ダチョウの平和』でございましょう。まさに「頭（本省）隠して尻（近畿財務局・PKOの現場）隠さず（せず）」の象徴的な事例です。安保論争も同様です。戦力の不保持を規定する『憲法』が日本の平和を守ってきたと左派は主張しますが、実際に守っている（きた）のは人です。

「特別な存在」を、世界平和の「光」へ

自衛隊の存在なしに日本の安全保障を論じることはできません。また価値観を共有する国々と自衛隊の連携も必須です。一国のみの努力で平和を維持することは困難な時代であるからです。そう考えた時、我が国の安全保障の議論も『ダチョウの平和』的になっていると言えますでしょう。我が国の『自衛隊』は、海外では「Japan Self-Defense Force」（ジャパン・セルフ・ディフェンス・フォース）と呼ばれております。そう、国際社会で自

衛隊は「company」（カンパニー）「party」（パーティー）ではなく「force」（フォース＝軍）なのです。世界の平和のために積極的に貢献している『自衛隊』が「特別な存在」であることを内外に示すためにも、最高法規である憲法に明記すべきだと私は強く思っております。日本が希求しているのは『ダチョウの平和』ではなく『真の国際平和』なのです。東アジア情勢が激動する今、立法府は逃げずにそれを論じる責任がございます。

▼『週刊よしいえ』第180号　2018年6月11日

優しさのバトン。今後も丁寧につなげます

早朝の駅頭活動を続けていると、身体の深い場所で季節だけでなく様々な世相や、責任へと向かう皆様の汗のかけがえのなさを感じる事ができます。また、知的・身体・盲・聾・精神などの障がいを抱える多くの皆様が通勤・通学ラッシュの中で、お仕事に向かわれている姿も目の当たりに致します。そして、そんな皆様への優しい眼差しを持った「声」も届けて頂けます。先日、杉山様とおっしゃる方が御自身も通勤電車の時間が迫るお忙しい中で駅頭に立つ私にお声をかけてくださいました。「よしいえさん、いつもご苦労様です。ところで、あそこ（本厚木駅の歩道と駅の境目）に大きな溝《みぞ》ができてしまっていることは

ご存知ですか？　私たちにとってはたいしたことのない段差ですが、車椅子をご利用の方や杖をついている方にとっては、とても危険です。どこに言えばいいのか分からないのですが、よしいえさんからも、解消できるように働きかけをしてあげてください」。実際に現場を目視してみると仰るとおりの状況でございました。杉山様の優しい眼差しからの「陳情」に心から感謝すると共に、毎週、本厚木駅の駅頭に立ちながら「人を見て、足元を見ていなかった」自身の不明を恥じながら、早速、そのことを厚木市役所に連絡させて頂きました。感激したのは、その後の市役所の対応でございます。市はすぐに現場を視察してくださり、なんとわずか二日後には段差があったスペースは「優しきバリアフリー」へと様変わりしておりました。政治や行政に対する働きかけが「負」のイメージで語られることの多い昨今、私はこんな「優しき街」で政治家として生かされていることをとても誇らしく感じました。心から、感謝いたします。

優しき輪に包まれながら、責任を実感

六月十日（日）、本厚木ミロードの屋上にあるバーベキュー場にて、執行部地域局と青年局の皆様が合同でＢＢＱ大会を開催してくださり、家族連れも含めおよそ一〇〇人の皆様のご参集を賜りました。「選挙から一番遠い時に何をしている（いた）のかを、みんなで

大切にしよう」。執行部・青年部・後援会の皆様の一貫した姿勢が「優しき輪」として私を包んでくださっております。我が国の国会は「学級崩壊」のような状況が長期化し、外交も各国の利害・思惑が交錯する激しい駆け引きが続いていますが、そんな折、皆様から心ゆるせる「穏やかな時」を頂戴いたしました。私は幸せ者です。心より感謝申し上げます。現在、党の財務金融部会長として来年度の経済・財政政策（＝予算）の基本方針となる「骨太方針」の策定作業に着手しておりますが、「政治とは誰がために、何のためにあるのか」を、片時も忘れることなく、お支え頂いている皆様の期待に応えてまいります。

内政問題と外交問題を同時に議論する責任

『週刊よしいえ』第181号　2018年6月18日

シンガポールで史上初めてとなる『米朝首脳会談』が開催されました。北朝鮮の核・ミサイルの破棄のみならず日本人拉致被害者の奪還を実現する分水嶺となる会談でした。『日本人』が北朝鮮により拉致されたにもかかわらず、その奪還交渉を同盟国に委ねねばならなかったことは誠に由々《ゆゆ》しきことで、忸怩《じくじ》たる思いでございます。更に由々しきは、我が国のみならず東アジア情勢の今後を占う米朝の歴史的会談が行われたにもかかわらず、国権の最高機関たる国会は、委員長の解任決議案、大臣の不信任決議案が乱発され（毎回、趣旨弁明だけで延々、一時間超）、北朝鮮の『拉致・核・ミサイル問題』などは、まさに『置いてけぼり』の状況となってしまっていることです。いわずもがな、ですが、世界の国々は我が国の国会論戦をリアルタイムでチェックしております。アメリカのホワイトハウスも、北朝鮮の平壌も、現下の日本の国会情勢を熟知しているのです。考えたくもないことですが、今後『米朝問題』が進展する一方で、『日本人拉致問題』が膠着《こうちゃく》状態に陥ってしまった時、仮に米朝が「北朝鮮は従来『拉致は解決済み』という立場を取ってきたが、日本側はそれを覆す新事実を提示しているわけではない。また、直近の日本の国会でも『日本人拉致問題』に対する議論が十分なされている、とは言い難い。安倍総理大臣は外交において『日本人拉致問題』を真っ先に取り上げ、各国の首脳は深い理解を示してきたが、日本の国会と政府との温度差は歴然としている。外交の前にまずは内政において十分な検証がなされることを期待している」と突き放されたなら、それこそ取り返しがつかない事態に陥ってしまうのです。

今、国会は、その責任を果たす時

現在、官邸と政府与党は、ありとあらゆるルートを通じながら『拉致問題の進展』に向けた調整を続けております。一方で、国会はどうでしょう。拉致問題担当大臣を兼務している加藤厚労大臣は『働き方改革法案』を巡って参議院厚生労働委員会に『張り付き』ですし、議論も先の衆・厚生労働委員会のカーボンコピーです。頼みの綱は与党議員による質疑なのですが、法案審議を巡る野党の攻勢により与党議員に割り振られる『質疑時間』は極めて限定されており、また、それが報道されることも稀です。仮に国会が『国民を守る』足かせとなるならば、本来、期待される権能に矛盾いたします。表出した諸問題について徹底した真相究明を行うことは国会の重要な仕事です。しかし最も重要な使命は『国民の生命と財産を守る』ことであるはずです。国会改革は待ったなし、だと私は思っております。今週も北朝鮮の動向を注視しながら、今、できる精一杯を重ねてまいります。

▼『週刊よしいえ』第１８２号　２０１８年6月25日

唯一の「愛が二つ重なる町」。皆様と共に

六月十七日（日）に投開票された愛川町・町長選挙では現職の小野沢ゆたか候補が堂々たる得票で再選されました。町長・副町長が長期にわたり不在となっていた四年前、御自身の存在を懸けて故郷のために立ち上がった小野沢町長。町長就任後は卓越した手腕で行

財政改革・地方創生施策を力強く推進され、多くの実績を重ねてこられました。驕《おご》ることなく、終始、町民の皆様に対して謙虚かつ誠実な姿勢を貫いてこられたことも、今回の絶大なる『信』（得票）が寄せられた理由の一つでございましょう。今後も小野沢町長、町民の皆様と力を合わせながら、地元代議士としての『責』を誠実に果たしてまいります。また、週をまたいで昨日、六月二十四日（日）には「愛川町よしいえ後援会」主催『初夏の集い』が盛大に挙行されました。今年も事前準備から、当日の受付、進行、そして会場にチリ一つ残さない丁寧な後片付けまで、全て後援会の皆様の手作り・手作業による「笑顔溢れる集い」でございました。政局の渦中に身を置いている私にとって久しぶりに「心許す温もりの時」となりました。後援会の皆様に改めて心より感謝いたします。

「愛」甲郡「愛」川町。愛川町は、日本で唯一の地名（都道府県名を除く）に「愛が二つ重なる町」です。首都圏にありながらも風光明媚な景観が広がる人情味あふれる優しきまち。一方で若年層の流出による人口減少や高齢化率の上昇、伝統産業の衰退など、多くの課題にも直面しております。地方創生という掛け声だけでは何も解決いたしません。今後も後援会の皆様と心と力を合わせて「具体的政策」を進めながら、この「愛のあふれる美しいまち」を希望ある未来へと繋げてまいります。

関西を襲った地震への国会の重き責任

通常国会が三十二日間の延長（七月二十二日まで）となりましたが、野党の皆様は「会期延長」に反対されました。つい先日まで「審議が不十分だ！」「徹底して国会で追及する」「委員会をもっと開催せよ！」と高らかに主張しておられたのに……「狐につままれた」ような思いです。大阪を震源地とする大きな地震が発生し、今後の余震（あるいは熊本地震のような大揺れの後の「本震」）や、地震と豪雨による地盤の脆弱《ぜいじゃく》化の影響など、今も予断を許さない状況が続いている折もおり、国権の最高機関である国会を閉会するべき、と主張されることは、私にはまったく理解できません。現在、参議院で審議中の法案、さらには党派を超えて成立を目指している議員立法もございます。一般に「与党」は、国会をできるだけ会期どおりに切り上げたいと考えるものです。野党の厳しい追及と、その報道が「支持率」に直結するからです。今回はそのまったく真逆……大丈夫か、野党……。

『週刊よしいえ』第183号　2018年7月2日

「難解な連立方程式」。領土問題解決のカギ

外交にまつわる我が国の「報道」は主に日米・日朝・日韓・日中・日欧の動きを中心に行われますが、日本を取り巻く国際社会において「難解な連立方程式」を解くカギとなるのは、トランプアメリカ大統領と同様、安倍総理が世界の首脳の中で最も「個人的な信頼関係」を築いているプーチン氏が大統領を務めるロシアでございます。一昨年、プーチン大統領が安倍総理の地元である山口県を訪問する形で「日露の共同経済活動」と「平和条約の締結」、その前提となる「領土問題の解決」がリラックスした雰囲気の中で話し合われました。この通信でもロシアとの領土交渉は一筋縄ではいかない旨を「日米安全保障条約」の内容を紐解きながら説明させて頂きましたが、あれから一年半、安倍総理は先般、ロシアで開催された「国際経済フォーラム」でホスト国のプーチン大統領、フランスのマクロン大統領、中国の王岐山副主席らの前でかなり踏み込んだスピーチを行いました。以下、引用いたします。「日本とロシアに永続的な安定が生まれた時、世界はどうなるでしょう。その時、北極海からベーリング海、北太平洋、日本海は、『平和と繁栄の海の幹線』となるでしょう。対立の原因となっていた島々は『物流の拠点』として新たな可能性を見いだし、

日露協力の『象徴』へと転化するでしょう。北極海から日本海を行きかうモノを想像してみてください。（シベリアの）ヤマル（半島）の北極海ガス田が生むLNG（液化天然ガス）がその一つになることに疑いはありません」――マスコミはこの演説を黙殺しました（重要性が理解できなかった？）が安倍総理は「難解な連立方程式」を紐解く「カギ」を具体的かつ堂々と示したのです。

世界の中心で輝くための「地政学」

「天然ガスのプラント建設を日本企業がサポートし、それを日本の砕氷船技術で『北極海航路』を通じてカムチャッカ半島まで運び、その港湾に液化工場を作り、大型LNGタンカーで輸出する。そうなれば低迷する極東の経済問題は即座に解消できる。それを実現できるのは大陸の西側にあるクレムリンではなく、肥大化する中国でもなく、日本なのです」と堂々と宣言したのです。実現すれば極東経済のみならず、北朝鮮が抱えているエネルギー問題も解決いたします。また日本にとっても領土問題の解決だけでなく、アメリカ・シェールガスをパナマ運河経由で日本に搬送するには二十四日かかりますが、北極海航路でなら十六日間で済むこととなり、貿易赤字の解消で強硬姿勢を貫くアメリカに対する有力な外交カードとなり、エネルギー価格の高騰を防ぐ防波堤にもなります。勝負の時です。

日本は世界の安定のためにも国際社会のセンタープレイヤーであり続けなくてはならないのです。

『週刊よしいえ』第184号　2018年7月9日

マレーシア・マハティール首相の日本観

先般、日本にも来られましたが、マレーシアで一九八一年から二〇〇三年まで二十二年間もの長きに亘り首相を務められた「マハティール・ビン・モハマド」氏が再び首相に返り咲きました。御年九十二歳。日本では「人生一〇〇年時代の到来」にまつわる「議論」が活発に行われておりますがマハティール氏の首相への返り咲きは、まさに「人生一〇〇年時代」の「象徴」といえるでしょう。マハティール氏といえばマレーシアで『ルック・イースト政策』（戦後の日本の復興と成長から学び実践する政策）を推進した『親日家』（知日家）の政治家として有名ですが、これまで我が国の政治に対しても様々な直言を行ってきたことは、報道の影響もあり、あまり知られておりません。遡《さかのぼ》ること四半世紀、当時の私も大変驚きましたが、自民・社会・さきがけの連立政権（社会党・村山富市首相、土井たか子議長）が誕生しました。政権はアジア外交を重視し中国、韓国、東南アジア諸国を歴訪し、繰り返し「大戦への反省と謝罪」を枕詞《まくらことば》として重ねました。手元にある資料によると、その際に、マハティール首相は村山元総理に対してこう述べたそうです。「五十年前に起きたことを謝り続けていることが私には理解できません。過去は『教訓』とすべきですが、国家は現在から、さらなる未来に向かって進むべきなのです。日本にはアジアの平和と安全のための役割を担って欲しい」。また村山氏と共に『おわび外交』を担った土井元議長に対しても「過去ばかり顧みるのはどうなのか。過去ではなく、未来に向けて何ができるかの方がより大切なこと。過去への反省のためにＰＫＯに自衛隊を派遣できないのは残念です」と語ったそうです。

私は未来に貢献する日本人でありたい

もちろん「平和主義」は「日本の国是」でございます。しかし氏が言うように、反省や謝罪だけでは国際平和を実現することはできません。むしろそれのみに注力し続けることは「新たな諍《いさか》い」を生みます。これも現代史の教訓です。大切なのは先の大戦を『教訓』として深く刻んだ上で、後ろばかりを振り返るのではなく、未来志向で平和活動を重ねることです。キリスト教国でもイスラム教国でもない、開かれた海洋国家「日本」だからこそ果たせる、いや、日本にしか果たせない役割が世界にはあるのです。マハティール氏は近著の中で現在の日本のことをこうも憂いています。「日本の高い水準、それを可能にした驚くべき適応力、吸収力は国民の勤勉性と規律によって支えられてきた。昨今の日本はこのような美徳が薄れてきているのではなかろうか」。耳の痛い議員も多いのではないでしょうか。少なくとも私は、皆様に恥じることのなきよう、今週も謙虚な歩みを重ねます。

▼『週刊よしいえ』第185号　2018年7月16日

私たちに求められる「天」との向き合い方

未曽有の豪雨が西日本各地を襲い、甚大な被害が発生いたしました。その尊き命を奪われた皆様のご冥福を衷心よりお祈りすると共に、「最愛の人」を亡くされたすべての皆様に心よりお悔やみを申し上げます。また、現在も避難生活を余儀なくされている方々が一刻も早く日常生活を取り戻せるよう、党の「七月豪雨災害対策本部」のメンバーとして、被災地への速やかな財政支援を所掌する「財務金融部会長」として、引き続き力の限りを尽くさせて頂くことをここに誓わせて頂きます。

皆様もご記憶のことと思いますが、関東地方では「春分の日」(三月二十一日)に「降雪」を記録しました。また異例の早さで「梅雨明け」し、その後は猛暑の日々が連日のように続いております。この夏も変わることなく仲間たちと「早朝駅頭活動」を続けておりますが、朝七時に気温が「三十度」を超えてしまう日も少なくありません。まさに「異常気象」が日本列島全体を覆っているように感じます。今後、この「異常気象」の影響が農林水産業を直撃することも確実視されており、実際、海や河の生態系が大きく変化するなどの「異変」が全国各地で起こっております。世界の国々は国境によって隔てられておりますが「天（てん）は一つ」でございます。「気候変動対策」などは一国のみの努力では成立しません。「地球温暖化対策」のための国際的な枠組み『パリ協定』は、我が国が主体となって国際合意にこぎつけた「CO_2排出削減協定」ですが、同盟国であるアメリカは「経済の足枷《あしかせ》になりかねない」と協定からの離脱を一方的に宣言しました。中国の台頭、ＡＳＥＡＮの急成長も、アジアの空に少なからず影響を及ぼしております。

お天道様《てんとうさま》はいつも我々を見ています

我が国は古来「お天道様が見ている」という観念を大切に伝承してきましたが、まさに今「天《てん》は人類の営《いとな》みと業《ごう》を厳しい眼差しで見つめている」のではないかと、私には思えてなりません。そもそも、「自然保護」という言葉自体が「人類の驕《おご》りの象徴」だとも言えるのではないでしょうか。人類が自然を保護しているのではなく、自然が人類を保護してくださっているからこそ私たちは海と大地の恵みを享受し、文明を築くことができたのです。真の豊かさは「貨幣の価値と量」だけで測れるものではございません。もちろん経済は国家にとって極めて重要な要素です。「国民生活」を守る責任が国家にはあるからです。しかし、そもそもの「土台（自然）」が崩れてしまったなら、どんな立派な「家（経済）」も倒壊します。私たち人間は今、国境を越えて「天」と「地」に、誠実かつ謙虚な姿勢で向き合わなければならないのではないでしょうか。

▼『週刊よしいえ』第186号　2018年7月23日

「ワイドショー政治」による権威失墜を憂う

西日本豪雨災害への対策を阻害するかのような内閣不信任案が野党から提出、本会議で否決され、通常国会が閉幕しました。皆様から国政の場へと送って頂いてから十一年となりますが、これまでで最も政策議論が希薄な「劇場型の国会」でした。議席を預かる議員の一人として国民の皆様に、大変申し訳なく思っております。振り返れば今年の上半期は、板門店で開かれた「韓北首脳会談」、ホワイトハウスで開かれた「日米首脳会談」、シンガポールで行われた「米朝首脳会談」、立て続けに行われた「中朝首脳会談」など歴史的な動きがございました。さらに「保護主義の台頭」とその延長線上で起こっている「関税」を巡っての「米・中」「米・ＥＵ」の激しい経済対立（貿易戦争）、また「仮想通貨」（ビットコイン）の流出問題など、経済・金融分野でも大きな出来事が現在進行形でうねっております。「北朝鮮による日本人拉致問題」の解決は「待ったなし」であり、国際社会を巻き込んで「勝負の時」を迎えております。頻発する自然災害への備えも喫緊の課題です。しかし、これらは国民の代表が集う国会でどれだけ議論されたでしょうか。「十八連休」と揶《や》揄《ゆ》された野党の皆様の「審議拒否」や、連日、長時間にわたって役人を拘束し、カメラの前で激しい口調で一方的に追及する「野党合同ヒアリング」、そうかと思えば野党の一部があらんことか国会会期中に新党を結成する、という驚きの政変……。それらに翻弄され続けた国会でございました。少なくとも今国会は「言論の府」の責任を全うできず、「政局の府」として迷走に明け暮れた、という誹《そし》りを免れることはできないでしょう。重ね重ね、申し訳なく思います。

国家にまつわる「すべて」に責任がある

「財務省」による「決裁文書改ざん問題」は看過できない歴史的暴挙であり、また「行政特権行使の疑念」などに対しては「必罰」を持って臨まねばなりません。これらの諸問題を徹底的に追及・議論することは当然の責務でございます。自民党においても「事実確認」「真相究明」「再発防止」のための徹底した議論が長時間、行われました（もちろん冒頭以外は、個人情報などへの配慮からマスコミは入れません）。私は党で財務省・金融庁を所掌する「財務金融部会長」を拝命しておりますが、党内議論はまさに「鬼気迫る」ものでございました。しかし、であるなら「その他の審議は、さておいていいのか」といえば、そうでないことは「自明の理」。政治は「園児のサッカー」や「TVのワイドショー番組」ではないのですから。西日本七月豪雨災害の復旧作業も加速させねばならず、財務金融部会長の「責任」は益々、重大です。今週も皆様に恥じない行動を丁寧に重ねます。

▼『週刊よしいえ』第187号　2018年7月30日

あなたの温もりを、ずっと、ずっと忘れない

地元選挙区にあり、地域の皆様と共に温かな「共生の歴史」を紡いできた知的障がい者支援施設「津久井やまゆり園」。その優しき共生の場所に真夜中、元施設職員が刃物を持って侵入し刃を振るい、十九名の命を次々に奪い去るという世界を震撼させた非道な凶行「津久井やまゆり園事件」が発生してから七月二十六日（木）で丸二年になりました。七

月二十三日（月）には相模女子大グリーンホールで「追悼式」が執り行われ、私も地元代議士として出席させて頂きましたが、それまで足を運ばせて頂いた「津久井やまゆり園祭り」や千木良《ちぎら》のお祭りで交流させて頂いた入所者の皆様の無邪気な笑顔、それを本当に嬉しそうに見守る施設職員や地域ボランティアの眼差し、事件発生以来、地域の皆様が抱き続けておられる深い、あまりにも深い慟哭《どうこく》……その一つひとつの情景や思いが次々に胸に去来し、今年も涙を止めることはできませんでした。改めて衷心より哀悼の誠を捧げると共に、誰もが認め合い、支え合い、紡ぎ合うことができる「真の共生社会」の実現のため政治生命を懸けて邁進《まいしん》していくことを誓わせて頂きました。その上で今年の追悼式では議員の「代理対応」が大変多かったことに強い危機感を抱きました。もちろん公務や行事が重なり大変、忙しいのは重々承知しておりますが、今年も事件のあった津久井やまゆり園には全国から多くの皆様が献花に訪れてくださっております。追悼式への参列は会場の関係でどうしても限定されてしまうため私たち議員が国民・県民・市民の皆様を代表して案内を受けているのです。私はこれからも皆様の深い悲しみをこの身に宿しながら「当事者」として行動してまいります。

さあ、輪になって踊ろう。明日のために

台風が迫る七月二十七日（金）、地元・厚木市の愛名にある「愛名やまゆり園」で納涼祭が盛大に開催されました。名称からもお分かりになるとおり、トップコラムで思いを語らせて頂いた「津久井やまゆり園」と同じく社会福祉法人「かながわ共同会」が運営している知的障がい者支援施設で、津久井と同様、職員・ボランティア・地域の皆様が入所している皆様方を温かく包み、支えている「共生の場」でございます。また、それだけに「事件」を受け、「隣人」として慟哭《どうこく》されました。私も毎年、園の納涼祭に出席させて頂き、入所者の皆様方と一緒に「踊り手」（師匠）のフリを「見よう見まね」しながら（結構ぎこちなく）踊らせて頂いておりますが、画一性はなくともカラフルで多様な「優しい踊りの輪」は園庭に咲く愛名の夏の花です。今年も多くの子どもたち、地域の皆様と、その意味を分かち合いました。その一枚の花びらでいられることは、私の誇りです。

▼『週刊よしいえ』第188号　2018年8月6日

塩をかける派ですか？かけない派ですか？

「光陰《こういん》矢の如《ごと》し」。早いもので八月も今日から二週目を迎えます。この時期は例年どおり「納涼祭」が各地区で開催されており、多い日は、朝から夜の片づけまで五十カ所を超える会場に伺わせて頂いております。草の根で地域の伝統を御守りくださっている皆様に、この場をお借りして心より感謝を申し上げます。皆様は私の誇りです。この夏も、皆様の「無私の汗」に恥じることのない活動を、地に足をつけて重ねてまいります。

さて「日本の夏」にはたくさんの風物詩がございますが、「夏」＝「スイカ」を連想する方も多くいらっしゃると思います。私も先日、後援会の方からお裾分けいただいたスイカを冷蔵庫でキンキンに冷やしてからかぶりつき「ああ、夏ですなあ」としみじみ季節を嚙みしめさせて頂きました。ところで皆様はスイカに「塩をかける派」ですか、それとも「塩をかけない派」でしょうか。私は子ども時代から「絶対かける派」ですが、最近はどうもそれが「定番」とはなってはいないようです。アンケートサイト「みんなの声」の集計によると、なんと総合・年齢別・性別の全ての項目で「かけない派」が多数を占めました。確かに現代のスイカは、私が子どもの頃「裏の畑」で栽培していたスイカと比すれば格段に「甘く」なっており、昔のようにわざわざしょっぱい「塩」をかけ「対比効果」で「甘さ」を際立たせる必要がなくなってしまったのかも知れません。ですが、「伝統」（風情）を重んじる保守的な性格の私（車もいまだオートマよりマニュアル好き）にとって、これはちょっぴり寂しい変化です。一方、この集計を「地域別」で見てみると「かける派」が多数を占める地域も複数ございます。

「夏休み中の先生」は私たちなのです

東北では宮城県・福島県、関東甲信越では群馬県・山梨県・長野県、東海では静岡県・岐阜県・三重県、四国では愛媛県・徳島県・高知県、九州では宮崎県の十二県で「塩をかける派」が多数を占めました。一概に、共通項を見いだすのは難しいですが、いずれの地域も「三世代同居世帯」の多い地域であり、貧しさの中で「工夫」し、さらにその「工夫」に「風情」を見出してきた「日本のこころ」が、現代にも継承されている地域とも言えるのではないでしょうか。祖母が私たち孫に「スイカに塩をかける作法」を目を細めながら語ってくれた「少年の日の夏の縁側の思い出」は、今もありありと私の脳裏に焼き付いております。先日、お伺いした「納涼祭」では地域の子どもたちにスイカがふるまわれましたが、切り実を子どもたちに手渡すテントの机上には「食塩」がそっと置かれておりました。地元の子どもたちの「夏休みの先生」は、私たち地域の大人たち、なんですね。

▼『週刊よしいえ』第189号　2018年8月13日

開かれた海洋国家「日本」の可能性と責任

八月十五日（水）に七十三回目の「終戦の日」を迎えます。熾烈《しれつ》を極めた戦禍《せんか》を「実体験」として経験された皆様が全員「七十三歳以上」になられているということを、私たち現役世代は重く、重く受け止め、諸先輩たちの体験を「教訓」として深く心に刻み、それぞれが我が国のみならず、世界の「平和」と「安定」の「主体」となって汗を重ねる責任がございます。急速に「世代交代」が進む中、私は年々、その「重き責任」「後世への責任」への念を強くしております。

巨大な軍事力を有する先進諸国は現在、「経済覇権」を巡り激しい応酬を繰り広げております。アメリカと中国、アメリカとEU（ヨーロッパ連合）の関税を巡る対立は「貿易戦争」と形容されるほどまでに、深刻な事態になっております。だからこそ、日本が果たす役割は極めて重要でございます。世界経済に対して大きな影響力を有する「先進7カ国」（G7）とはアメリカ、イギリス、ドイツ、フランス、イタリア、カナダ、そして日本ですが、この中で、ヨーロッパでも北アメリカでもない国は日本だけです。日本は開かれた海洋国家として、絶えず地球儀を俯瞰《ふかん》しながら、自由・民主主義・法の支配・人権の尊重などの価値観を共有できる国々と、「ウィン・ウィン」(一両得)の関係をさらに深化させ、「要《かなめ》」の役割を果たしながら「自由と繁栄の弧《こ》」を形成することで、『瑞穂の国の資本主義』という「和(輪)」を、世界に向けて示し続けていくことが大切なのです。また、世界第二位の経済力を有する中国、大国・ロシア、隣国・韓国との「地政学的距離」も、G7のどの国家より優位性がございます。

世界のリーダーとしての自覚を持つ

日本は明治三十五(一九〇二)年、イギリスと『日英同盟』を結びました。これは地政学的に「これ以上ない」ほど大きな波及効果を生む同盟でした。英国(ロンドン)と日本(沖縄)を中心に、世界地図の上で「半径一万キロ」の「円」を描いてみると、それが実感できます。前者(英国)はユーラシア・アフリカ・北アメリカ大陸のほぼ全域、南米の北半分が円の中に入ります。後者(日本)もユーラシア大陸のほぼ全域・オセアニア・アフリカの東半分・北米の西半分を包括いたします。この地政学上の絶対的な優位性のある二カ国が「同盟」を結んだのです。とはいえ当時の同盟はあくまでも軍事同盟で、第一次大戦後の軍縮会議であえなく失効しました。仮に今後、EUから離脱する英国と日本が中心となり、他の海洋国家を巻き込んだ自由貿易圏を形成できたなら……新しく強力な「和の輪」が形成されます。ＥＵ離脱を巡って混乱が続くイギリスの、一刻も早い「政治の安定」を切望してやみません。

▼『週刊よしいえ』第１９０号　２０１８年８月20日

経済指標はバイアスをかけず、沈着冷静に

政権に批判的な方々は「独自の経済政策」を示すこともないまま『アベノミクス』（大胆な金融緩和・機動的な財政出動・民間投資を喚起する成長戦略）の「失敗」「限界」を口にされます。理由として「円安により株価が上昇（輸出企業の収益拡大）しただけで実際、実質賃金（物価に対する賃金）は上がらず、逆に生活は苦しくなっている」と主張されます。そんな「批判のための批判」を聞くたびに「おいおい、頼むよ……皆さんは国民の選良たる政治家であり、また高学歴の記者、専門家・評論家なんだから……」とつい、つい、思ってしまいます。『大胆な金融緩和』と『機動的な財政出動』が政策としてがっちり噛み合うと「就業者数の増加」「人手不足の発生」「物価上昇」の三点セットが発生いたします。事実、安倍政権発足以降「就業者数」は二五一万人増加し「正社員」の「有効求人倍率」は全ての都道府県で一倍以上（一・〇九）、パートを含めると〇・八三➡一・五九倍、

最低賃金も五年連続で上がっております。確かに企業が社員給与のベースアップを行ってくれているにもかかわらず「実質賃金」（物価に対する賃金）の統計数値はもたついておりますが、それは「高給取り」だった皆様が定年を迎え、収入が大幅に減ってしまったことと、失業者だった、あるいは働いていなかった方が就業した場合、「名目賃金」（実賃金）は「初任給見合い」から始まるため「平均額」に近づくまでには一定期間を要するから、です。しかし、これはあくまでタイムラグであり、引き続き経済の好循環が続いていけば必然「名目賃金」は上昇を続け、「実質賃金」は「物価上昇」を追い抜いていきます。経済とは、「一発芸」ではないのです。

感情のみの経済分析と実際の差異

これは経済学の「いろは」の「い」。知らないはずはないのでしょうが……。また「安倍内閣は、経済の好況をアピールするためＧＤＰをかさ上げしている」ともおっしゃいますが、これも意味不明です。我が国の経済統計は五年に一度改訂が行われますが、その際には国連で採択された国際基準が順次取り込まれます。また基準が改訂された場合は過去にさかのぼって「遡及《そきゅう》適用」されるため統計数字が突然上昇することはあり得ません。二〇一六年改訂では国際基準に合わせ「研究開発費」を「知的財産生産物」として計上するように変更した、というだけで、批判は「因縁《いんねん》の類《たぐい》」です。我が国の高等教育における「経済学」は驚くことに「文系」に分類され、私学などでは「数学」を受験しなくとも入学できます。しかしミクロ経済は「数学」そのものです。ここを改革していかない限り、例示したような「根拠のないレッテル貼り」が続くと、私は危惧しております。

▼『週刊よしいえ』第１９１号　２０１８年８月27日

「右」は排除し「左」はスルーという偏向

報道でも取り上げられたのでご存知の方も多いかと思いますが、大ヒットしたアニメ映画『君の名は。』の主題歌『前前前世』などの代表曲があり、紅白歌合戦にも出場した人気バンド『ＲＡＤＷＩＭＰＳ』が新たに発表した『ＨＩＮＯＭＡＲＵ』という曲がネットを中心に「愛国ソングだ」「軍歌みたいだ」などの批判が巻き起こり、作詞したボーカルの野田洋次郎氏が「傷ついた人たち、すみませんでした」と謝罪に追い込まれるという出来事がございました。報道で知り歌詞を見てみたところ、少なくとも私は軍国主義・軍歌的な歌だとは微塵も感じませんでした。そもそも軍歌に精通されている方でＲＡＤを愛聴しておられる方がどれだけいるでしょう。ネトウヨ（ネット右翼）ならぬ、ネトサヨ（ネット左翼）による確信的な世論誘導なのでしょうか……。表現の自由が保障されている我が国でアーティストによる自由な表現活動を制限するかのようなレッテル貼りと、その拡散・報道が行われ、結果アーティストが謝罪しなければならないような事態を招くということは由々しきことだと少なくとも私は感じます。近年、類似する動きも複数ございます。例えば我が神奈川県が生んだ国民的フォークデュオの『ゆず』もアルバム『ＢＩＧ ＹＥＬＬ』に収録されている『ガイコクジンノ トモダチ』という曲が「政治的だ」「愛国的だ」と批判の矢面にさらされました。『外国人の友達ができた。その友達は日本が好きで「あなたは日本の、どこが好きですか」と聞いてくる。それに対して僕は、自分が生まれ育った国に無知なことに気づき、少し戸惑ってしまう』。

いったい誰が、おっしゃってるんでしょうね？

これに続く歌詞に左派は噛みつきます。私には「ニュートラルな若者の率直な思いをニヒルに表現した歌」だと思いますが、一部の左派の皆様はどうにも気に入らないようです。そのくせ我が国をおとしめるような表現には喜んだり、意図的にスルーしたりするんですよね……理解不能です。私は「日本人」であることに誇りを持っております。だからこそ排除や攻撃ではなく、歴史軸を大切にしながら「寛容」と「調和」を尊びます。そして国

歌は胸を張って大きな声で歌います（当然）！

歴史という法廷に立つ覚悟 ――平成30年秋

『週刊よしいえ』第192号　2018年9月3日

党員の皆様と共に「次の時代」を見据えて

いよいよ候補者の構図が固まり三年に一度の「自民党総裁選挙」が七日（金）に告示されます。立候補されるのは現総裁であり内閣総理大臣を務める安倍晋三氏と、党の幹事長や大臣を歴任された石破茂氏の両名。九月二十日に行われる党員・党所属地方議員票の集計、国会議員の投開票に向けて、しのぎを削る戦いが既に始まっております。私は神奈川県で唯一の総裁派閥・清和政策研究会（細田派）所属の国会議員として、先輩・同僚と共に安倍晋三・現総裁を最も近くで支えさせて頂いておりますが、身内同士とはいえ総裁選に勝利した者が「総理大臣」に指名され「内閣」を組織し「国政の舵取り」を担う、という選挙であり、来年の統一地方選や参議院選挙に向け様々な思惑が複雑に絡み合った「権力闘争」の側面もございます。私にとっては今回で五回目となる総裁選ですが、毎回「ああ、まさに権力闘争なんだなあ」と心底、痛感いたします。「同じ釜の飯を食った互いをよく知る間柄」の陣営同士が「主席宰相」の座を巡って「情報戦」「懐柔」「多数派工作」など激しい「政略」を陰に陽に切れ目なく展開し合います。挑戦者側は「攻めの姿勢」を終始貫けてこそ「勝機」を手にし、それを受ける者（陣営）はそれを超然と受け止め、その上で実績、説得力ある政策、実行力を示し、堂々と挑戦者を凌駕《りょうが》して初めて「継続」を勝ち取れるのです。例えば「外交」一つをとっても、美辞麗句と正攻法だけで折り合える事案など一つとしてございません。国益を懸けて「テーブルの上では笑顔で握手し、テーブルの下では激しく蹴り合う」。それが外交の実際です。総裁選で問われるのは「そういった力」でもあるのです。

公約実現するために必要な「実行力」

二〇〇九年、衆議院総選挙で「民主党」（当時）が大勝し、当時、代表を務めていた鳩山氏が総理大臣に指名されました。しかしご存知のとおり、三年余り続いた「民主党政権」の実態は「政権交代」を実現するために集まった「烏合の衆」による「覚悟なき政権」でした。憲法・財政・金融・経済・教育・社会保障・外交・安全保障など「国家の根幹」に対するスタンスもバラバラで「決められない政治」と揶揄《やゆ》されながら迷走に次ぐ迷走を繰り返し……最後は党内抗争で分裂し、総選挙で政権の座から退きました。ひるがえって我々には「党是」と「覚悟」「経験」があります。なにより昨年の総選挙で国民の皆様と約束した「公約」がございます。今回の総裁選は「候補者の野心」ではなく、あくまでも「公約」を実現する「手段」こそが争点なのです。内外に重大な懸案を抱える今、問われるのは「実行力」です。私はブレることなく安倍総裁再選に向けて中心となって支えます。

▼『週刊よしいえ』第193号　2018年9月10日

天変地異に対する備えを加速させる必要性

立て続けに自然災害が日本列島を襲っております。九月四日には「台風21号」が非常に強い勢力を保ちながら上陸して、特に関西地方に甚大な被害をもたらしました。さらに六日未明には「大地震」が北海道・胆振《いぶり》地方を襲い、震度7を記録した厚真《あつま》町では大規模な土砂崩れが発生。自衛隊・警察・消防による懸命な救助活動が現在も夜を徹して続けられております。同時に北海道内全域二九五万戸で「ブラックアウト」と呼ばれる停電が発生しました。迅速な対応で九九％の世帯への送電は復旧しましたが、一部の地域ではさらに数日間の時間を要するという報告を受けております。突然の自然災害の襲来によりお亡くなりになられた皆様のご冥福を心よりお祈りすると共に、ご家族・関係者の皆様に心よりお悔やみ申し上げます。また、いまも避難生活を余儀なくされている皆様方には、総力で復旧作業を進め、一刻も早く皆様が「日常」を取り戻せるよう全力を傾注することをお誓い申し上げます。それにいたしましても本年、平成三十年のこれまでは、まさに「天変地異」そのものでございます。すでにお忘れになってしまわれた方もいらっしゃるかもしれませんが、「春分の日」（三月二十一日）には季節外れの「雪」が降りました。また「梅雨」が関東地方で史上初めて六月に明け、その後は記録的な猛暑にさらされました。一方、関東地方の梅雨明けと前後して「台風7号」が日本列島を「逆走」しながら襲来し、特に西日本を中心に甚大な被害が発生いたしました。そして今回の「台風21号」と「北海道胆振東部地震」……。「天」と「地」で起こっている「異変」はこれからも切れ目なく襲ってくる、という備えの必要がございます。

「人の輪」こそが最大の安全保障

では今、私たちはどのような備えをしておくべきでしょうか。この通信をお届けさせて頂いている皆様はご承知の方が多いかと思いますが、地域で指定されている「緊急避難場所」の多くは「地震」の際と「豪雨」の際で分かれております。「避難所は、あそこ」という思い込みで、みすみす逆に危険な場所に避難してしまうことは避けなければなりません。また避難所に指定されている学校等でエアコンが完備されている体育館等は稀です。さらに「和式トイレ」を採用している公共施設がまだまだ多数ございますが、特に膝など足の具合の悪い皆様にとっては大きな支障が生じます。環境整備・改修は急務であり、党の財務金融部会長として責任を持って財政措置を講じてまいります。しかし、なによりも大切なのが「自治会」など「人の輪」です。それは災害への「安全保障そのもの」でございます。未加入の皆様はどうぞ速やかに最寄りの「自治会」への御加入をお願い致します。

▼『週刊よしいえ』第194号　2018年9月17日

思案の初秋。昔、スルーした事を再考する

朝夕にそよぐ涼やかな風と共に耳に届く虫たちの織り成す音色は、私たちに秋の訪れを優しく報《しら》せてくれております。秋は「読書の秋」と言われますが、皆様はその由来をお考えになったことがございますでしょうか。もちろん秋は暑さが一段落し、集中して読書に耽《ふけ》るには最適な季節ですが「読書の秋」という言葉が広く日本社会に浸透したのは文豪・

夏目漱石が小説『三四郎』の中で「漢詩」の一節を紹介した事がきっかけだそうです。西暦七〇〇年代後半に活躍した「韓愈《かんゆ》」という文人が詠んだ「灯火親しむべし」（秋は過ごしやすい季節で夜は明りを灯して読書するのに最適だ）という漢詩です。文豪の文豪たるゆえん。夏目漱石という偉大な作家の社会への影響力を如実《にょじつ》に物語るエピソードですね。我が家の書棚にはまだ読んでいない本がたくさんございます。準備万端。この秋も、大好きな読書に耽《ふけ》りたいと思っております。「読書の秋」と同様、秋は「思案の季節」とも言われます。確かに虫の音を聞きながら様々なことを随想するのに適した季節ですよね。そこで今週は「昔スルーしたこと」を、皆様と共に再考してみたいと思います。日本とアメリカの間に広がる大海は「【太】平洋」、アメリカからヨーロッパに広がる大海が「【大】西洋」。この【太】と【大】を混同してしまいテストで「×」をつけられた経験があるのは私だけではないのではないでしょうか。一般的に「【太】平洋」は英語の「Pacific Ocean」（パシフィックオーシャン）の「Pacific」が「平和」「太平」を指すことから【太】と翻訳されたと言われております。では、もう少し詳しく――。

「答え」は表層のずっとずっと奥にある

一般的には十六世紀「世界一周」に成功したマゼランが「太平洋」をラテン語で「Mare

Pacificum」（平穏な海）と命名し、この英語訳が「Pacific Ocean」となり、日本語訳が「太平洋」となったとされておりますが、これも、どうやら曖昧なのです。例えば十七世紀のイタリア人宣教師マテオ・リッチが作成した「坤輿《こんよ》万国《ばんこく》全図《ぜんず》」では「【大】平洋」と明記されております。明治初期までの文献でも「【太】平洋」「【大】平洋」の表記は混在しています。表記が「【太】平洋」に統一されたのは明治三十六（一九〇三）年『国定教科書』で「【太】平洋」と表記されてから、なのです。つまり、……私がテストで「【大】平洋」と書いて×になった理由は、「明治以降の教科書表記と違うから」なのです（笑）。もし当時の先生に△をつける度量があったなら、その際にもっと「深い学び」ができていたような気もします。教育、大切ですね。

▼『週刊よしいえ』第195号　2018年9月24日

「歴史という名の法廷」に立つ自覚と覚悟

九月二十日に集計・投開票された「自由民主党・総裁選挙」では、党員・地方議員・国会議員から絶大なる御支持を賜り、安倍晋三総裁が再選されました。神奈川県で唯一の総裁派閥「清和政策研究会」（細田派）の国会議員として、「当事者」の立場で党員の皆様に

「御支持」をお願いしてきただけに感慨もひとしおでございます。激甚災害が日本列島各地で猛威を振るい、国際情勢も激動が続いている中、「政局」ではなく「安定と継続」を最優先にしてくださった党員の皆様に心から感謝を申し上げますと共に、頂戴した御支持に恥じることのなきよう、今後も「地元」に根を張りながら「日本国」のために滅私の汗を重ねていくことを改めて誓わせて頂きます。

さあ「新たなるスタート」です。もっと的確に表現させて頂くなら、現在、我が国、そして世界を覆っている数多の難問・難題がつらなる「連立方程式」を丁寧に読み解きながら「平成の次の御代」を創生していくという「新時代への船出」の号砲が鳴ったのです。時に、我々の慢心や緩みを指摘されることもございますが、そのような態度は各々、厳に慎まねばなりません。我々は近い将来に「歴史という名の法廷」に立ちます。党派を分かたず今、為政者に強く求められているのは、そのことへの自覚と覚悟であると私は思っております。今後、党の役員人事・内閣改造後、臨時国会が開幕いたしますが、野党の皆様も、これまでのような「批判のための批判」に明け暮れるのではなく、それぞれの経済・外交・安全保障・社会保障・教育政策などへの基本姿勢を明確にして頂き（是非とも党内でおまとめ頂き）「政局」ではなく「政策」を論じ合う国会となることを願ってやみません。

求められるのは責任そして実行です

例えば「経済」については、いわゆる「アベノミクス3本の矢」により働く人たちが得る所得は「三二兆円」増加し、企業の経常利益も「三五・一兆円」増加しました。この事実を野党やメディアはサラッと流しますが、この増加及び伸びは、例えるなら発展が著しい「ベトナム」の「経済全体」を上回ります。「反対」とおっしゃるなら、では、どのような方策で経済を伸長するのかをお示し頂く必要がございます。外交についても、例えば、まだ若い北朝鮮の金正恩氏は、安倍総理（日本）やトランプ大統領（アメリカ）を眺めながら「いずれ自分より先に退場する。時間を稼げば我が国に軍配が上がる」などと思っているフシがございます。ロシアなども同様です。だからこそ、地球儀を俯瞰《ふかん》する外交の重層化が必要なのです。首相や外相の外交日程を「政局」にからめるのは「国益」に背く行為です。時代の転換点を迎え、私たちは今、歴史から試されているのです。

▼『週刊よしいえ』第196号　2018年10月1日

経験を糧に更なる成長を遂げてまいります

早いもので今日から暦は十月です。国連総会が終了し安倍総理も帰国しましたが、息つく暇もなく明日には党の役員人事と共に内閣改造が行われ新内閣が発足する運びでございます。私はこれまで党において財務省・金融庁を所掌する責任者「財務金融部会長」を一年二カ月に渡って担い、「アベノミクス」を支えてまいりましたが、この間、日々、財政・金融・税制・国際マーケットおよびマクロ経済・ミクロ経済と濃密に接しながら「実務者」として「経験値」を重層化してまいりました。政治や経済は「いきもの」。「座学」では決して学べない得難い経験でございました。今般、行われる人事においてどのような役職を任ぜられようとも、政治家として誰もが経験できるわけではない貴重な経験（仮に与党の役員人事が毎年あったとしても十年で十人以下の政治家しか経験できない役職）は、私の政治家としての将来に多大な影響を及ぼす「財産」となると確信しております。すべて、日頃よりお支え頂いている皆様の「お蔭さま」でございます。今後も驕《おご》ることなく一つひとつ丁寧に「ご恩返し」をさせて頂きます。同時に「自然災害」に対する備えを加速させていく必要がございます。例えば平成の世になってからの30年間に発生した大規模地震を振り返ってみると、「北海道南西沖地震」（平成5年）、「阪神・淡路大震災」（平成7年）、「新潟中越地震」（平成16年）、「東日本大震災」（平成23年）、「長野北部地震」（平成23年）、「熊本地震」（平成28年）、この夏に発生した「北海道胆振《いぶり》東部地震」（平成30年）など、枚挙に暇《いとま》がございません。先週末も、巨大台風が襲来しましたが回数・規模共に年々、多く大きくなっております。

「災害は、今日か、明日か、明後日か」

さらに考察すれば、列挙させて頂いたようにこの三十年間だけみてもこれほど多くの大規模な地震が全国各地で頻発した一方、神奈川県を含む首都圏では一九二三年（大正十二年）の「関東大震災」以来およそ一〇〇年間「大地震」に襲われていないのです。これは幸いなことですが、しかし言い換えれば、「今後いつ関東地方で大地震が発生してもおかしくない」ということでもあるのです。首都・東京を含む関東、とりわけ南関東で直下型の地震が発生すれば、人口の過密も相まって人類史上類を見ない大規模な被害が発生することが予想されております。また大震災は日本経済のみならず、世界経済も大きく揺さぶることとなります。「災害は忘れた頃にやってくる」という諺《ことわざ》は、もはや現実と乖離《かいり》しております。「災害は今日か、明日か、明後日か」――そうした強い危機感での対応が求められます。今回の台風被害の対応にも全力を尽くさせて頂きます。

『週刊よしいえ』第１９７号　２０１８年10月８日

生命の命の源泉である「水」について考える

秋雨前線による不安定な天候や、巨大台風の襲来が続いております。「雨水」は私たちが農耕を続けていく上で不可欠な「天の恵み」である一方、河岸整備や治水など人類がその英知を結集して克服に努めてきたにもかかわらず、台風が襲来すると為す術なく過ぎ去るのを待つしかない「脅威」でもあるということを改めて痛感しております。文明にあぐらをかいている「人間の放漫さ」を指摘する「天の警告」でもあるのかもしれませんね。私が暮らす厚木市には、「水引」「及川」「下川入」「上古沢」「下古沢」「七沢」「温水」など「水」にまつわる地名が多くございます。これは先人が「相模川水系の恵み」に「感謝」すると共に、水（川）への「畏敬《いけい》の念」を後世まで語り継いでいこうと考えた故の名称だと私は思っております。人類は豊かで便利な高度文明を築いてきました。しかし、だからこそ私たちには「自然」に対してより謙虚な態度で向き合う責任があるのではないのでしょうか。

さて「恵み」である「水」ですが、例えば「飲料水」（生活用水）一つとっても世界でこれほど恵まれている国を私は知りません。これまで公務でアフリカ・北米・南米・中東・

東南アジア・東アジアの国々を歴訪してきましたが、「水道の蛇口をひねるだけで当然のように冷たく美味しい水が飲める国」は世界でも極めて稀です。また、その値段も破格で「一リットル＝〇・二四円」と驚くほど安価です。コンビニやスーパーではペットボトル（五〇〇ミリリットル）のミネラルウォーターが一〇〇円以上で売られていますが、硬水・軟水の違いは感じても、少なくとも私は水道水とミネラルウォーターに、「質の優劣」を感じることはございません。

お祭りの「風物詩」の意外な貢献に脱帽

「水道水」は川や湖から取り込んだ水や地下水などを浄化・消毒して作られます。その際、人体に害を及ぼす物質が含まれていないかの検査が随時行われておりますが、その項目は約二〇〇に及びます。「水の安全性」も間違いなく世界レベルです。そしてその「安全」の中心となって担ってくれているのはなんと……「金魚」なのだそうです。浄水場に取り入れた水に、水質の変化に敏感で、生命力が強く、飼育もしやすい金魚（の大群）を入れ、24時間365日監視。少しでも金魚に変化や異常が見られれば即座に取水を停止し徹底した検査を行う。なんだか前時代的な方法にも感じますが、これは「バイオアッセイ」と呼ばれる世界で採用されている科学的方法なのだそうです。九六年に宇宙飛行士の向井千秋さんが日本の金魚を宇宙に連れていったというニュースを見たとき「？」と思いましたが、この方法を知って「なるほど」と深く納得しました。金ちゃん、ハンパないね。

▼『週刊よしいえ』第１９８号　２０１８年10月15日

「いつまでもあると思うな親と師が」の思い

今般の党役員人事・内閣改造人事で、私は安倍総裁・二階幹事長より「自民党副幹事長」を拝命し、党執行部の末席で汗をかくこととなりました。今後、常に二階幹事長の傍らで仕事をすると想像するだけで冷や汗が流れそうですが（冗談と畏怖の念を込めて。実際の素顔は大変、優しく頼もしい、心より尊敬する大先輩です）……。

二階幹事長は当選十二回を誇る重鎮で、実際に与党のナンバー２（平時は党の最高責任者）として絶大な権力をお持ちの方ですが、それを振りかざしたり、ひけらかすような様《さま》を私は一度として見たことがございません。ＴＶ画面を通してだと伝わりにくいのかも知れませんが（あえて強面の表情をした時の映像を繰り返し報道する傾向があるので）、実際には常に低姿勢かつ謙虚なお方で、私などのような若造の意見などにも懐深く、丁寧に耳を傾けてくださいます。初当選は一九八三年（当時、私は小学校六年生）で御年七十九歳。以来、一度も落選することなく昭和、平成の政界のキーマンとして国政を担われ、そしてまさに今「平成の次の時代」に向けての要《かなめ》となっております。「いつまでも、あると思うな親と金」という諺《ことわざ》はつとに有名ですが、日々「いつまでもあると思うな親と師が」の思いで共にポスト平成の元年に向け、最前線で汗を重ねます。今年は明治維新一五〇年の節目ですが、名も無き志士たちの獅子奮迅の働きがなければ維新は成せませんでした。私も新時代創生の志士の一人として滅私の姿勢で大義に向かいます。いつの日か最愛の息子に「〇〇時代が始まったあの時、お父さんは国の最前線で新しい時代のために汗を流していたよね」と言ってもらえる事を夢見ながら……。

汗は私がかき、手柄は国民の皆様へ

とりわけ代議士と呼ばれる選挙区当選の衆議院議員は昔風に言えば、「一国一城の主」です。そういった自負もあってか「おれが！　わたしが！」という声が、絶えずこだましているのが永田町の日常です。しかし「駕籠《かご》に乗る人、担ぐ人、そのまた草鞋《わらじ》を作る人」で成り立つのが人の世。みんなで駕籠に乗り込んでも運んでくれる人が居なければ何処にも行けません。草鞋を作る人がいなければ運ぶ人の足は傷だらけになってしまうため、遠くまで（新時代へ）駕籠（日本丸）を届けることができません。これから本格始動する幹事長室は全体を俯瞰《ふかん》しながら、駕籠に乗る人、担ぐ人、そのまた草鞋を作る人、のバランスを差配する「船頭」の役割を担うこととなり「汗は私がかきましょう。手柄はあなたにあげましょう」の精神が常に求められます。私が皆様から教えて頂いている政治家としての基本姿勢そのものです。皆様に恥じぬ様全力を尽くします。

▼『週刊よしいえ』第１９９号　２０１８年10月22日

生涯、忘れ得ぬ「秋」から一年が経って

本日は十月二十二日。そう、昨年の今日は衆議院総選挙の投票日でした。連日、雨天が続き、投票日には関東地方に台風が上陸するという、これまで多くの国政・地方選挙を戦ってきた私にとっても、最も厳しく困難な環境の中での選挙でございました。しかし、それにもかかわらず後援会の皆様は連日ずぶ濡れになりながら一人、また一人、と地に足をつけながら支持の輪を広げてくださり、街頭演説の際には傘を片手に何度もご参集賜りました。さらに終盤の総理入りの街頭演説の際などには二時間以上も雨の中で声援を送って頂きました。感謝に堪えません。友党・公明党の議員・支持者の皆様も陰に陽に「がっちり」と支え続けてくださりました。選挙対策本部・青年部は連日夜中まで翌日の遊説スケ

ジュールや集会の準備にあたり、街頭演説の際には統率の取れた完璧な布陣で設営と運営にあたってくださいました。女性部の皆様の細やかな心配りと丁寧な電話作戦は、選挙期間中に「優しく大きなうねり」を巻き起こしてくださいました。遊説中、何度も「よしいえさんの陣営から電話が掛かってきたけど、口調が丁寧で、穏やかで、でも本当に一生懸命で……いい支援者に支えられているんだね。だからあなたに投票するって決めたよ」と声をかけられました。その度に目頭が熱くなりました。県議・市町村議員の皆様も御自身の選挙同様、声を枯らして私への支持を訴えてくださいました。企業・組織・団体の皆様も重層的に私を支えてくださいました。その「総力」の結果が一一万五〇八票（次点候補と一万四三八〇票差）という大台を超える得票だったのです。一年が経った今も皆様に対しては感謝と恩返しの念しかございません。

皆様への「感謝」を「原動力」として

「選挙から一番遠い時期に何をしていたかを後援会一同で大切にしよう」という皆様との誓い合いを胸に、選挙後も変わることなく早朝の駅頭活動を続け、今朝で、一二三回目になります。この一年、お正月やお盆も含め平日は二四四日でしたから早朝駅頭率は五割を超えます。余談になりますが皆様はこの『週刊よしいえ』を「二十五回」折り重ねたらどのくらいの高さになると予想されるでしょうか。用紙一枚の厚さが「〇・〇九ミリメートル（ｍｍ）」として一回折ると「〇・一八ｍｍ」、二回で「〇・三六ｍｍ」、三回で「〇・七二ｍｍ」……十回折り畳んでも「九十二ｍｍ」にしかなりません。しかし数字は回を重ねるごとに高くなっていき、二十五回折り畳むと……なんとその高さは「三〇〇〇メートル」を越えます。この薄い一枚でも二十五回連続して重なれば「富士山」の標高（三七七六メートル）に近づくのです。すごいことだと思われませんか。継続は力。継続こそ力です。今週も地道な一歩を重ねます。

▼『週刊よしいえ』第２００号！　２０１８年10月29日

塵《ちり》も積もれば山となる。通信２００号／感謝

皆様から温かく力強い御支援を賜ったにもかかわらず、自分自身の不明と力量不足により辛酸をなめる結果となった二〇一四年の衆議院総選挙後「私が常日頃、何を考え、何を思い、何をしているのか」を後援会通信という形で毎週、お支え頂いている皆様にお届けすることから始めよう。そう決心しスタートした『週刊よしいえ』が今号で「二〇〇号」という節目を迎えました。一部の皆様にしかお届けできなかった創刊号でしたが年輪のよ

うに輪が広がっていき、今ではファックス・メールマガジン（メルマガでは週報が届きません。ご希望がございましたらファックス番号を事務所までご一報ください）、駅頭・街頭やイベントでの配布、ポスティングを合わせると、毎週約一万部にまで成長しました。筆不精であった私が、公職選挙法に抵触する総選挙期間を除き一号も休刊せず二〇〇号まで発行を継続することができたのは、皆様への感謝を形にしたい、そして「よしいえの今」をリアルタイムでお伝えしたいという思いが片時も薄まらなかったからです。号にもよりますが私がこの通信を一枚完成させる（一言一句、自身で綴っております）までにはおよそ三時間かかります。それ以上かかる時もございます。伝えたいことがどれほどあっても「文字数」には制限があります。長すぎたら「結論不明」になってしまいますし、短くても「通信の体裁」が綺麗に整いません。過不足ない文字数で「論考をまとめる」というのは、なかなかどうして、大変な作業です。映像と違って文字は誤魔化しがききません。そのような作業を日々職業として行っている新聞・雑誌記者の皆様の御苦労も身に沁《し》みて感じられるようになりました。

通信は、あなたと私が、つむぐ糸

この通信を発行するようになり、私は日常の全ての行動の中に「皆様の存在」を「宿す」

ようになりました。お伝えしていることと自らの行動は矛盾してはいないか。今、この場面を皆様が見ていたら、どう思われるだろうか。胸を張って報告できる仕事ができているだろうか。などと常に考えながら活動させて頂いております。定型規格の通信を毎週発行し続けている議員は私が知り得る限りいらっしゃいません。仲間内ではいつも驚かれますが、それはこうしてこの通信を手に取ってくださる皆様がいらっしゃってのこと。中学生の頃「あいさつ」をテーマにした標語コンクールで「あいさつは　心と心を　つなぐ糸」という作品で賞を受賞したことが私の数少ない栄でございますが、この通信はまさに「通信は　あなたと私が　紡ぐ糸」でございます。通信を配布させて頂いている朝駅頭での「あいさつ」と相まって運命的にさえ感じます。今後もこの糸を丁寧に紡いでまいります。

▼『週刊よしいえ』第201号　2018年11月5日

エアコン設置。日本中の小中学校の教室へ

早いもので十一月に突入いたしました。平成三十年も残すところ二カ月を切ったのです。大雨・台風・地震による被災地・被災者支援予算を盛り込んだ「補正予算」の早期成立は急務です。季節はすでに初冬。地震に見舞われた北海道は間もなく雪に覆われる酷寒の季

節に入ります。日々「一刻の猶予もない」という危機感を持ちながら、与党副幹事長としての責務を果たしております。また衆議院では「文部科学委員会理事」「地方創生特別委員会理事」「財務金融委員会委員」（続投）という「人創り」「地方創生」「財政・金融」という日本再生の核となる「三本の矢」を中心となって担わせて頂いております。今般、国会に提出させて頂いた「補正予算」が成立した暁には、全国の首長・教育委員会・市町村議会の皆様と共に、地元選挙区だけでなく「日本中」の「公立小・中学校の教室」に「エアコン」を設置することができます。これまでの十二年に渡る汗の集大成。本当に感無量でございます。明治維新から一五〇年の節目の年。明治政府は新たな国づくりの柱に「教育」を据え、莫大な財政出動を行い都市部のみならず郡部や離島に至るまで全国津々浦々に「小・中学校」を建立し、同時に師範学校において優秀な「教員」を養成しながら、旧来の身分や地域に関係なく、全ての子どもが「質」の高い「公教育」を受けられる環境を整備しました。言うまでもないことでございますが、日本の近代を創造したのは「その子たち」なのです。天皇陛下の御譲位そして新しい天皇陛下の御即位により「新時代」が始まりますが、人口減少社会を迎えた今こそ、私たちは「人づくりこそ、国づくり」という原点に立ち返る必要がございます。

皆様との約束を一つひとつ丁寧に

これから進んでいく人口減少社会は日本に対し「量による成長」から「質による成長」への転換を求めているのです。私が子どもの頃は、おおむね気温「三〇度」が熱中症を警戒する気温の基準でした。しかし特に今年などは「四〇度」近い気温となる猛暑日が続き、「三〇度」は「通常」になってしまいました。平成の御代の三十年で「警戒レベル」の基準が図らずも「五度」上がってしまっているのです。低温サウナに入っているような環境下で教師や児童・生徒に「質」を求めるのはあまりにも酷です。また学校は災害発生時「避難所」の役割を果たしますが、その場所の室内温度が四十度近くだと言うならそこはもはや「避難所」と呼ぶことはできないでしょう。これまで財務金融部会長として一年以上に渡って共に仕事をしてきた財務省は、新時代に向け歴史的英断をしてくれました。時代とは「来る」ものではなく「創る」ものです。今週もひたむきに「責任の汗」を重ねます。

『週刊よしいえ』第202号　2018年11月12日

法案・政策の論議こそ、国会論戦の要です

臨時国会の真っ只中ですが、……いつもの通り（こう表現せざるを得ない事態が国会で繰り返されていること自体が「一般社会」と「国会」とのズレの象徴であり、皆様に対して大変申し訳ない、と心より思っておりますが）「荒れて」おります。国会は我が国唯一の「立法機関」でありますが、国会において野党の皆様は首尾一貫「政策」より「政局」を指向されます。もちろん国会、とりわけ野党には「政府の監視」という役割がございます。そのことについては我々与党も同様であり一切の否定はございません。しかし予算や法案を人質にして政争に明け暮れる姿は（公正に報道してくださったなら）到底、国民の理解を得られるものではないでしょう。先般成立した平成三十年度補正予算は、未だ避難生活を余儀なくされている大雨・台風・地震に襲われた被災地を復旧・復興するための予算であり、そこには本来、与党も野党もないはずです。しかし、NHK中継をご覧になられた皆様は御承知の通り、予算委員会において野党の質問者は週刊誌報道等を後追いした「追及」などに大半の時間を費やされました。残念でなりません。もちろん世論を二分するような法案を巡ってならたとえ「レッテル貼り的」な質問が繰り返されたとしても、政府は

国民に向かって丁寧で粘り強く説明する責任がございます。疑念が指摘されている閣僚にも当然、説明責任がございます。「信なくば、立たず」ですから。しかし「一事が万事」で立法府の責任を置き去りにするのはいかがなものでしょう。私たちは裁判官でも捜査官でも、記者でも評論家でもありません。私たちは国民を代表して日本国を、国民生活を守ることを最大の使命とする「国会議員」なのです。

国会は戦国の合戦場ではございません

よく野党の皆様は「あの大臣のクビを取るまで徹底して追及する」とおっしゃいますが、国会は戦国の世の合戦場ではありません。国会における議論は「物騒な目的」で行うものではなく、「国民の幸福」のためにあるはずです。もちろん政治の世界が「権力闘争の場」であることは否定しません。しかし野党の皆様がおっしゃる「クビを取るか、取られるか」という決戦は民主主義国家においては「総選挙」という手続きの中で行われるものです。憚《はばか》りながら申しますが、昔、私は「やんちゃ坊主」でした。しかしそれは「子ども時代」の一時期です。いわゆるエリートと言われてきた（いる）国会に集いし野党の皆様の国会での乱暴な言動や所作を見るにつけ、自身の過去への反省は今も続けておりますが、同時に昔の私は「矮小《わいしょう》」だったな、とも感じてしまいます。当時の私には行使できる権力など一つもなかったのですから。少なくとも私は今週も皆様に恥じない行動を重ねます。

▼『週刊よしいえ』第２０３号　２０１８年11月19日

「真実の報道」をしないメディア問題を考える

テレビや新聞等で連日、野党による「特定の閣僚」への追及が報道されております。持たれている疑念に対し「説明責任」を果たすことは与野党を問わず「政治家」の責任です。しかし、あえて言わせて頂ければ、疑念ではなく閣僚の「言い間違え」や「読み間違え」を鬼の首を取ったかのように追及したり、汗をかきながら秘書官と答弁調整している閣僚の姿を面白おかしくＴＶで延々と流す一部の報道は、子どもたちの世界の「イジメ」と変わらないと私は思います。野党やメディアは「範」ではなく「反」一辺倒。大変、残念です。

一方、十四日の文部科学委員会で私が質問に立って明らかにさせて頂きましたが、「ある由々しき特定事案」については、野党やマスコミは今も「沈黙」を続けております。今年七月、文部科学省の局長が「便宜《べんぎ》をはかった見返りに息子を医大に裏口入学させてもらった」という容疑で逮捕・起訴されました。続いて文科省と特定のコンサルティング会社のパイプ役を担っていた文科省・国際統括官と、当該コンサルティング会社役員が逮捕・起訴されました。それを受け文部科学省は民間有識者で構成される「調査チーム」を発足し、徹底調査を実施しました。結果……逮捕されたコンサルティング会社役員らから接待を受けたとして、「事務次官」「高等教育局長」らが「減給処分」を受け（次官は引責辞任）、また利害関係者から接待を受けたとして「初等中等教育局長」「スポーツ庁参事官」が「減給処分」を受けました（初中局長は引責辞任）。なぜ「役人のイロハのイ」さえ知らないかのような軽率な行動をしたのか。その理由が先般、文科省から公表された「中間報告」で赤裸々に報告されました。

文部科学省・贈収賄事件の背景

この事件のキーマンは逮捕された民間コンサルティング会社役員ですが、彼は「国民民主党・参議院議員」の『政策顧問』の肩書を持ち、「立憲民主党・衆議院議員（事案時は落選中）」からの依頼を受けた、別の「国民民主党・衆議院議員」より院に『私設秘書』として申請され、国会・議員会館・役所に自由に出入りできる『通行証』を持って活動をしていたのです。さらに処分を受けた役人は、「先生の会合がある」と誘われております。国会議員から誘われた時、役人は断りにくいものです。これは紛れもなく『政治案件』なのです。しかし産経以外のマスコミ、当事者たる野党は沈黙を続けています。何に忖度《そんたく》しているのでしょうか。「報道の自由」と「知る権利」。優先されるべきは後者です。「役人」と「国会議員」。権力を持っているのがどちらなのかは言うまでもありません。処分を厳粛に受け止めた上で、職員の名誉のためにも国会で真相を明らかにさせて頂きます。

▼『週刊よしいえ』第２０４号　２０１８年11月26日

冬が始まりました。季節は私の教科書です

今週で十一月も終わり、季節は着実に秋から冬へと変化しております。雨の日も雪の日も台風の日も欠かしたことがない毎週月曜朝６時からの本厚木駅、その他の平日は国会日程が許す限り、伊勢原駅、愛甲石田駅、小田急相模原駅、相模湖駅、藤野駅などの地元駅や地元各地の交差点で、早朝より責任へと向かわれる皆様方にご挨拶をさせて頂くようになってから「5回目の冬」となります。季節の移り変わりとともに、今年も寒さが骨身に沁《し》みるようになりましたが、だからこそ、そっと届けられる「優しさ」にも敏感になります。先週も皆様から「カイロ」を二つ頂きました。委員会の与党理事を複数務めており、国会には1秒たりとも遅れるわけにはいきませんので（与党理事が遅刻すれば、それを理由に委員会審議がストップしてしまうことが多々あるため）、国会へは毎日小田急線に揺られな

がら通っておりますが（小田急線が大幅に遅延した場合などは厚木↓海老名↓横浜↓東京↓国会議事堂前）、冷えた両手にカイロを握りしめ「頂戴した優しさに恥じぬよう今日も頑張ろう！」と自らを奮い立たせております。冬はディナーショーの季節でもございますが、時折、テレビなどで芸能人が当然の如《ごと》くファンの方からプレゼントや花束を受け取っている姿などを見ると、「イラッ」とするようになりました（笑）。当たり前のことなんてどこにもありませんよね。すべての事象は相対により成り立っております。暗闇を知っているからこそ、光を認知することができます。凍えるような寒さを経験したからこそ、温もりの意味を噛みしめることができます。絶望に膝を抱えた日々が、希望を持って生きる大切さを教えてくれるのです。

「人間にとって負の要素」を成長の糧に

文明は「人間にとっての負の要素」を次々と克服してきました。暗闇は、火↓ランプ↓電灯↓蛍光灯↓ＬＥＤなどで克服し、寒さは、火↓薪ストーブ↓灯油ストーブ↓ヒーターにより克服してきました。もはや社会からすべての明かりが消えることは災害やブラックアウトが起きない限りありませんし、冬でもいたるところで暖房が効いておりコートを着て通勤していると汗をかくことさえございます。教育においても常に「転ばぬ先の杖」を子どもたちに与え、彼らを試練から遠ざけます。しかし、それは耐性に乏しい若者を産む結果にもつながります。満たされている彼らはこうも嘆きます。「やりたいことが見つからない」と……。まず、成すべきこと（自立）さえ見失ってしまっているのです。私は、この冬も、自らを甘やかすことなく季節にまみれながら過ごします。これからも皆様の思いを敏感に察知できる代議士であり続けるために……。今週も困難と正面から向き合います。

売り手よし、買い手よし、世間よし（三方よし）

平成30年末

『週刊よしいえ』第２０５号　２０１８年12月３日

冬の空は、何故こんなにも澄んでいるのか

師走《しわす》に入り、北日本各地からは連日のように雪の便りが届いております。関東地方は年数回しか降雪がありませんが、私は澄み切った空気の中で大山と富士山が悠然と並び立って見える冬の地元の空がとても好きです。子ども時代は長野市で過ごしましたが、現在と同様、長野盆地を囲む「五山」が圧倒的存在感で佇む姿に毎朝、心を奪われたものです。子ところで、皆様は「どうして冬は空気が澄むか」を、考えたことがおありでしょうか。子ども時代それを不思議に思って先生に質問した事があります。先生は概《おおむ》ね、こうおっしゃいました。「冬は気温が低くなるため『対流活動』が弱くなり空気中の水蒸気やチリが少

なくなるから」。しかし当時の私には、それはどうにも納得できませんでした。なぜなら、朝の天気予報では北日本から届く降雪や吹雪の情報や映像が報道されていたからです。もし先生の言うどおりなら、どうしてより気温が低くなる東北や北海道では荒天が続くんだろう……という素朴な疑問が残り続けました。振り返ってみると、私は結構「考える子ども」だったのですね。今では、その答えは明白です。要因は、冬の「西高東低」の気圧配置により、大陸から吹いてくる風が日本海の水蒸気を蓄え、中央山脈にぶつかることにより日本海側では雨や豪雪に見舞われる。山を越えた風は必然、水蒸気が少なくなり（乾燥し）、空気中にあったチリも日本海側の降雪や雪で流されてしまうので、関東地方や盆地は「空気が澄みわたる冬」になるのです。つまり私たちが今、包まれている「澄み渡った空気」（美しい景色）は、中央に山脈が走る我が国の地形と、日本海側（豪雪地帯）の御苦労の上に存在しているのです。

光は皆様へ。私は光を守る油になりたい

田中角栄元首相（新潟）が、有権者の皆様の揺るぎのない支持のもと中央政界で存在感を強め、道路インフラなど大胆に北国政策を推進した（推進できた）背景には、高度経済成長で発展し続ける関東や太平洋側の人々の「雪国への不理解」に対する憤りと、常に助

け合いを旨としてきた「日本人の心性」がそれを理解し、応えた結果なのだと私は思っております。他界されて久しい今日に至るまで地元から讃えられ、語り継がれるのも納得です。もっとも当時の私の先生はいつも「角栄は悪い政治家だ」「自民党は悪い政党だ」としかおっしゃりませんでしたが（苦笑）。聖書の『マタイによる福音書』には次のような一節があります。「思慮の浅い者たちは『あかり』は持っていたが『油』を用意していなかった」。私はこれからも国の、そして皆様の「油」になりたい。澄み渡る空を日々見つめながら、今週も汗と油にまみれることを厭《いと》わず滅私の精進を重ねます。

▼『週刊よしいえ』第２０６号　２０１８年12月10日

「近江《おうみ》商人」の気概を忘れずに

皆様は「ＣＳＲ」という言葉をご存知でしょうか。これは「corporate social responsibility（コーポレート ソーシャル レスポンシビリティ）」の頭文字を取ったもので、和訳すると「企業の社会的責任」になります。この概念は、欧米で生まれた「企業は『利益』の追求と共に『社会貢献活動』をしながら社会と共に発展していく使命を負う」という考え方（活動）で、大変、誇らしいことに、私の地元の企業も熱心に地域社会への貢献活動を実践されております。一方、内部留保の額が六年連続で過去最高を更新している我が国の「大企業」の「CSR事業」は、ともすると「海外」に偏ってしまう傾向がございます。もちろんグローバルな企業ですから「大企業にとっての社会」は「世界」だということは重々理解しておりますがまずは欧米に比べて水準が低いと指摘されている「労働分配率」の引き上げと、国内への「設備投資」を大胆に進めて頂き経済の更なる好循環を主導することで「日本社会への貢献」をして頂きたいと強く願っております。内部留保の一部を「国内」の「設備投資」に大胆に振り分けて頂けたなら、そこには必ず「新たな雇用」が生まれます。雇用はまさに「地方創生」の要です。そして、それこそが「企業の社会貢献」の最たるもの、だといえるのではないでしょうか。私の地元も「新たな企業集積拠点づくり」を積極的に進めておりますが、東日本大震災で甚大な被害を受けた被災地に対しても更に大胆な設備投資を行って頂きたい、そう切望しております。故郷を離れて暮らしている皆様は「生活の糧」(仕事)がなければ帰りたくとも、帰ることができないのですから。

売り手よし、買い手よし、世間よし

例えばインドでは「法律」でCSR(企業の社会的責任)を定めております。二〇一三年に改正された「会社法」では、「純資産が五〇億ルピー以上」「総売上高が一〇〇億ルピー以上」「純利益が五〇〇〇万ルピー以上」という三要件を設け、うち一つ以上該当する会社に対して「上場」「非上場」を問わず「過去三年間の平均純利益の二％以上」をCSR活動（社会貢献活動）に費やすよう義務付けております。手元の資料によれば、現地にある日系企業も含め一五〇〇社が、計約八三〇億ルピーを医療や衛生など幅広い分野に投じております。ちなみに八三〇億ルピーは日本円に換算すると一二七八億円です。我が国にも「近江《おうみ》商人」の「三方よし」（＝売り手よし、買い手よし、世間よし）という社会貢献を、大切にする企業風土がございました。「新時代」の到来を控える今こそ、大企業には「業績よし」の一定割合を「世間よし」に注いで頂きたいと思います。

『週刊よしいえ』第２０７号　２０１８年12月17日

求められるのは「結果」です。予算に責任

臨時国会は閉会いたしましたが、我々、政権党に所属する議員にとって、とりわけ地元を背負う衆議院議員にとってのこの時期は「一年でもっとも忙しく、責任の重い時期」でもあります。「次年度の予算」の最終決定がなされる時期であるからです。来年は天皇陛下の「御代替《みよが》わり」に伴って「新時代」が始まります。新たな時代を「希望の時代」として

幕開けさせるためにも、東京一極集中を打開し全国津々浦々に国の施策を届けてゆく必要がございます。自由民主党では政府が編成する予算や、その裏付けとなる財源（税制）に対し、役所任せにすることなく主体となって関与していくという方針の下、政務調査会では累次に渡り徹底した議論・激論が行われてきました。そして今、各部会での聞き取りと議論を経た上で最終最後の攻防が繰り広げられております。私は国政を担う国会議員ではありますが、同時に地域代表として地元の皆様より国会へと送って頂いている「代議士」です。当然、地元の未来を左右する様々な施策を進める政策経費（予算）を十分に確保する責任がございます。予算は税制（歳入）と一体であり、財政健全化を進めていく観点からも「限り」がございます。その「限り」の範囲の中でいかに「地元の未来に資する予算」を確保できるかは我々にとって「政治力」そのものなのです。一つの選挙区から複数の議員が選出される中選挙区制だった時代とは異なり、現在、衆議院で採用されている小選挙区制のもとでは、地元から選出される与党の議員数は最大で一人、もし小選挙区で敗れ、比例復活も叶わなかった場合は〇人となります。極端な話、与党議員のいない地域は「予算配分」のカヤの外に置かれてしまうのです。

「政治力」とは「チーム力」でございます

道路の開通式などで野党の議員が「党派を超えて頑張ってきた」とおっしゃることがございますが、残念ながらそれは有権者に対して誠実な発言とはいえません。なぜなら彼らは予算の編成にまったく関与していないばかりか、「予算」そのものに「反対」されたわけですから……。東日本大震災の際、我々は国民の皆様からお叱りを受けて「野党」に転落しておりました。当然、自民党の県議会・市町村議会議員・首長・党員・党友の皆様から「生の声」を聞き取り、その都度、政府に情報提供するなど全面協力をさせて頂きましたが、復旧施策を主導できなかったばかりか、政府の暴走をも許してしまいました。忘れ難き経験です。国・県・市町村・地域が「がっちり」と繋がっている政党でなければ、草の根の政治はできません。来年は地方選と参院選が重なる十二年に一度の亥年。仲間との絆をさらに強め、総合力を大幅に向上させながら、きたる新時代と向き合ってまいります。

▼『週刊よしいえ』第208号　2018年12月24日

礼に始まり、礼に終わる。日本人の矜持《きょうじ》です

今年もあと一週間で終わります。「終わりよければ、すべて良し」という諺《ことわざ》がありますが、私は今年も「はじまり（朝）を大切にする」という自らの誓いを守り、雨の日も、風の日

も、雪の日も、台風の日も一度も休むことなく週の始めの「月曜日」は朝六時より本厚木駅で、その他の曜日も国会日程が許す限り地元選挙区の駅や交差点で早朝より責任へと向かわれる皆様へのご挨拶を重ね続けてまいりました。「はじまり」という意味では平成三十年は不思議な巡り合わせを感じた年でもございます。「週刊よしいえ・元旦号」でも書かせて頂きましたが今年の元旦は「月曜日」でした。世界の多くの国の街角でイルミネーションがきらめいているクリスマスイブの本日（十二月二十四日）も「月曜日」。そして「平成最後の大晦日」である十二月三十一日も「月曜日」でございます。礼（月曜）に始まり礼（月曜）に終わる。この年末もお世話になった皆様方に精一杯の「礼」を尽くしながら地に足をつけて歩みを重ねてまいる所存です。

ところで年末の我が家では、連日「祝賀」が続きます。我が家にはブルドッグの「メグさん」（七歳・メス）、トイプードルの「ルイくん」（五歳・オス）、ブリティッシュショートヘアーの「コナンくん」（一歳・オス）の三匹が仲良く同居しておりますが、コナン（十二月二十日生まれ）、ルイ（十二月二十五日生まれ）、メグ（十二月二十六日生まれ）それぞれの「誕生日」が続くのです。今どきのペットショップでは愛犬・愛猫用の「スペシャルフード」が販売されております。今日はサンタになって日頃、癒しとなってくれている彼らにプレゼントを買いに行ってきます！

「敵の象徴」ではなく「心のよりどころ」

先日「OBON2015」という団体関係者と懇談させて頂きました。運営の中心を担っておられるのはレックス・ジーク&敬子ジーク夫妻で、先の大戦で斃《たお》れた日本兵が持っていた「寄せ書きの日の丸」を遺族に返還する活動を行っている団体です。当時の日本兵が肌身離さず持っていた旗には家族や親戚、ご近所の方や友人の思いが「寄せ書き」されておりました。元来より西洋では、敵の旗を奪うことは戦争における「手柄」とみなされてきました。他方、日本兵が大切に持参していた旗は「軍の象徴」ではなく「故郷そのもの」だったのです。その事に思いを馳せながら活動を続けているジーク夫妻の元には全米から多くの「寄せ書きの日の丸」が寄せられ、遺族へと返還されております。日米の草の根で息づく「和（輪）の活動」に心を打たれました。我が家にも頂いた「寄せ書きの色紙」が多数ございます。年末、当時を振り返りながら、丁寧に目を通させて頂きます。

今年も一年、本当に有難うございました

▼『週刊よしいえ』第209号　2018年12月31日

平成最後の大晦日を迎え、新年が始まります。今年も皆様からの温かな励ましとお支えを賜りながら三六五日を誠実に丁寧に重ねさせて頂くことができました。感謝に堪えません。本当に有難うございました。お蔭様をもちまして、いよいよ始動する「新時代」を見据えた「平成三十年度補正予算」「新時代当初予算」をしっかりと編成させて頂くことができました。今回の社会保障費などの義務的経費を除く「政策経費」は、従来型の各省庁から上がってきた概算要求を単純に積み上げた上で「鉋《かんな》をかけて編成した」、というものではなく、「新時代」を正面から見つめ「具体的テーマ」に主眼を置きながら「選択と集中」の観点で編成されております。テーマは「守り」と「攻め」、そして「継続」と「成長」です。「守り」は、被災地の復旧・復興の加速化施策・防災・減災・防衛（安全保障）・農業・老朽インフラの大改修（国土強靱《きょうじん》化）等への大胆な配分です。「攻め」は、人づくり革命・生産性革命・中小企業の戦略的振興・農産品の輸出拡大などの通商戦略・科学技術イノベーションの推進・観光も含め各地域の創意工夫を力強く後押しする地方創生施策への重点的・重層的な配分です。これまで我が国が培ってきた「財産」を「平成の次の時代」

へとしっかりと繋げ（継続）、それを更なる次元へと進化・深化させていく（成長）。地元施策も含め、戦略的な予算を編成することができたと自負しております。来年三月三十一日（平成三十年度最終日）に48回目の誕生日を迎える私は明年「亥年・年男」となります。人生を振り返ってみると私は「年男」の年に決まって「人生の一大転機」を経験してまいりました。

皆様、よいお年を、お迎えください

最初の「年男」（〇歳・一九七一年）は、両親の離婚により「産みの母」との「離別」を経験しました。二度目の「年男」（十二歳・一九八三年）は、人間関係に悩み、苦しみもがき、人生で初めて挫折を経験しました。三度目の「年男」（二十四歳・一九九五年）は、教育界に身を投じ「先生」と呼ばれるようになりました。四度目の「年男」（三十六歳・二〇〇七年）には、皆様からの御負託を頂き「議員」として国政の場に送って頂きました。そして明日から五度目の「年男」（四十八歳・二〇一九年）の年が始まろうとしています。二〇一九年は「統一地方選」と「参議院選挙」が重なる「十二年に一度」の年。また二月には「厚木市長選」が、七月には「厚木市議会議員選挙」が、秋には「愛川町議会議員選挙」もございます。まさに「信が問われる年」でもあります。心を澄ませ、皆様に思いを致しながら、勝負の年へと向かいます。皆様、どうぞ良いお年をお迎えください。

日本文化の防人《さきもり》として――平成31年新春

▼『週刊よしいえ』第210号　2019年1月7日

平成カウントダウン。日々を大切に刻みます

仕事始めも終わり本日は早七日正月、「松の内」の最終日です。我が家では今年も一年の無病息災を願いながら、古来からの風習を守り「七草粥《がゆ》」を家族全員でいただきます。この日に合わせ「七草」を怠りなく準備してくれた妻に、息子と共に感謝をしながら……。元旦から活動しておりましたが、いよいよ暦の上でも本格始動です。本年も大樹のように力強く、優しく、若竹のようにしなやかに、桜のように華やかに・あでやかに日々の精進を重ねてまいります。改めてになりますが、皆様、どうぞ宜しくお願い致します。ところで皆様の今年の「初夢」はどんな夢でしたか。実のところ、私は政治の世界に入って以来「初夢」を見たことが（見た記憶が）ございません。大晦日から元旦にかけては徹夜ですし、

元旦は歳旦祭のはしごで、夜にはアルコールが入ることもあり、例年「バタン・キュー」(古い?)で、熟睡してしまうためです。しかし……今年はなんと、見たんです、初夢を。まあ、あくまでも寝ている間に垣間見ている「夢」ですから、上手く説明することはできませんが、抽象的な風景、あえて言えば、カラフルな色付きの風が吹く世界を一人で歩いている、そんな夢でした。不安も孤独もなく、ただ粛々《しゅくしゅく》、黙々と……。すると、そんな私の耳に遠くから声が届きました。それも一人ではなく数百、数千の声が重層的に風にのって耳に届くのです。その「声たち」に私は叫びました。しかし声の主たちには私の声は届かないようで、一方的なリフレインが風と共に続きました。そして……私はフッと思うに至ったのです。「私は今、虫の音が重なる秋の野原みたいな空間にいるんだ」と。するとその時、ビックリ仰天!

「初夢」が「慶事」なった年始め

その瞬間、なぜか後援会の皆様方が、すんごいスピードで現れては消え、現れては消え、まるで走馬灯のように私の目の前を通り過ぎながら「御名答!」「そのとおり」「虫は無視しろ」「虫を無視するな」「答えはいつもやぶの中」などとすれ違いざまにおっしゃっては、去っていくのです。最初はとっても驚きましたが、でも皆様はとっても楽しそうで、だから私も嬉しくなって「うん、うん」とうなずき返しました。どのくらいそうしていたでしょう……気が付くと今度は一転、私は静寂に包まれました。戸惑った私は「ねえ、皆さん、どこ行っちゃったんですか～」と大声で叫び、その声と同時に飛び起きたのです。夢の持つ意味はどうであれ、初夢に皆様が登場してくださったことは、私にとってこの上ない慶事です。本年は佳き年になる、そんな予感を抱いた初夢でした。皆様の存在に改めて感謝です。ちなみに、「虫は無視しろ」とおっしゃったのは玉川地区の荻山会長でした（笑）。

▼『週刊よしいえ』第２１１号　２０１９年１月14日

健康に留意しながら感謝の歩みを重ねます

早いもので新年も半月が経過しようとしております。通常国会への準備を入念に重ねる一方で、連日、複数の「新年会」にお邪魔させて頂きます。首長・県議・市議の皆様、自治会・組織・団体の皆様とは、家族と顔を合わせる回数の何倍も（一日に何度も）顔を合わせます。「絆はこうやって育まれていくんですね」と互いに顔を見合わせうなずき合う、そんな日々を送っております。またこの時期は夏祭りが集中する時期と並び一年で最も「食べる」「飲む」の回数が多くなる時期でもございます。自分に甘い傾向を自覚している私は「体重は必ず五十五キロから五十八キロの間でコントロールする」という厳しい基準を自らに課しながら日々「節制」に努めておりますが、カロリー消費率が高い夏場と異なり、この時期は摂取したエネルギーの大半が体内に蓄積されてしまいます。ちょっとでも気を緩めたら、たちまち（一日で）「五十八キロ越え」です（笑）。「とにかく歩く」（小田急線での通勤、一日に何度も繰り返す議員会館・衆議院・党本部の「行ったり、来たり」ではエスカレーターは絶対に使わない、と自らに課しております）ことを大切にすると共に、「食」の面でも妻に協力（管理）してもらいながら（全面的に委ねながら）栄養のバランスにも常に配慮しております。国会が開幕してしまえば少なくとも平日昼の新年会に顔を出すことは叶わなくなります。だからこそ今は一カ所ごとに「一期一会」の思いで「新春のご挨拶」をさせて頂いております。それにしても、元旦から今日まで、何度「明けましておめでとうございます」と口にし耳にしたことでしょう。「めでたい言葉」に包まれ続ける政治家って、実は幸せな職業ですね。

村長から受けた薫陶を、未来へ

去る一月八日午後、神奈川県唯一の村である清川村の大矢明夫村長が闘病の末、清川村のご自宅で逝去されました。私は大矢村長と御縁を頂いて以来、村長の薫陶《くんとう》を受けてまいりました。村長は、神奈川県民の命の源泉である宮ヶ瀬湖の歴史と今、そしてこれから、村の子どもたちが総出で参加する「青龍祭」の歴史や祭りに込められている思いなどを、いつも愛情ゆたかに私に語ってくださいました。また卓越した行政手腕を発揮され「道の駅」の開設や、消防の広域化を実現、さらにはセブンイレブンの閉店により村民に不安が広がる中、（株）クリエイトにトップセールスをかけて包括協定を締結され、「きよかわくらし応援館」（クリエイト清川店）の誘致を果たされました。村と村民、そして家族を誰よりも愛する偉人でございました。「代議士、清川村のこれからを、頼みます」。病と闘う村長から最後に託された言葉を私は生涯、忘れません。心よりご冥福をお祈り致します。

▼『週刊よしいえ』第２１２号　２０１９年１月21日

「かじかみ」にフッーと息を吹きかけながら

厚労省の労働統計が長年に渡り不適切な方法で行われていた問題など、内外の諸情勢と真剣に向き合いながらも、朝の駅頭での活動や新年会への出席など地元活動も一切妥協することなく重ねております。日の出時間が少しずつ早くなり、日の入りも遅くなってきているのを肌で感じながら、元旦にお届けさせて頂いた手紙に綴らせて頂いた通り「春を迎えにいく姿勢」を貫きながら……。
とはいえ朝晩は厳しい冷え込みが続いており、早朝の駅や日差しのない日中の空の下では手足が「かじかみ」ます。インフルエンザも流行しております。皆様どうぞご自愛ください。

ところで皆様は、気温が低い冬場の屋外では手や足、そして鼻や耳が真っ先に「かじかむ」のはどうしてなんだろう、などと考えた事はございませんでしょうか。寒冷下では手袋をしていても（私は握手をさせて頂くので手袋をつけませんが）「指先」が、靴下と革靴という二重防寒なのにもかかわらず「足先」が一番先に「かじかみ」ますよね。私にとってそれは長年抱えながらも放置してきた「素朴な疑問」でしたが先日、通勤電車内で読んだ本にその答えが分かりやすく書かれておりました。理由は「命を守ることを優先するため」なんだそうです。人体が強い寒さを感知すると、体温の急激な低下により「心臓」や「内臓」などの重要な「臓器」や、「脳」や「中枢神経」の機能が低下してしまうのを防ぐため手・足・耳・鼻に備わっている「動静脈吻合《どうじょうみゃくふんごう》」（＝ＡＶＡ血管）という血管が収縮し、手や足への血流を減らすことで心臓や脳などに優先的に血液を集中させ「生命維持機能」を守るというメカニズムが作動するのだそうです。

私は地元のＡＶＡ血管でありたい

長年、抱き続けてきた「素朴な疑問」が解けた瞬間でしたが、同時に「私は日本の『ＡＶＡ血管』でありたい」と切に思いました。手や足、耳や鼻は生命が宿っているからこそ活かすことができます。私には「普通」だとか「当たり前」という概念がございません。私は、この地で、この地に生きる皆様方に選んで頂くことで「生かされて」おります。それは十五の時、傷心を抱えながら、ひとりぼっちで郷里を後にした私にとって、これ以上ない「幸せなこと」であり「特別なこと」です。私は地元を、日本を守れるなら、どんな困難も厭《いと》わないと誓っております。皆様の手となり足となり、耳となり鼻となり、いざ有事の際には自ら進んで「かじかみ」ながら「大切な場所」を守り抜きたいと素直に思っております。そう考えると不思議なもので「かじかみ」も「辛さ」ではなく「幸せ」だと感じる事もできます。今週も喜んで「かじかみ」ながら正道を歩んでまいります。

▼『週刊よしいえ』第２１３号　２０１９年１月28日

私は日本そして日本文化の防人《さきもり》でありたい

本日より通常国会がスタートです。私は引き続き衆議院では「文部科学委員会理事」「地方創生特別委員会理事」「財務金融委員会委員」を、党務では「副幹事長」として党執行部の一翼を担います。通常国会もこうしてお支え頂いている皆様に恥じることのなきよう、地に足をつけながら「一生懸命」を重ねてまいります。どうぞ皆様、見守っていてください。

ところで先日、同僚議員と昼食を共にしていた際、少なくとも私にとっては「意外」な光景を目の当たりにしました。昼食には「日本の食文化の定番」の「箸休め」として「お漬物」が添えられていたのですが、私と同年代のある先生はそれに一切手を付けませんでした。「子どもたち」の「漬物離れ」は耳にしたことがございますが、多くの皆様と酒席を共にし、家庭料理を頂戴する機会も多い「政治家」の「漬物離れ」など考えたこともありませんでした。もちろん「どうして箸をつけないんですか？」と聞くような無粋は致しませんでしたが、かわりに他の政治家のお膳の様子をそれとなく見回してみました。すると……なんと若い政治家を中心に「お漬物」に手を付けていない方が結構いらっしゃるではないですか。「大げさ」と思われてしまうかもしれませんが、私はその際に「日本の食文化の危機」を感じました。ご承知のとおり日本の「和食」の基本は「一汁一菜」でございます。「一汁」とは「ご飯」と「おみそ汁」を指しており「菜」は「御香香《おこうこう》」そう「お漬物」を指しているのです。また祝儀の際等で振舞われる「御馳走《ごちそう》」は「ご飯」「お味噌汁」「お漬物」の他に「二種類」の「おかず」が添えられ「一汁三菜」などと呼ばれてきました。

悠久の歴史を未来へと繋ぐ責任

「お漬物」の歴史は縄文時代にまで遡ります。奈良時代の木簡にも「瓜の塩漬け」という記載がございますし、平安時代の『延喜式』でも「春漬け十四種類」「秋漬け三十五種類」との記録がございます。日本では先人達の英知により塩、みそ、醤油、糠《ぬか》など「漬け床」となる多様な調味材が生み出され、それが日本の漬物文化を育んできました。例えば米の副産物である「ぬか」はビタミンB群の宝庫です。「ぬか床」に野菜を漬けることによって食材の長期保存を可能とし、風味を深化させ、ビタミンを補給し、美容にまで活かしていく。まさに「一石四鳥」です。現在より格段に貧しかった先人たちが生活の中で工夫に工夫を重ねながら芸術の域にまで昇華させてきたお漬物。子どもの頃、その歴史や効能を祖母から聞いて以来、私にとって「お漬物」は「ありがたいもの」となりました。今後も意識しながら日本文化の防人《さきもり》として食し、伝承してまいります。

▼『週刊よしいえ』第２１４号　２０１９年2月4日

今年の恵方《えほう》は東北東。被災地に福（幸）を

今年も二月三日の「節分の日」は例年と同様、伊勢原大神宮、大山阿夫利神社、三ノ宮比々多神社の三つの神社で「豆まき」をさせて頂く栄に浴しました。皆様のお支えのお蔭です。心より感謝しております。私は、毎年「節分」を迎えると、イギリスの詩人・シェリーが遺した『西風に寄せる歌』に刻まれている「冬きたりなば、春遠からじ」という一説が脳裏に浮かびます。この言葉は「朝が来ない夜はない」「やまない雨はない」などの諺《ことわざ》と同様に、「つらい時期を耐え抜けば、幸せは必ずやってくる」という例えでしばしば引用されますが、四季がはっきりしている日本で生きる私たちにとってこの一節は「風のにおい」と共にしみじみと心に響く「箴言《しんげん》」だと思います。寒い日々が続きましたが春はもうそこまで来ております。今週から予算委員会で補正予算・当初予算の審議がスタートしますが「座して春を待つのではなく、地に足をつけ春を迎えにいく」と元旦に皆様にさせて頂いた誓いを胸に、日々、責任と「主体的」に向き合いながら「滅私の汗」を重ねてまいります。ところで皆様は今年も「恵方《えほう》巻き」をお召しあがりになられたでしょうか。今

年の、「恵方」（一年の福を司る神様「歳徳神」のいらっしゃる方向）は「東北東」だそうです。日本列島における、「東北東」は、東日本大震災によって未曾有《みぞう》の被害を受けた「東北地方」の「太平洋側」（東側）です。我が家では「今年は自分たちの福を願うのではなく、被災地の皆様の福（幸）を願いながら食べよう」と話し合ってからいただきました。震災から間もなく8年。政治家としても「行動」で東北に福を届けてまいります。

揺るぎない信頼と感謝を込めて

レンブラントホテル厚木にて後援会の皆様に「新春の集い」を開催して頂きました。皆様の存在は私の「誇り」でございます。本当に有難うございました。また、今年もご多用の中、首長・県議会議員・市町村議会議員・国会議員の皆様、企業、組織、団体を代表する皆様も多数、駆けつけてくださり、大変もったいないお言葉も賜りました。「政治力」とは「個人のパフォーマンス力」ではなく「チームの総合力」でございます。そのことを改めて実感した「新春の集い」でした。議員は社会的に「先生」と呼ばれる機会がおおございますが、私にとっての「先生」は疑いようもなく「皆様」です。皆様の国や地元への思いを一身で受け止め、それを血肉に変えながら成長を続けていく「生徒」——それが私でございます。今後も皆様からのご指導と、お寄せ頂いている温もりを政治力へと昇華させながら、地元、そして日本国のために、この身を尽くしてまいります。感謝を込めて。

よしいえ拝

『週刊よしいえ』第215号　2019年2月11日

悠久の歴史に思いを馳せながら、国を想う

本日、二月十一日は『建国記念の日』、我が国が建国されたとされる「祝日」でございます。有史以来、背骨として天皇陛下を戴きながら悠久の時を紡《つむ》いできた我が国の歴史は「神話」の時代まで遡《さかのぼ》らなければ紐《ひも》解くことができません。本日は紀元前六六〇年に「神武天皇」が「初代天皇」に御即位された日として、明治期以降は「紀元節」（国民がこぞって建国を祝う日）として祝日に位置づけられましたが、敗戦後、GHQの主導で廃止されてしまいました。しかし一九六六年（昭和四十一年）に再び機運が高まり、『建国記念の日』と名称を変えて復活した『国民の祝日』で我が国の「誕生日」とされている日です。建国日を法律により制定している国は数多ございますが、その多くは「革命」によって新しい国が建国された日や、「植民地支配」から独立した日などを「建国日」としております。例えばアメリカでは「独立宣言」が公布された（一七七六年）「七月四日」を、フランスは

「フランス革命」の発端となった「バスチーユ牢獄の襲撃」が起こった（一七八九年）「七月十四日」を、ドイツでは「ベルリンの壁」が崩壊し「ドイツが統一」された（一九九〇年）「十月三日」を、中国では共産党により天安門で新国家の成立が宣言された（一九四九年）「十月一日」を、それぞれ「建国日」としております。そういった意味では日本という国は極めて特殊な国家でございます。有史以来、多くの動乱はございましたが、統治階層や為政者が変わることはあっても「天皇制」だけは頑なに守られてきましたし、戦後の数年間、ＧＨＱにより統治された時期こそありましたが、植民地として支配された歴史もございません。

「奇跡の国」に生まれた国民として

日本は「革命」によって「違う国」に生まれ変わったことも「植民地支配」を受けることもなく、ひたすらに天皇陛下を仰ぎながら、悠久の歴史を紡いできた「奇跡の国」なのです。しかし戦後教育では「神話はあくまでも創作で検証できないもの」として、子どもたちに日本がいつどのように建国されたのか、といったことを教えてきませんでした。建国の歴史を教えない国など、世界のどこにもありません。真のグローバル人材とは単に「英語」が堪能な人材を指すのではなく、世界の人々に「日本」を語ることができる人材のことです。『建国記念の日』は、先人が『古事記』『日本書紀』に記された「建国神話」を大切にしながら制定してくださった「祝日」（日本の誕生日）です。本日、一国民として皇室の弥栄《いやさか》を願いつつ、「和」を尊《たっと》び「奪い合う」のではなく「分かち合うこと」を旨としてきた「日のいずる国」の建国を心より祝福させて頂きます。

▼『週刊よしいえ』第２１６号　２０１９年2月18日

委員会で国会論戦が本格化。責任を持って

平成三十年度・第二次補正予算が成立し、現在は「新時代創生」に直結する平成三十一年・当初予算の審議が活発に行われております。予算の衆議院通過と前後して、今度は一斉に「常任委員会」と「特別委員会」が開かれ、まずは、新たな年度で取り組む施策を示す「大臣所信」が行われ、その後は、丸一日を費やして、各党の代表が大臣所信に対しての質疑を行います。皆様には何度もお伝えしておりますが、私は今国会も「文部科学委員会理事」「地方創生特別委員会理事」「財務金融委員会委員」を務めます。三つの委員会を掛け持ちし、そのうち二つの委員会で理事を務めるというのは、異例中の異例のことです（ちなみに昨年の常会は財務金融委員会の理事のみ）。まして自民党は「一強」と言われる

ほど多数の議席を占めている政党で、人材も豊富です。それにもかかわらず、複数の重要ポストを任せてもらえるのは、「議員冥利に尽きる」ことでもございます。その大変さを「心意気」にかえながら、今週も忙しく国会内を走り回ります。

ところで国権の最高機関で唯一の立法機関である「国会」には世間ではあまり耳にしない「不思議」な言い回しや「おもしろい」表現が多数あるのをご存知でしょうか。例えば、先述した大臣の「所信説明」や法案の「概要説明」を委員会で行うことを、国会では「お経読み」と呼びます。中身が「ありがたい」からなのか、書いてあることを「読むだけ」だからそう表現するのかは定かではありませんが、日常会話ではこんな言い回しはしませんよね。また野党が審議を拒否することを「寝る」、その後審議復帰することを「起きる」と表現します。初めて聞いた時は「寝ちゃダメでしょう」なんて思いました。

国会の中で耳にする不思議な言葉

与野党対決法案の採決や、野党から内閣不信任案が提出され本会議に緊急上程される際などには、議員会館にＦＡＸで『禁足』という大きな文字が記された紙が届きます。「とんそく」ではなく「きんそく」です（笑）。これは党から議員各位に対して「いつでも本会議場に参集できる場所に居ることを命ずる」という指令で、昨年の臨時国会の会期末のように朝まで解かれない場合もございます。議員宿舎を借りておられる議員は宿舎で仮眠を取りながら待機することも許されておりますが、私のように議員宿舎を借りていない者にとってこれは結構過酷で、国会内で延々と『禁足』が解けるのを待ち続けなければならないのです。広辞苑によれば『禁足』は「一定の場所から外出することを禁ずる。罰として外出を禁ずること」ですが「私、罰を受けるようなことは一切しておりませんが……」などと独り言をつぶやいてしまう事もございます。「国会用語」って結構不思議ですよね。

伊勢原後援会の皆様の温もりに、感謝

今年も「建国記念の日」の二月十一日、「伊勢原市連合後援会」（高橋宏昌会長）の皆様がJAいせはら（旗川組合長）にて「義家ひろゆき新春の集い」を盛大に開催してくださいました。髙山市長、小沼議長を始めとする支援市議団の皆様、渡辺県議、島村・中西参議院議員、組織・団体を代表する皆様、そして約三五〇名の市民の皆様の御参集を賜り盛会裏に開催されました。会場の設営や、寒い中交通誘導を担ってくださった青年部、受付業務を担ってくださった「はなの会」、温もりで会場を満たしてくださった後援会の皆様に心より感謝しております。本当に有難う御座いました。過日、創立五十年を迎えた「伊勢原市商工会青年部」の記念事業「大山ごまギネスチャレンジ」も見事成功し『世界記録』

が樹立されました。『日本遺産』として文化庁から認定を受けている歴史の薫るまち・伊勢原。皆様と共に在ることは、私の誇りです。

『週刊よしいえ』第２１７号　２０１９年2月25日

葛飾北斎の生涯から学ぶ類い稀なる生き様

新年を迎え「和」の装いだった地元の風景もすっかり春めき、随所で梅の花がきれいに咲き誇っております。今週は、平成三十一年度「当初予算」を年度内に成立させるため「衆議院」を通過させる山場を迎えます。国会論戦は喧噪《けんそう》の中にございますが、私は礼節をわきまえながら冷静に対応させて頂く所存です。同時に、目前に迫る「御代替わり」への準備も、滞りなく進めねばなりません。今年は十二年に一度の「統一地方選挙」と「参議院選挙」が重なる年であり、また七月には「G20」、九月には「ラグビーワールドカップ」が控えております。必然、今国会は、一時の停滞も許されないほどタイトです。緊張感を持ちながら責務と向き合ってまいります。

さて、政府が進める『人生一〇〇年時代』という言葉が浸透してまいりました。もとより自治活動、地域活動や行事・祭礼、公民館活動、子ども達の登下校の見守り活動などは、お仕事や子育てを立派に務め上げられた諸先輩方が担ってくださっており、その存在抜きに地域は成り立ちません。皆様は日本のみならず世界の美術界を席捲した偉大な浮世絵師で『富嶽《ふがく》三十六景』や『凱風《がいふう》快晴』（通称・赤富士）などの代表作で知られる「葛飾北斎《かつしかほくさい》」の人生をどれだけご存知でしょうか。北斎は一七六〇年に現在の東京都墨田区に生を受け、一八四九年に没しましたが、彼は現在のように豊かではなく医療も発達していなかった江戸時代をなんと九〇年間も生き抜いたのです。さらに驚くべきは先に例示させて頂いた世界的に有名な代表作品は、驚くなかれ、北斎が七〇歳前後になってから創作を始めたものなのです（富嶽三十六景は一八三三年に完成）。

諸先輩方から学ぶ、徒然の人生

北斎は『富嶽三十六景』の「祓文《はらいぶん》」に、こう記しております。「七十三歳にして禽獣《きんじゅう》虫魚《ちゅうぎょ》の骨格、草木の出生を悟り、八十六歳にして（その腕）ますます進み、九十歳にして奥義を極め、一〇一歳にして神妙ならん。一一〇歳にして一点一格が生きるが如《ごと》くにならん」。「脱帽」というより他に言葉がございません。実際、最晩年八十九歳の時に描いた『富士越しの龍』は「最高傑作の一つ」と讃えられております。また、北斎は私の古里の近く、長野県小布施町に「アトリエ」（仕事場）を持っていましたが、八三歳から九〇歳で没するまでに、墨田区から小布施まで約二五〇キロメートル余りの道を四度も往復しております。驚異的な健脚ぶりでございます。『人生一〇〇年構想』は今に始まったものではないのです。諸先輩の皆様、どうぞ生き甲斐を存分に追求されてください。私は政治家としてそれをお支えできることを誇りに思っております。

改元 —— 平成31年春

新元号の選定に際し、一国民として思うこと

『週刊よしいえ』第２１８号　２０１９年3月4日

早いもので三月を迎え、桜咲く季節が近づいてまいりました。相変らず国会は「荒れて」おり、常任・特別委員会の理事、また党の副幹事長として、野党の一部から「激しいお言葉」を賜りながらも、皆様にお誓いしたとおり、日々、平常心を保ち、笑顔を絶やさず、同時に自覚と覚悟を携えながら責任と向き合い続けております。それにしても時節柄でしょうか、カウントダウンが進んでいる『平成』という時代に思いを馳せる機会が多くなりました。四月一日には『新元号』が内定することとなっておりますが、今週は皆様に、僭越ながら我が国の『元号』について私の考えをお伝えしたいと思います。皆様ご存知のとおり『元号』は飛鳥時代の『大化』から始まり『平成』は我が国において二四七代目の『元号』

でございます。『新元号』は二四八代目。「グローバル化が進んでいるのだから『西暦』に統一すべき」という意見も一部にはございますが、私は我が国の「歴史そのもの」であり大切にし続けるべきものである、という認識を持っております。ただし、その選定に際しては再考する必要性も感じております。これまでの我が国の『元号』は「中国古典」に典拠を有する「漢字二文字」が採用されてきました。現行制度では、まず総理大臣が有識者に対して『新元号』にふさわしい候補の提出を委嘱し、案が提出されると内閣で絞り込みが行われ、衆参両院の正副議長の意見も聴いた上で、その中の一案を「閣議決定」し、天皇陛下から御署名を賜ることで『新元号』となります。『元号』の条件としては「国民の理想としてふさわしい意味を持つ」「漢字二文字」「書きやすい」「読みやすい」などの六項目が予め定められております。

『元号』を継承してきた国として

注目すべきは、そこに「中国古典に典拠を有する」という条件はないということです。元号制度は紀元前の前漢時代に始まり、我が国でも採用されました。しかし、現在の中国では『元号』は廃止されておりますし、同じく『元号』を使っていた韓国でも現在は採用しておりません。その上で、別の角度から「漢字二文字」を考察してみると、例えば、現在の中国で用いられている「階級、組織、資本、労働、思想、経営、利益…etc」といった言葉は、明治時代に日本が欧米の概念を翻訳造語した「和製漢語」だといわれております。そう、明治期以降の「漢字文化」は日本が牽引してきたのです。私は「これまでの慣例」を「元号の歴史」として尊重した上で、これから始まる「新時代」の『元号』は「中国古典」にとらわれることなく「純国産の元号」を採用してもいいのではないかと思っております。日本人は、もっと、もっと、自国に誇りを持つべきだと私は考えております。

▼『週刊よしいえ』第219号　2019年3月11日

東日本大震災から八年。決して風化させない

三月十一日、『東日本大震災』の発災から本日で丸八年となります。死者・行方不明者は一万八四三〇人、建物の全壊・半壊は合わせて四十万二七〇戸、停電世帯八〇〇万戸以上、断水世帯一八〇万戸以上、発災直後の避難者は四十万人以上という未曾有《みぞう》の大震災でした。我々は現在も加速度的に復旧・復興を進めておりますが、今なお七万人以上（復興庁の発表では約七万三〇〇〇人）が避難生活を余儀なくされております。『東日本大震災』のことはこのコラムで継続的に取り上げさせて頂いておりますが、私が今もっとも懸念し

ているのは、あの震災の記憶が「風化」していく事です。確かに時代は物凄いスピードで流れております。その上、毎年のように政府により『激甚《げきじん》災害』に指定される強い地震や暴風雨被害が発生しているためか、『災』という「漢字一字」でそのすべてが括《くく》られてしまう傾向になってしまってはいないかと、危惧してやみません。もちろんそれぞれの災害により失われた生命と財産の重さは同じです。しかし、「福島第一原子力発電所事故」による影響で震災から八年を経た今も「我が家に帰れない」だけではなく、「入りたくも、入れない」という皆様がいらっしゃることは厳然たる事実です。私もこれまで何度も現地に赴いてきましたが、八年を経た今も時計の針は二〇一一年三月十一日（金）午後十四時四十六分で止まってしまっているのです。胸が詰まります。

あの日から八年――改めて被災地の今に思いを致しながら、これからも『東日本大震災』の被災地と被災者の皆様の「心」と「これからに」丁寧に寄り添い続けていく決意を新たにしております。皆様方と共に――。

愛川町後援会「早春の集い」の温もり。

三月九日（日）愛川町後援会の皆様が『よしいえひろゆき早春の集い』を盛大に開催してくださいました。日々の国会対応で「心が削られる」思いをしている私にとって、後援会の皆様の「優しさ」が心の隅々まで染み渡りました。右も左も分からぬまま「党員ゼロ」「ポスターゼロ」から始まった愛川町と私。町民の皆様にとっても当時の私は、「海のものとも山のものとも知れない存在」でした。しかし、そんな私のために、愛川町初の女性議長を務められた中山民子さんが後援会長を引き受けてくださり、当時の町長、保守系の町議会議員の皆様・議員ＯＢの皆様からも温かな御指導を賜りながら町民の皆様お一人おひとりと「絆」を紡がせて頂き、今「大きく温かな輪」が私を包んでくれております。中山民子会長が御母堂様から受けられたという三つの教え「勉強しなさい。社会に尽くしなさい。笑顔でいなさい」。はい、私もその教えを胸に、これからも政務に励んでまいります。

▼『週刊よしいえ』第２２０号　２０１９年３月１８日

「永遠の祈り」を胸に虐待と戦い続けます

平成二十六年五月三十日、厚木市のアパートから白骨化した幼児の遺体が発見されました。斎藤理玖《りく》くん――生きていれば十三歳となっていた男の子の亡骸でした。警察の調べによれば、平成十六年十月、夫からの暴力などを理由に母親は家を出ていったそうです。以来、父親と二人の生活が始まりましたが、ほどなくして父親は別の女性と交際を始め、次第に家から足が遠ざかり、やがてその存在さえも抹殺。五歳だった理玖くんは、電気もガスも水道も止められ、窓やふすまに目張りが施された密室で日々衰弱しながらひとりぼっちで人生の幕を閉じたのです。理玖くんの存在に社会が気付いたのはそれから八年後の春、いみじくも生きていれば理玖くんの十三回目の誕生日でした。そして、その日は私の一人息子の十歳の誕生日でもありました。事件の詳細を知るにつけ「救えた命だった」と思わずにはいられませんでした。理玖くんが三歳の頃、紙おむつ姿で裸足で外を歩いている姿を近所の方が発見・通報し、児童相談所は理玖くんを保護しています。しかし、この際は「虐待」ではなく「迷子」として処理されてしまいました。小学校に入学してこなかった理玖くん。しかし、踏み込んだ調査や所在確認は行われることはありませんでした。その後、複数の虐待事案が発覚し、その痛ましさが「社会問題」となり、学校・教育委員会・児相・警察の「連携の強化」が図られました。そして、……中学校にも入学してこなかった理玖くん。この時ようやく学校・教委・児相・警察の連携により「慟哭《どうこく》の扉」は解き放たれたのです。あの日、私は息子に誓いました。「虐待から子どもを守るために、お父さんは政治生命を懸けて戦うから」と。

「再発防止策」の前に必要な徹底検証

今年一月、千葉県野田市で「父親からの暴力」を学校に訴え、児童相談所に「保護」された経緯を持つ十歳の少女の命が消えてしまいました。児童相談所による「一時保護」の後に、なぜ虐待が更にエスカレートして少女の命を奪ったのか。当初、文科省、とりわけ児童相談所を所管する厚労省は、言葉を濁し続けました。だからこそ意を決して私は先週二度に渡って衆議院文部科学委員会で質問に立ち、時系列に沿って質問し、問題を白日のもとにさらしました。児童虐待防止法では「虐待を発見し通報した者を特定させる情報を漏らしてはならない」とされています。しかし児相と市は、こともあろうか父親に「発覚のきっかけは学校である」と伝えてしまったのです。これでは「少女が訴えたので発覚した」とイコールです。これを契機に、父親の狂気は少女の命を蝕《むしば》んでいったのです。今週もこの事件の全容究明を続けます。消えてしまった「小さな命への誠実」を貫くために……。

『週刊よしいえ』第221号　2019年3月25日

「よく聞く言葉」は「よく考え使うべき言葉」

参議院へと議論の場を移している「平成三十一年度予算」の審議も佳境に入ってまいりました。並行して衆議院では「日切れ法案」（予算と連動する法案で三月三十一日までに衆参両院で成立させせなければならない重要法案）の審議が活発に行われております。と申しましても「審議の中身」は「法案とは関係のない質問」が多くを占めており……『遺憾《いかん》』に思っております。と、あえて『遺憾』という表現を使わせて頂きましたが、国会での審議や政治家の会見などでこの『遺憾』という日常の会話ではほとんど使われることのない言葉が多用されていることは皆様も御承知のことと思います。

広辞苑（国語辞典）でこの『遺憾』という言葉の意味を引くと、「思い通りにいかず、心残りなこと」「残念」「気の毒」などと記されております。多くの場合、不祥事が起こった際や、国際的係争が発生した際などに「極めて遺憾です」「大変、遺憾に思っております」と大臣や政治家が「決まり文句」のように用いますが、本来の意味を当てはめると「ん？」となることはあまり意識されていないように思います。例えば、厚生労働省で発覚した「毎月勤労統計」の違法集計に対して「残念です」って……甘くないですか？　また韓国の駆逐艦が海上自衛隊のＰ１哨戒機に火器管制レーダーを照射（ロックオン）した事件に対しても「思い通りにいかず心残りです」「気の毒です」って……命を懸けて我が国を防衛している自衛官に対し不躾《ぶしつけ》な言葉になってしまいます。『遺憾』という言葉は本来「個人的に大変残念なことだと思っています」という意味ですが、政治の場では「強い抗議を表す言葉」と混同してしまっているようです。

「遺憾」が「イカン！」にもなる国会用語

例えば昨年の十月末に召集された臨時国会の議事録を紐解《ひも》くと四十八日の会期の中で実に七十四回も『遺憾』という言葉が記録されております。国会の歴史を紐解けば『遺憾第一号』は「第一回・国会」にまでさかのぼります。「遺憾であります。特に国務総理大臣の指名選挙には各自はその責任を明確にし、白票を投ずるが如きことなきよう希望したいのであります」という北条秀一参議院議員の発言が「最初」ですが、当時は「意味に忠実な『遺憾』づかい」をしていたのですね。以来、七十二年……第一九七回国会までに合計、四万四八七〇回『遺憾』が用いられ、今の通常国会（第一九八回）でも『遺憾』はさらに積み増されております。しかし、日本人同士なら「強い抗議」だと共有することができても、海外には「消極的な抗議」として伝わる懸念がございます。『遺憾』は「便利な言葉」ですが、相手によっては「イカン言葉」にもなり得ます。私も注意をいたします。

『週刊よしいえ』第２２２号　２０１９年４月１日

「遥かな頂」を見据え新時代へと向かいます

このコラムを紡《つむ》がせて頂いている今は、三月三十一日。私の誕生日でございます。そして本日（四月一日）からわずか一カ月しかない平成三十一年度が始まり、おそらくこの「週刊よしいえ」を皆様にお届けさせて頂くのと前後して五月一日から始まる「新時代」の「新元号」が公表されます。時代の転換点で国家経営に携わらせて頂き、こうして皆様に文（想い）を綴りながら「年男の誕生日」を迎えさせて頂いたことは、私にとってはこの上ない「喜び」です。皆様の存在、そして日頃よりの温かいお支えに、改めて心より感謝を申し上げます。本当に有難うございます。言うまでもない事ですが、皆様は「政治家としての私」の「親」でございます。私より歳の若い方も同様です。皆様が負託してくださった一票一票が政治家「よしいえ」を産んでくださり、温かい御支援と御指導で、私を育んでくださっております。○歳の時に両親が離婚し、父親方の祖父母に育ててもらった私。必然、私の記憶に「母」の温もりはございません。「父」は十二年前、皆様から国会へと送って頂く直前に他界いたしました。いまだ若輩ではございますが、私にとって「親孝行」の全ては「政治家」として私を産んでくださった「地元の皆様」そして「日本国・

日本国民」への「孝行」だと思っております。本日から始まる「新年度」、そして五月から始まる「新時代」――「年男」としてまなじりを決し、地元、そして日本国の「これから」と向き合ってまいります。そして僭越《せんえつ》ですが、十二年後……再び年男となる二〇三一年には「内閣総理大臣」の任を担うに足りえる政治家となっているよう、怠ることなく人間力を磨き続けていこう、と心静かに決意しております。

夢は逃げない。私も夢から逃げません

浅学非才《せんがくひさい》で、政治家の家系でもない「叩き上げ」が、なにを大それたことを、とお叱りを受けてしまうかもしれません。しかし、宝くじを買わなければ当選することが無いように、意志あるところにしか道は拓きません。皆様に政治家として産んで頂き、こうしてお育て頂いている以上、「総理大臣」となって愛する我が国を背負うことこそ「最高の親孝行」だと思っております。私は「現実主義者」ですし、自身を「客観的に俯瞰《ふかん》」することをいつも心がけております。今のままならそれは夢のまた夢です。しかし私は夢から逃げません。まずは風にかかわらず、選挙区で当選を重ねられる地力をつけねばなりません。どの分野の大臣でも務められる実力も求められます。険しく、遥かな頂《いただき》。しかし、皆様がいてくださらなければ、みることもなかった「夢」。それを追えるのなら、どんな困難も「喜

び」です。皆様、どうぞこれからも見守っていてください。

『週刊よしいえ』第２２３号　２０１９年４月８日

「右」でも「左」でもなく、世界の真ん中で

桜が美しく咲き誇っております。この春の景色を眺める度に私は心底から「日本に生まれてよかった」と思います。国会では喧噪《けんそう》が続いておりますが、地元の皆様と共に桜の花を愛《め》でることを楽しみにしながら、今週も一つひとつの責任と誠実に向き合ってまいります。

ところで最近、改めて「報道」のおかしさを感じる事がございます。例えば、国際ニュースに目を止めるとアメリカのトランプ大統領やブラジルのボルソナロ大統領など先進国で伸長している勢力について『極右ポピュリスト』『極右政党』などと、どちらかと言えば「ネガティブ」に報道されることが度々ございます。確かに「カテゴリ」に当てはめながら報道する方がニュースの受け手には分かりやすく伝わりますが、そのすみ分けが余りに杜撰《ずさん》だと皆様は思われませんか。政治的イデオロギーは伝統的に、右翼・左翼・右派・左派・保守(タカ派・ハト派)・リベラル・革新などと分類されてきました。例えばある特集

で私は「保守のタカ派」として分類されておりました。確かに私は我が国の歴史や伝統を重んじますし、理不尽には国として毅然とした対応をすべきだとも考えております。しかし同時に私は、排除の論理を憎み、多様性や寛容さこそ「和を以て尊し」の歴史を紡いできた日本の国柄だと考えておりますし、社会的に弱い立場にある方を包摂《ほうせつ》することは、政治のもっとも重要な使命であると考えております。私は「革命」は指向していませんので「革新左派」には当てはまりませんが、「保守」の「タカ派・ハト派」の両側面、そして「リベラリズム」が混在している政治家だということになります。実は安直なレッテル貼りには誤り多し、なのです。

皆様と共に「令和」の時代を拓きます

民主主義国家では政治家は「国民」の「投票」によって選ばれております。従って安易なレッテル貼りは、主権国家の国民に対して「失礼」ということにもなりかねません。そもそも「国益」を最優先（保守）することはどの国にとっても当然の理《ことわり》であり、それをもって「右」というなら一部例外のような国や政治家もおりますが、ほぼすべての国が「保守」で「右」ということになります。他方「民主主義」を採用している国々は「選挙」のない「一党独裁国家」と比すれば圧倒的に「リベラル」です。従って北朝鮮などは「独裁の極右国家」であり、同時に「独裁の極左国家」であると言えます。しかし、報道でそのような表現はほとんどしませんよね。独裁者の「笑顔」の映像を流している場合か、などとつっこみたくもなります。既成概念を超越していかなければ『令和』（新時代）の御代を拓くことはできません。今週も和を大切にしながら真摯な行動を貫きます。

▼『週刊よしいえ』第２２４号　２０１９年４月15日

平均を目指すのではなく「オンリーワン」を

会社や学校でも新年度が本格スタートし、早朝の駅頭では、まだスーツ姿に馴染んでいないフレッシュマンや真新しい制服を着た学生の姿が目につきます。かつて私たちがそうであったように、彼ら・彼女らにとっても希望と不安が入り混じる新たな船出だと思いますが、すれ違うたびに心からのエールを送らせて頂いております。「共に日本の『これから』を創っていきましょう！」と。

話は変わりますが、先日、子育てに悩んでいるお母さんから相談を受けました。小学五年生の子どもの成長が周りと比べて遅く、集中力がなく成績も伸び悩んでいる、という話を不安気に吐露されました。そもそも成長のスピードは個人によりまったく異なるものですが、日本の教育制度は欧米と違い「一斉入学」「一斉進級」「一斉卒業」になっております。結果として保護者の皆様は、我が子が「平均」を下回ることに「過度な不安」を抱くという特徴がございます。その影響もあってか、近年は「早期教育」も盛んです。私などは「遊びは、学び」と思っており、遊ぶ時間を削り、複数の習い事を忙しく掛け持ちしている子どもが不憫《ふびん》でなりません。「十で神童、十五で才子、二十過ぎればただの人」という諺がありますが、よくある話だと思いませんか。他方、老子の「大器晩成《たいきばんせい》」や「大きい薬缶は沸きが遅い」という格言もございます。人生の土台を形成する幼少期は「成績」で一喜一憂するよりも、「好奇心」を刺激してあげることが何より大切なのではないでしょうか。アインシュタイン、エジソン、ダーウィン、アンデルセン、シェークスピア、ロダン、ダ・ヴィンチなどの「偉人」も学校での成績はからきしだったそうですから。

黒板と机の世界だけでは伸びない才能

日本でも「大器晩成」は枚挙に暇《いとま》がございません。幕末の志士・坂本龍馬は、小さい頃は泣き虫で十四歳くらいまで「おねしょ」をして家族はいつも心配していたそうです。昭和を代表する芸術家・岡本太郎も先生から叱られてばかりで、「先生は敵」としか感じられなかったと語っております。漫画家の水木しげるは成長の遅れから小学校の入学を一年遅らせています。絵の道を志して受験した大阪府立園芸学校では、五十人募集の試験で五十一人が受験しましたが、彼だけが不合格でした。そして、やっと合格できた日本鉱業学校でも成績が悪く半年で退学させられています。本田宗一郎さんも、黒柳徹子さんも成績はまったく振るわなかったそうです。そんな成功者たちに共通しているのは、「飽くなき好奇心」です。成功の反対は失敗ではありません。成功の反対は、何もしないこと。今週も「思考より試行」「成功より成長」を旨としながら「行動」を積み重ねてまいります。

▼『週刊よしいえ』第２２５号　２０１９年4月22日

新時代の始まりを前に我、思う。温故知新

『ＡＩ』（人工知能＝artificial intelligence）というキーワードが耳目に触れない日がないくらいに浸透してまいりました。その進化のスピードは驚異的で、金融や医療分野などではすでに積極活用が始まっております。二〇一七年五月二十三日には世界最強の囲碁棋士・柯潔（カ・ケツ）氏がグーグルの傘下の会社で開発された「囲碁ＡＩ（人工知能）」の『ＡｌｐｈａＧｏ（アルパゴ）』に敗北したことも、世界を驚かせました。ミスや感情の揺れ、迷いもある「人間」の判断を、膨大なデータ（経験則）を蓄積しながら適宜活用でき

るようになった「人工知能」が上回ったという象徴的な事例です。「十年～二十年後までには、現在、存在している職業のおよそ半分がＡＩに代替される」という研究予測も、いよいよ現実味を帯びてまいりました。世界は今、第四次産業革命の真っ只中にあるのです。そんな中、経産省は現在『教育（エデュケーション）』と『科学技術（テクノロジー）』を融合させた『エドテック』（ＥｄＴｅｃｈ）という「未来の教育」を提唱しております。確かに、最新テクノロジーを教育に導入すれば、旧来の教授方法ではできなかったアクティブラーニング（積極的学び）が可能となります。しかし極端な『エドテック信者』の言説には勘違い甚《はなは》だしいものも少なくありません。曰く……「未来の教室では、児童・生徒一人ひとりが『教師』ではなく『パソコン』と向き合いながら『ＡＩ（人工知能）』による授業を受け、教師はこれまでの「指導」ではなく「サポート」に徹するという『教室のカタチ』になっていくだろう」……。

あえて言葉を選ばずに言えば、「アホか」と思います。

「人間にしかできないこと」の探求を

もし本当に教室が、授業が、そのような「カタチ」になるとするならば、学校は『ＡＩ未満の人材』しか輩出できない場所になるということです。ＡＩは「ビッグデーターを活用しながら確率・統計上の『最適』を導き出すソフトウェア」であり、科学技術の進歩によって人間が手に入れた有効な『手段』に過ぎないのです。子どもたちが主体的に、自らのテーマを定め『AI』から導き出される確率や統計を利用したり組み合わせたりしながら、それぞれの「夢」と「社会」が重なる『幸福の最大値』を探求していく。それこそが真の『アクティブラーニング』です。AIによる授業では『合理性』を学ぶことはできても『人間性』は学べませんよね。今週は「相田みつを」の詩の一節を皆様と共に改めて噛みしめたいと思います。「七転八倒　つまづいたり　ころんだりするほうが　自然なんだな　にんげんだもの」（相田みつを著『一生感動　一生青春』文化出版局、一九九〇年）。教育は、「マシン」ではなく「人間」を創る営みでございます。

▼『週刊よしいえ』第226号　2019年4月29日・平成最終号

いよいよ「新時代」がスタート致します

世は十連休の真っ只中。五月一日には天皇陛下の御退位、新天皇陛下の御即位による「御代替わり」と同時に、「平成」から「令和」に改元され「新時代」が始まります。振り返れば「昭和天皇」が崩御され「昭和」が終わった時、私は高校二年生でした。当時、バブル経済に狂喜乱舞していた日本社会でしたが、「昭和六十四年一月七日」以降、言葉にならない寂寥《せきりょう》が日本を覆い、多くの国民が「喪」に服しました。それが後の『バブル崩壊』の一因となったことは疑いなき事実でございましょう。しかし今回は、私たちが崇敬してきた天皇・皇后両陛下がご健在の中で、新たに皇太子殿下が天皇に御即位される『御代替わり』です。国民がこぞって寿《ことほ》ぐことができる稀有な『御代替わり』なのです。この連休——私も一国民として新時代の到来を心から祝福しつつ、地に足をつけながら地元の土と汗にまみれる、そんな「始まりの日々」を重ねさせて頂きます。「季節」や「時間」と異なり、「時代」は「到来」するものではなく、皆の総力を結集し「創生」していくものでございます。『令和の御代』を後世の歴史に残る躍動の時代とするために、為政者としてこの身を捧げる覚悟でおります。皆様、どうぞ見守ってください。

時代の節目にある今、私たちは改めて、今から約二五〇〇年も昔に孔子が語ったとされる『温故知新』という故事成語を噛みしめる必要があると私は考えております。「故きを温《たず》ねて新しきを知る」（歴史を直視しながら、今に対する認識を深めていく）、という意味です。元号が変わる今週——『平成』という時代を多角的に考察する、そんな週にもしたい、と私は考えております。

平成の「光」を尊び、「影」をあたたむ

歴史には「光」があれば「影」もあります。例えば、「平成は戦争のない平和な時代だった」という御意見がございます。確かに仰るとおり平成は「我が国」と「他国」との「武力衝突」（戦争）はありませんでした。しかし一方で、近隣国による領海・領空侵犯（武力による威嚇《いかく》）は激増し、北朝鮮による核・弾道ミサイル開発や発射実験など、平和が脅かされ続けた時代でもございます。国内では「地下鉄サリン事件」という「無差別テロ事件」が発生しました。大震災や豪雨など大自然の猛威にさらされた時代でもございました。少なくとも防衛当局・被害者・被災者にとっての「平成」は、軽々に「平和」だった、などと総括できない「困難な時代」でした。新元号「令和」は「うるわしき調和」を意味します。「光を尊び、影を温《あたた》む」。それこそが「温故知新」であり、それこそが「令和」です。

それにしても「令和」――誠に麗しい元号だなあ、と改めて感じております。

第2章

令和時代の幕開け

令和元年春

▼『週刊よしいえ』第227号　2019（令和元）年5月6日

「希望」とは「道」のようなものである

本日で十連休も終わり明日から「新時代」が本格的に動き出します。国会では責任を委ねられている法案を複数抱える身です。緊張感を持ちながら、皆様の御期待に恥じることなきよう国事に臨みます。どうぞ見守っていてください。今週はこのコラムで、先般、独立行政法人国際協力機構（ＪＩＣＡ・ジャイカ）が主催した「高校生エッセイコンテスト」で文部科学大臣賞を受賞した長野県伊那北高校の向山創太くんのエッセイを紹介したいと思います。『一粒のお米が世界を笑顔に』というエッセイです。「幼い頃より祖母から『お米を残したら目がつぶれるよ』と言われながら、お米一粒一粒を大切する教育を受けてきた。また小さい頃から農業が好きで、よく祖父と田畑に出かけて手伝ってきた。稲作をしていると、お米一粒一粒を大切にしなくてはいけないという気持ちが強くなる。通っていた中学校には「落ち穂拾い」という伝統行事があり、稲刈りが終わった田んぼに落ちている稲穂をみんなで拾い集め、その稲穂から採れるお米を、ルワンダ、エチオピア、マリなどに「支援米」として送った。豊かな国で生まれ育ち、食べることに困らずに生活している私には『飢餓』というものの現実味が薄い。実際、母から『朝ご飯はしっかり食べなさい』と言われながら嫌々食べたこともあるし、残すこともあった。世界には食べたくても食べられない人たちがいるのに。これから私は『たとえ一粒のお米でも食べ物を粗末にしない』ことを大切にしたい。たった一粒のお米では誰も救えない。でもみんなでそれを大切にすれば『それぞれの一粒』がお茶碗何杯分ものお米になり、飢餓に苦しむ人々を救うことにつながっていくからだ。」

歩く人が多くなればそこに道ができる

「お金や食糧支援だけでは、飢餓の問題を根本的に解決することはできない。現地の人みずからが、安定して食糧を確保できるようにせねばならない。私は将来、祖父がお米をはじめ、様々な農作物の育て方を教えてくれたように、飢餓に苦しむ人々に、農作物の栽培方法を教えたい。食べる、は笑顔につながる。食べられること、は幸せなこと。私は、その幸せを世界中のみんなと共有したい。そのために、まずは感謝の気持ちを持って『ご飯を残さずいただく』ことを第一歩にしたい。世界中の誰もが幸せになれるように」（以上、要約）。これは始まったばかりの令和の御代を切り拓いていく十六歳の少年が書いたものです。報道からは痛ましい事件ばかりが届きますが、しかし我が国にはこういう若人《わこうど》が日々成長しているのです。「暗いと不平を言うよりも、進んであかりを灯《とも》しなさい」。私は、これからも「希望たち」に対して、ありったけの「あかり」を注ぎます。

『週刊よしいえ』第228号　2019年5月13日

添えられたセーフティーネットの優しさ

季節は春から初夏へと移り変わり、日差しも日増しに強くなってまいりました。昨年は記録的な猛暑の夏でございました。「お天道様《てんとうさま》」（自然）は農業などに多大な影響を及ぼしますが、「環境」への取り組みなどは別として、人間にそれをコントロールする術《すべ》はございません。古来からそうであったように「祈る」より他にできることはないのです。「人間が自然を保護」しているのではなく、「自然が人間を保護」してくれている。いかに文明が高度化しようとも、そんな謙虚な姿勢を持ち続けるべきだと私は思っております。今年も地元で数多くの神社の「例大祭」で参拝させて頂きましたが、これから始まる「令和の夏」が安らかであらんことを心よりお祈りさせて頂きました。お天道様、どうぞ宜しくお願い致します。

ところで先日、仲間たちと共に小田急線・伊勢原駅にて早朝の駅頭活動をしていた際「可愛らしいさえずり」が私たちの耳に届きました。見上げてみると、北口の「キオスク」の斜め上に例年通りツバメが巣を作り、巣では「ひな鳥たち」が元気に鳴いておりました。そして、よーくみてみると……なんと巣の下側には「ひな鳥の地面への落下」を防ぐためにプラスティック製の「受け皿」がそっと添えられているではありませんか。一同で「ジーン」としました。人間の生活圏から動物（虫）を駆除するということは現実問題として致し方のないことでございます。農家の皆様が丹精を込めて作った農作物を鳥獣から守るため、或いは、ハチの巣ができて人間に直接の危害を及ぼす懸念がある場合などがその典型です。では、多くの人々が往来する駅の通路の上部に作られたツバメの巣はどうでしょう。

小さな命を守るための「配慮」に敬服

私も通勤は電車を使っておりますが、これまで駅構内などに作られた「ツバメの巣」が、いつの間にか撤去されている光景を何度も目にしてきました。動物ですから糞尿の飛来も想定されますし、ヒナが地面に落下するリスクへの懸念もあるからでしょう。また、景観に関する個々の方針もあるのかもしれません。しかし小田急電鉄さんの優しさか、伊勢原の皆様の優しさ故なのか、伊勢原駅では「ヒナたちの成長」を温かく見守ってくれております。大きな口を開けながら、親鳥がエサを運んでくれるのを待つひな鳥たち、そう遠くない未来に自らの翼で飛び立っていくひな鳥たち……その存在をあらん限りの優しさで包み込み、見守っていてくださっている伊勢原駅と関係者の皆様の存在を本当に誇らしく感じました。九十九の「優しい眼差し」より一つの「苦情」が優先されてしまうこのご時世において、「優しい眼差し」を「守るための配慮」の大切さを改めて痛感した朝でした。感謝。

▼『週刊よしいえ』第229号　2019年5月20日

政治は、国会は、国民のものでございます

憲法の規定により、会期は「一五〇日」と定められている通常国会。七月に参議院選挙を控え、アメリカのトランプ大統領の訪日も迫っており、国会は一瞬の停滞も許されない、という状況で、私も連日、フル稼働しております。また主導してきた複数の議員立法案も

ございます。なんとしても今国会で成立を期したいと東奔西走しておりますが、一部の野党さんは「成立に後ろ向き」としか思えない対応（牛歩）をされておられます（理事を務めている文部科学委員会の先生方はしっかり対応してくださっております）。議員が国会に入る際に押す「登院ランプ」を眺めてみても、本会議がある日を除いて、多くの野党議員のランプは消えたまま。日頃から「審議が不十分だ」とおっしゃられているのに、「審議をしましょう」と熱心にお呼びかけしても「なしのつぶて」……となってしまっているのです。そんな中、先日、ある野党の先生が、私にそっと耳打ちしてくれました。「衆参ダブル選を警戒して『地元活動を優先せよ』という指令が上から出てるんだよ。残念だけど、我々が作った『議員立法』の成立は今国会では難しいかもしれないな。対案と言って提出している野党提出法案だって、はじめから『出すこと』が目的で『成立』なんて考えていないんだし。私も最後まで働きかけてはみるけど……」。大変、残念な気持ちになりました。党が異なるため、そのお話の真偽を確認するすべはございませんが、仮にそれが事実であるなら、彼らは「政治家」ではなく「政治屋さん」です。「国会や法案審議をサボタージュして地元を回っているなんて、地元民には分かりっこない」と見下しておられるのかもしれませんね。極めて不遜な態度です。

利己ではなく、利他こそが政治の使命

もちろん野党は「選挙」により「政権交代」を果たさない限り「公約」を実現することができません。また地元で進んでいる施策を「実績」として「アピール」することもできません（本来できないのに、平然とアピールする方もいらっしゃいますが……それも有権者に対して不遜な態度です。なぜなら彼らは政策経費である「予算」に「反対」しているわけですから）。そのような事情もあり「政治屋さん」は「テレビに映る」ことに力の大半を注ぎ、「見せ場がない時は、国会審議より地元回りをしていた方が断然お得」という本末転倒なループに陥りがちなのです。国会における私の議席は私個人のものではございません。あくまでも皆様から選挙を通じて「お預かり」しているものです。私は今週も皆様方に恥じない態度で、国会に臨みます。同時に地元活動もこれまで同様、精力的に重ねます。皆様にお誓いした夢に向かって、一歩、また一歩と、着実に近づいていけるように。

▼『週刊よしいえ』第230号　2019年5月27日

現行では対応できない「新社会」を前に

人間の営み（欲求）は現在「神の領域」（人間が責任の取れない領域）に足を踏み入れているのと感じているのは私だけではないのではないでしょうか。ＡＩ（人工知能）の発達は人類に「新たな可能性」を必ずやもたらすでしょう。また再生医療の進化は、私たちを「あらゆる病気」から救ってくれるようになるかもしれません。しかし、そうであるならば、未来を見据えて「学びや労働をどのように変えていくのか」「年金・医療・介護などの社会保障をいかに持続可能なものへと変えていくのか」について、速やかに「結論」を出す必要もございます。現在、世界的に進んでいる「ソサエティ５・０」と呼ばれる「社会構造変化」は「狩猟社会」（１・０）「農耕社会」（２・０）「工業社会」（３・０）「情報社会」（４・０）に次ぐ「第５の新たな社会」を指しており、「サイバー空間（仮想空間）と、フィジカル空間（現実空間）を高度に融合させたシステムにより、経済発展と社会的課題の解決を両立する人間中心の社会」と定義されておりますが、それだけを聞いても「ピンとこない」皆様が大半ではないでしょうか。私も役所から初めて「ソサエティ５・０」の説明を受けた時には、まったく「理解不能」でございました。

「当たり前」など何処にもないのです

私なりに噛みくだいてご説明させて頂くと「ソサエティ５・０」とは、「ＩｏＴ」（モノとインターネットの結合・連動）や「ＡＩ」（人工知能）などの最新テクノロジーを最大限に活用していく「高度社会」であり、例えば人手不足が深刻なコンビニエンスストアなどにロボット・人工知能・セルフ決済レジを導入して「無人化」により合理化していく社会で、「清涼飲料水」や「たばこ」の「自動販売機」のように「自動販売コンビニ」が街のあちらこちらで営業している、そんな社会です。しかし、この変化は人と人との間で育まれてきた「人間社会」が、「人」を「ＡＩ」がアシストすることにより育まれる「高度社会」に変わっていくことも意味します。だからこそ人や自然に対して、より誠実に向き合う社会にしなければならない、と私は思わずにいられないのです。便利さが当然となり感謝や絆が希薄化した社会……新時代をそんな「荒野の時代」にしないためにも……。

日本という国の魅力

――令和元年夏

『週刊よしいえ』第２３１号　２０１９年６月３日

世界の真ん中で輝く「令和・日本」を

アメリカのドナルド・トランプ大統領が「令和」最初の「国賓《こくひん》」として五月二十五日（土）から五月二十八日（火）の日程で来日し、「天皇陛下との会見」「宮中晩餐会《きゅうちゅうばんさんかい》」「日米首脳会談」が開催された他、「大相撲夏場所の観戦」や「優勝杯授与」「北朝鮮による拉致被害者の家族との面会」「海上自衛隊護衛艦への乗艦」、そして、もはや日米首脳間の恒例行事となったともいえる「両首脳によるゴルフ会談」など、盛りだくさんの行程をこなされ帰国の途に着かれました。準備は大変でしたが「これ以上ない成果」を上げられたと確信しております。一部マスコミと野党は「過度のおもてなし」などと揶揄《やゆ》しましたが、完全な的外れです。まさに内外の諸情勢を冷静に俯瞰《ふかん》しながら日米で敢行した「戦略的外交」

だったのです。6月28日から29日に『G20』（日本・アメリカ・イギリス・フランス・ドイツ・イタリア・カナダ・EU・ロシア・中国・インド・ブラジル・メキシコ・南アフリカ・オーストラリア・韓国・インドネシア・サウジアラビア・トルコ・アルゼンチン）が大阪で開催されます。3年前は、同じく日本が議長国を務めて『サミット』を伊勢志摩で開催しましたが、利害が対立する加盟国の主張を調整して「共同宣言」をまとめる（採択）のは並大抵のことではございません。まして議論をリードする先進国の国内情勢は以前と様変わりしております。ドイツのメルケル首相は、既に退陣を表明しておりますし、イギリスもEU離脱を巡る混乱の渦中にあります。フランスも政権基盤が激しく揺れておりますし、アメリカと中国の「貿易戦争」も苛烈を極めております。

地球儀を俯瞰《ふかん》する外交

そんな中で、G20のわずか一カ月前に、世界一の経済規模を誇るアメリカと世界第三位の日本が強固な同盟関係を内外に示したことは、EUをはじめとする自由・民主主義諸国に対してだけではなく、ロシア、中国に対しても大きなインパクトを与えました。また、我が国の国技でもある「大相撲」を両首脳で観戦し、さらに恒例として「ゴルフ」を一緒にプレーしたことは、日米両国首脳間の「特別な信頼関係」を「ソフト路線」で発信することとなりました。さらにトランプ大統領と「北朝鮮による拉致被害者家族」の二度目の面談が実施されたことに加え、史上初めて「海上自衛隊の護衛艦」に日米両国の首脳がそろい踏みで乗艦したことは、北朝鮮問題のみならず、東アジアの安全保障に対しての明確な「抑止力」を示しました。それができたのも国民の支持のもと「安定政権」を維持できているからこそでございます。今週も「鳥の眼」「虫の眼」双方を大切に精進いたします。

▼『週刊よしいえ』第232号　2019年6月10日

自文化を理解せず、他文化を尊重できるのか

国会の会期末が迫ってまいりました。今月末、大阪で開催されるG20、そして参議院選を控え、一刻の停滞も許されない状況の中、副幹事長として、理事として、日々緊張感を持って諸々の職責と向き合っております。今週も誠実に歩みます。どうぞ見守っていてください。

ところで、皆様は「英語」でご自身の名前を記名なさる際、「姓」と「名」のどちらを先に表記されるでしょうか。おそらく大半の皆様が、慣例として「姓」↓「名」の順番ではなく、「名」↓「姓」の順番で表記されるかと思います。私も迷うことなく「My name is Hiroyuki Yoshiie」と自己紹介いたします。当然と言えば、当然のこと。小学校で初めて「ローマ字」を習った時、英語の名前は日本とは「逆」の順番で表記するんだと教えられ、以降、一貫して、それを「当然」として教育されてきたからです。英語という異言語でコミュニケーションをするのだから、その言語圏の人々の慣習や文化に合わせる。それは「和」を尊んできた「日本人らしさ」だと思います。しかし、考えてみると、そもそも我々は何のために「英語」を学ぶ（んできた）のでしょうか。それは「欧米人になるため」ではありません。ペリーの来航を端緒とする幕末の「開国」を前後として、我が国では英会話の必要性が飛躍的に高まりました。それは、我が国の立場や主張、歴史や文化を、英語圏の人々にしっかりと伝えるため、でした。開国時の記録を見ると当初は「姓↓名」の順番による表記が主流でしたが、明治中期から始まった「欧化政策」により、政治家や知識人の間で「名↓姓」の順で表記・表現する流れが広がり、やがてそれが、日本の英語教育の常識となっていったのです。

多文化共生社会の中の自国文化

これに対して英語教育史を専門とする和歌山大学の江利川春雄教授は「姓と名の転倒は、西洋に対する『精神の自己植民地化の遺物』である」と手厳しい主張をされております。言われてみれば確かにそのとおりで、なぜ日本では自らを名乗る時「姓→名」の順で表すのか、を「英語」で説明すればいいだけの話で、それにより日本の文化の一端を知ってもらう事にも繋がりますよね。少なくとも東アジアの近隣諸国は、はっきりと「文化的線引き」をしており、中国の習近平国家主席、韓国の文在寅大統領、北朝鮮の金正恩朝鮮労働党委員長の姓と名を転倒させることは国際政治の場ではございません。他方で、日本の役所の英語版ホームページでは安倍晋三総理の名前は「Shinzo Abe」（名→姓）と表記されてきました。今般、来年の東京五輪を機に、これまでの表記慣習を見直す方針を示させて頂きました。これが我が国の国柄を理解してもらう第一歩になれば、と私は期待しております。

▼『週刊よしいえ』第233号　2019年6月17日

国民の利益より、優先されるべきものはない

梅雨も本格化し、湿度の高い日々が続いております。同時に会期末を控え、国会の湿度も高くなっておりますが、皆様にお支え頂いてこそある、この身です。今週も元気に爽やかに責任を一つひとつ果たして参ります。

それにしても一つだけ、どうしても承服できない野党のボイコットがございます。憲法

審査会に負託されている「国民投票法改正案」が野党の抵抗により棚ざらしの状況になっているのです。そもそも今回の改正案は「公職選挙法」の改正（平成二十八年）を踏まえて、駅や商業施設に「共通投票所」の設置を可能にしたり、水産高校の実習生の「洋上投票」を認めることなど七項目を「国民投票」にも反映させることを与野党で合意し、平成三十年六月に「憲法審査会」に負託されたものでございます。「国民投票」は「憲法第九十六条」が定める「国民の権利」であり、一人でも多くの国民が投票できる仕組みを速やかに整えることは「国民主権国家」で「国民を代表」して「立法」を司っている我々の極めて重要な責務であるはずです。昨年の通常国会、昨年の臨時国会、そして今通常国会と三つの国会を経ても「政局」の都合で「改正」できない（させない）というなら、それこそ「国民軽視」そのものでございます。いうまでもなく日本の「主権者」は「国民」であり、「国会議員」ではございません。その「主権者」たる「国民の利益」を「国会議員」（政党）の都合で棚ざらしにするなど言語道断だと私は思います。野党の皆さんは「改正よりＣＭ規制の議論の方を優先するべきだ」と主張されますが、まずは「国民の利益」（公選法に準じた投票機会の拡充）を確保した上で熟議すべき事柄なのではないでしょうか。

「誠実」は、皆様との「誓い」です

「憲法改正」の是非を問う「国民投票」は、「衆議院の三分の二以上の賛成」「参議院の三分の二以上の賛成」という極めて高いハードルを越えることで「発議」がなされ、初めて実施されますが、そもそも現在の「憲法審査会」では、「国民投票」（国民の審判）の「前提」となる「憲法改正の議論」そのものが行われていないのが実情でございます。憲法に対するスタンスが各政党で異なることは十分承知しておりますが、国権の最高機関として「憲法審査会」を設置しておきながら「議論さえしない（できない）」というのはあまりにも無責任です。国民の中にある多様な意見を代弁し、熟議し、答えを出していく、それこそが国会の、国会議員の責任です。どのような「政局の嵐」が吹き荒れようとも、私は皆様の声に耳を閉ざしたり致しません。そして口をつぐんだりも致しません。今週も不条理を乗り越えながら「誠実」を貫きます。それが皆様との「誓い」なのですから。

▼『週刊よしいえ』第234号　2019年6月24日

万事に備えながら責任を果たしてまいります

国会は今週、会期末を迎えます。「衆議院解散の暴風雨」は収束したと判断したのか、野党の皆様は（解散は望まないが、参議院選挙に向けてファイティングポーズだけは取っておきたい）「内閣不信任案」の提出を視野に入れておられるようです。また延々と「喧噪《けんそう》のパフォーマンス」をなさるおつもりなのでしょうか……。もちろん我々は、それらに正面から向き合う責任がございますが、衆参両院の職員、警備員、運転手の皆様は「いつ終わるか分からない喧噪」を、ただ待機しながら見守らざるを得ません。そして……午後五時を過ぎれば「莫大な残業代」(閉会が終電後になった場合には、さらにタクシー代)が発生いたします。原資はすべて国民の「税金」です。また、二十八日から始まる大阪G20サミットに向けて、現在、政府は各国と「最終の詰め」の作業を行っておりますが、その準備も止まってしまいます。野党の皆さんは「党益」に繋がると考えておられるのでしょうが、少なくとも「国民(国家)の利益」に資するものはない、と私などはどうしても思ってしまいます。菅官房長官が定例記者会見で、野党からの「内閣不信任案の提出」は、「解散の大義となる」と発言したことで「解散風」が吹き荒れましたが、内閣不信任案が「憲法」に明記されている極めて重い権能であることに鑑みれば「おっしゃる通り」という側面もございます。もちろん与党が「内閣不信任案」を「否決」すれば「案」のままで霧散いたしますが、野党の議員各位も「国民の代表」です。「不信任」の是非を「国民の皆様に問う」ことは「国民主権」の国家における「大義」とも言えましょう。国民以上に優先されるものはないのですから。

喧噪《けんそう》に負けず、職務に精励します

そもそも必ず行われる「参議院選挙」に向けてのパフォーマンスとして「衆議院」に「内閣不信任案」を提出することに、どんな「道理」があるというのでしょう。憲法で「衆議院の優越」が定められている我が国において「参議院選挙」は「政権選択」の「選挙」ではございません。だからこそ（私はいかがなものかと思いますが）、野党は「政策の相違」をかなぐり捨てて「共闘（野合）体制」を敷くことができているのです。これが「政権選択選挙」（総選挙）なら事情は全く異なります。仮に野党勢力が勝利したとしたら選挙後は混乱に混乱を極め、組閣さえ難しい状況になることでしょう。そもそも、外交・安全保障・社会保障・資源エネルギー・経済政策など我が国の「基本施策」に対するスタンスが根本から異なっている方々なのですから……。とにもかくにも私は今週も執行部の一員として誠実に職務に励みます。まずはＧ20の成功です。皆様どうぞ見守っていてください。

▼『週刊よしいえ』第235号　2019年7月1日

未来をしっかり見つめながら、公約を着々

通常国会が閉幕いたしました。理事を務めてきた文部科学委員会・地方創生特別委員会、委員を務めている財務金融委員会において「しっかりと責任を果たした」ことは「当然」の事として、今国会では「二つのテーマ」について「主導的役割」を果たさせて頂きました。一つは一昨年の「総選挙」で皆様に公約させて頂いた「幼児教育・保育の無償化」の「法案」（内閣提出）成立と、「無償化」が「無責任化」に繋がる事のないよう「質を確保」するための「法案」（幼児教育推進法）の超党派での取りまとめです。今年（令和元年）十月より、住民税非課税世帯の〇歳～二歳児、すべての三歳～五歳児の「幼児教育・保育」が「無償」となります。二〇一八年に国内で生まれた新生児（日本人）の数は九一万八三九七人で、統計開始以来の最少記録を更新いたしました。二〇一六年に九七万六九七八人と初めて一〇〇万人を下回り、一昨年の二〇一七年には九四万六〇六五人と九五万人を割り込み、二〇一八年はついに九一万人……日本の社会保障制度は「現役世代」による「負担」＋「国費」を「財源」としながら「給付」が行われる仕組みとなっておりますが、長寿化が進む一方で、次世代の人口がこのまま減少の一途を辿ったなら「給付」と「負担」のバ

ランスは崩壊いたします。現在の「少子化」は、まさに「国難」ともいえる現状なのです。だからこそ「子育て」への経済的な「不安や負担」を軽減し、まずは、現在「一・八人」となっている、結婚して子どもを育みたいと考えている方が「希望している子どもの数」（希望出生率）に、「一・四二人」まで低下してしまっている「実際の出生率」を近づけていく必要がございます。

子どもたちは日本の未来そのもの

しかし、だからといって「無償化」が「無責任化」に繋がってしまったなら「本末転倒」。だからこそ幼児教育の「質」を確保するための「幼児教育推進法」（議員立法）の制定を主導いたしました。しかし残念ながら野党の皆様の「政局至上主義」により今国会での成立は見送られてしまいました。残念でなりません。「幼児教育・保育の無償化」が始まる秋に開催を予定している「臨時国会」では、何としても成立にこぎつけたいと考えております。今国会で私が注力したもう一つのテーマは、「児童虐待」を根絶するための法改正でした。四年前には全国共通ダイヤル「１８９（いちはやく）」を創設いたしましたが、今国会では、「児童福祉法」「児童虐待防止法」を改正し「虐待」から子どもを守るため、児相をはじめとする関係機関の連携強化等を図らせて頂きました。子どもを守ることは、未来を守ることです。今週もブレずに訴え、行動いたします。

▼『週刊よしいえ』第236号　2019年7月8日

足元をしっかりと固めながら世界と向き合う

仲間たちと共に全力を傾注してきた厚木市議会議員選挙。皆様方のお支えのおかげで戦い抜くことができました。心から感謝申し上げます。本当に有難うございました。選挙はゴールではなく、「新たなスタート」です。これからも市・県・国で「心」と「力」を合わせながら、お約束した一つひとつに対し「結果」で応えてまいります。七夕（七月七日）が過ぎ、季節は真夏へと向かいます。二十一日には参議院議員選挙の投開票、秋には愛川町議会議員選挙が控えます。また地元では今年も五〇〇を超える夏祭りなどがございます。体調に気を配りながらも、留まることなく「草の根」で夏空の下を走り回ります。皆様、今週もどうぞ見守っていてください。

大阪で開催されたG20サミットで安倍総理は「和の国のリーダー」として、まさに「世界の真ん中」で「融和力」を発揮し「大阪首脳宣言」を取りまとめました。イギリスのEU離脱を巡るヨーロッパ諸国の混乱、クリミア半島の併合を巡るロシアへの経済制裁と反発、アメリカとイランの軍事を巡る対立やアメリカと中国の間で加熱している貿易戦争など、かつてないほどの「火種」を抱えながら迎えたG20サミットでした。安倍総理はそうした難局に対して「G20が力を発揮するには、各国間の対立を際立たせるのではなく、共通点に光を当てることが重要である」という揺るぎなき信念で臨み、個人情報を含むデータ流通の共通ルール（大阪トラック）の枠組みの創設や、プラスチックごみによる海洋汚染を二〇五〇年までにゼロ（大阪ブルー・オーシャン・ビジョン）にする国際合意を実現しました。そしてG20最大の争点であった「貿易問題」でも「軟着陸」に導きました。

和（輪）をもって貴《とうと》しとなす

今年5月に事実上決裂し、関税の応酬で「貿易戦争」とまで呼ばれるようになった、GDP（国内総生産）世界一位と二位のアメリカと中国の対立が「一時休戦」となり「平等と相互尊重」を基盤に「貿易交渉の再開」が合意されました。今回のG20大阪サミットがなければ世界経済は大混乱に陥っていたことでしょう。また「自国第一主義」を掲げるトランプ大統領（アメリカ）の強い主張で、昨年のG20サミットで「削除」された「保護主義と戦う」という文言についてもギリギリの調整が行われ、「自由で公平、無差別で透明、かつ予測可能で安定した貿易と投資を実現」という合意が盛り込まれました。削除された

「保護主義と戦う」という文言が「各国が協働して自由貿易を推進する」という肯定的な表現に変わって復活したのです。世界の真ん中で存在感を発揮した和の国・日本。これからも世界の平和と発展のため、弛《たゆ》むことなく努力を続けてまいります。

▼『週刊よしいえ』第237号　2019年7月15日

国民に対する「誠実さ」が問われる選挙戦

参議院選挙も今週から終盤戦に入ります。今週も驕《おご》ることなく、浮足立つことなく、仲間と「心」と「力」を合わせながら、一人でも多くの皆様に政策をお伝えし、ご支援を得るために努力する日々を重ねてまいります。

それにしても近年の野党の皆さんの迷走ぶりには呆れるばかりです。一昨年の総選挙以来「離合集散」を繰り返し、そればかりか水面下では激しい勢力争いを展開しております。先の国会でも、誰に話をすればいいのかさえ分からない、といった場面も散見されました。また5月に「解散風」が吹き始めた直後は、「解散しなければ政権を取れない。堂々と受けて立つ!」などと威勢よく宣言しておきながら、官房長官が「内閣不信任案の提出は解散の大義になり得る」と「戦後の政治史」(不信任案提出を理由に解散されたのは過去5

回）を踏まえて記者の質問に答えると、「参議院選挙があるのだから、衆議院に内閣不信任案を提出するのではなく、参議院に（法的拘束力がない）問責決議案を提出するのがスジ」と態度を一変。そうかと思えば、国会最終盤で「解散見送りが濃厚」という報道が出ると、今度はソレッとばかりに不信任案を提出され、Ｇ20が迫る中、内閣を国会に縛りつけました。現下の参院選においては１人区で候補者を一本化して「共闘」されておりますが、そもそも「無所属」の候補は、仮に当選されたなら、立憲民主党・国民民主党・共産党……一体どこの政党にお入りになるのでしょう……。国の根幹である外交・安保・エネルギー・社会保障政策が異なる党同士が、安倍内閣打倒というスローガンだけで共闘する。それを「野合」と言わずして何というのでしょう。まさに国民軽視そのものなのです。

市町村議・県議・後援会の皆様と

また、各党は様々なことを「公約」に掲げながら選挙戦を展開しておりますが、公約を「実現」して国民に届けるという「政策実行力」が伴わなければ、それは「絵に描いた餅」でございます。そもそも地域に根差した草の根の基盤を持っていない政党に、一体、何ができるというのでしょう。さらに野党の皆さんの「公約の中身」を見ると「素晴らしい（？）政策の数々」が列記されておりますが、では、それを実現するための財源は、どうするのでしょう。「バラ色の政策」を約束しながら、そのほとんどを実現できなかった民主党政権の失敗をお忘れなのでしょうか。参議院は6年という任期の中で、うつろいがちな世論に左右されず、中期的な視野で論議を行う「良識の府」であると言われておりますが、少なくとも今回の選挙戦の野党の皆さんの姿勢は「良識」ではなく「よこしま」です。しかし、そうであるからこそ、私は皆様に対して「誠実な姿勢」を貫いてまいります。

▼『週刊よしいえ』第238号　2019年7月22日

世界から見た、日本という国の魅力について

仲間たちと共に全国を駆け抜けた参議院議員選挙では、皆様方の御支持・御支援のお蔭で勝利を手にすることができました。時代が加速度的に変化し、世界の勢力図が様変わりしている中、多くの国民が「今は政局・政争ではなく、安定した政権基盤の下で、国益を守りながら改革を進めていくべし」と、考えてくださった結果だと真摯に受け止めております。立ち止まっている暇《いとま》はございません。今週も、一つひとつの責任と、誠実に向き合う日々を重ねます。どうぞ、見守っていてください。

先般、イギリスの「フューチャーブランド社」が五年ごとに発表している、世界各国の

「ランキング」による「フューチャーブランド・カントリー指数」を比較した「ブランド力」が発表されました。その結果、光栄なことに日本は1位（前回に続き）を獲得いたしました。特に「製品やサービスの信頼性」「バランスのとれた健康的食事」「自然の美しさ」「独特の文化」が世界の国々と比して高く評価されました。同社は日本へのコメントとして「国・地域の力を測定するのに『国内総生産・GDP』や『人口規模』、『核兵器の数』にどれほどの意味があるだろうか」と懐疑的な見解を示した上で、「日本には高い技術やイノベーションを背景とした製品やサービスがあるが、それ以上に、西洋とは異なる、無駄を省いたシンプルかつ深い独特の文化がある。それこそが『日本の最も偉大な輸出品』である」と述べております。戦後の日本人は総じて「海外ブランド」に憧れを抱いてきました。千葉県市川市で市長らの『公用車』としてアメリカ・テスラ社製の高級自動車が導入されたことで世間の耳目を集めておりますが、その象徴のようにも思います。

麗《うるわ》しさの調和する時代を

近年、国際競争が激化しておりますが、電気自動車（EV）は日本（とりわけ日産）は世界のトップランナーです。そもそも国内に世界に冠たる自動車メーカーを持っている我が国の公《おおやけ》の車を、他国メーカーのものにするという発想自体、私には理解不能ですが……。

だって公用車の代金（高額なリース料金）は国民の「税金」で賄われているんですよ！輸出入とはわけが違うのです。「令和」の御代《みよ》が始まり本年秋には「大嘗祭《だいじょうさい》」（天皇陛下の即位後、初めて行われる新嘗祭《にいなめさい》）が行われ、ラグビーのワールドカップも開催されます。来年には東京オリンピック・パラリンピックも控えております（新型コロナウイルスパンデミックにより2021年夏に延期）。この際、私たちは「日本」という世界に類のない「奇跡の国」をいま一度見つめなおすべきだと私は思っております。そして日本という国を構成している、それぞれの「ふるさと」の温もりと恵みも……それこそが令和（Beautiful Harmony）を創るのです。

▼『週刊よしいえ』第239号　2019年7月29日

忘れない。あなたの笑顔、あなたの無念を

地元選挙区にあり、千木良地域の皆様と共に大切に見守っていた知的障がい者福祉施設「津久井やまゆり園」に、元職員の男（犯行当時二十六歳）が入所者が寝静まった深夜に侵入して、所持していた刃物で十九人を刺殺し、入所者と職員計二十六人に重軽傷を負わせるという、世界を震撼させた大量殺人事件が発生してから七月二十六日で丸3年となりま

した。真夜中に事件の一報を電話で受けた際、私はおそらく生まれて初めて、まさに心底から「はらわたが煮えくりかえる思い」が沸き上がると同時に、やまゆり園まつりや、千木良の納涼祭などで接してきた入所者の皆様の面影を思い浮かべながら、慟哭《どうこく》がやみませんでした。その痛みは、事件から３年を経た今も、あの日のままです。丸３年という区切りに先立つ令和元年七月二十二日（月）に相模女子大グリーンホールで開催された「津久井やまゆり園事件追悼式」にも出席させて頂きましたが、終始、心の震えが止まらず、ステージを見つめる眼差しは今年も涙でぼやけました。追悼式が参議院議員選挙の投開票の翌日という事もあってか（大半の議員が朝まで投開票を見守っていたということもあってか）、参列した神奈川県選出の国会議員は、残念ながら数える程でした。参議院選挙で各党・各候補者が訴えた「社会的弱者に寄り添う政策」が「票」を目的とした口先だけのものでなかったことを祈ると共に、千木良の空から見つめてくれていたであろう犠牲者の御霊に「私は絶対、皆様の在りし日の笑顔と、あの日のあなたの無念を忘れない」と、誓いを新たにしました。政治は、本当に社会的弱者の皆様に寄り添えているか……私たちは改めてその事と真摯に向き合うべきだと思います。

真の共生社会を実現するために

来年、東京パラリンピックが開催されます（二〇二一年夏に延期）。五輪は障がい者スポーツのさらなる推進を図る絶好のチャンスでもあり、私も文科副大臣として推進の旗振り役を務めてきました。その活動の中、ある特別支援学校の校長先生から拝聴した言葉が胸に深く刻まれております。「私たちの目の前には、パラリンピックに代表される『障がい者スポーツ』にトライさえできない重い障がいが横たわっています。彼らにとって『ユニホームを着ること』、それがスポーツなんです」。おっしゃる通りだと思いました。今回の参院選の「比例特定枠」（れいわ）で二名の重度障がい者が当選を果たされました。もし本当に政治が障がいをお持ちの皆様にしっかりと寄り添えていたのなら、お二人はこの厳しい世界で戦うことではなく、大切な人と過ごす日々を選ばれていたのではないでしょうか。政治家として謙虚にお二人から学ばせて頂きながら、言葉だけではない真の共生社会を追求してまいります。

令和の時代を、拓《ひら》いてまいります

七月二十一日（日）に投開票された参議院議員選挙に際しましては、後援会の皆様をはじめ、企業、組織、団体の皆様より絶大なるお支えを賜りました。改めて心より御礼と感謝を申し上げます。本当に有り難うございました。

お蔭様で、自民党が五十七議席、連立を組む公明党が十四議席と、与党で改選過半数を上回る七十一議席を獲得することができました。また、地元・神奈川選挙区では自民党公認の島村大候補、公明党公認・自民党推薦の佐々木さやか候補が堂々たる成績で当選を果たすことができました。選挙はゴールではございません。選挙は「新たなスタート」です。これからも驕ることなく、ゆるむことなく、令和の時代の新たな地平に向けて一歩一歩を重ねながら皆様の負託に誠実に応えてまいります。今後とも変わらぬ御指導・御鞭撻《ごべんたつ》をお願い致します。

よしいえ ひろゆき 拝

▼『週刊よしいえ』第２４０号　２０１９年８月５日

地元施策に直結する、予算概算要求に全力

参議院選挙を受け、八月一日（木）に召集され、新たに議長を選任した臨時国会も本日で閉幕いたします。しかし我々、政権与党の代議士にとっての「勝負の夏」は、まだまだ続きます。地元施策の進捗《しんちょく》に、直結する来年度予算（令和二年度予算）の概算要求を、八月

末までに仕上げるという重大な仕事がございます。ラグビーワールドカップへの対応、G7サミットへの対応、間近に控えた天皇陛下の「即位の礼」の準備にも、万全を期さねばなりません。地元の夏祭りも、まだ三〇〇カ所続きます。息つく暇《いとま》もございませんが、体調に留意しながら、今週も一つひとつの責任を全う致します。

ところで、きっと皆様にも少年少女時代の「ギモン」を解消しないまま歳を重ねてしまい「いまさら聞けないなあ」と思っていることの、一つや二つはあるのではないでしょうか。先日、夏祭りの会場で、ある小学生から、「確かに少年時代ギモンに思ったけれど、それを確認しないまま歳を重ねてしまった」ことを質問され、ドキッとしました。「ねえ、よしいえさん、台風とハリケーンってどう違うの？」（小学生）、「そっそれは、日本語と英語で言葉は違うけど、似たようなものだよ」（私）、「じゃあ、台風のことを、ハリケーンと答えても間違いにならない？」（小学生）、「確かなことは……言えないけど、テストで答えるなら、ここは日本だから『台風』って答えなきゃ×になるかもしれないなあ」（私）。小学生は「ふーん」と納得しない顔でお祭りの輪に戻っていきました。次のお祭り会場に向かう車の中、私はｉＰａｄとにらめっこ。そして「しまった！　間違いじゃないけど、あまりにいい加減な返答だった」と大反省しました。

知ったかぶりは、恥をかきますね

『台風』（タイフーン）『ハリケーン』『サイクロン』はどれも「激しい熱帯低気圧」を指していますが、それには「明確な区別」がありました。『台風』（タイフーン）とは、東経１８０度より西の北西太平洋及び南シナ海（東南アジア～日本を含む東アジア）で発生する激しい熱帯低気圧を指し、『ハリケーン』は西経１８０度より東の北太平洋東部・北大西洋・カリブ海・メキシコ湾（アメリカ中南部～中米）で発生する熱帯低気圧、『サイクロン』は、ベンガル湾及び北インド洋（南アジア～オセアニア）で発生する熱帯低気圧をそれぞれ指し、低気圧の発生場所だけではなく、認定風速の基準にも違いがございました。「こんなことなら、子どもの頃、めんどくさがらずに調べとけばよかった」と反省しきりでした。今は、スマホで何でも調べられる便利な時代です。この際、子ども時代に置き去りにしてしまった「ギモン」を、一つひとつクリアにしよう、そう決意した新夏の夜でした（苦笑）。

『週刊よしいえ』第241号　2019年8月12日

たとえ「古い」「おっさん」と言われようとも

以前、このコラムでも取り上げましたが、とりわけ戦後の日本人（特に若者）は、欧米の「イメージ」（ブランドや慣習）に盲目的にあこがれる傾向があるように私は感じております。地元でも「スタバ（スターバックスコーヒー）」（シアトル発祥のコーヒーチェーン）を片手に、スマホから伸びたイヤホンで音楽を聴きながら颯爽《さっそう》と歩いている、そんな若者たちを少なからず目にします。また「夏祭りの会場」などではない「日常の場所」でも「食べながら歩いている若者（時には、いい大人）」も目にします。私も立派なオッサンになったのか、ついつい「我が国が大切にしてきた品という名の『美徳』を知っとるけ！」などとボヤいてしまいますが、高校1年生の息子などは「お父（おっ?）さん……ちょっとふるいよ」と苦笑いを浮かべます。確かに私も若かりし頃は自由で、大らかで、開放的なイメージがある欧米カルチャーに漠然と憧れを抱いてましたし、真顔で「ふるい」と言われれば「そうなのかなあ」と、いぶかしながらも甘受してしまうのが実情です。そんな矛盾に葛藤を抱く中、先日、東京都教育委員会が「小中学校へのスマホの持ち込みを解禁する」というニュースに触れました。登下校中の安全確保や災害時の安否確認、さらにそれぞれの通信端末（スマホ）を使った授業を行う事を想定しての判断なのだそうです。大阪でも大阪北部地震の際に安否確認に苦労したという保護者の要請を受けて一足先に「スマホ解禁」の決定をしましたが、「緊急時以外使用禁止」「校内では電源を切る」などの「ガイドライン」を作成しました。他方、東京では一律の「ガイドライン」は作らず、運用は校長の判断に委ねるのだそうです。

実は日本の方が自由すぎたりする

スマホを持っている子どもの多くが「禁止」という垣根を越えて通学カバンにスマホをそっと忍びこませているのは公然の秘密ですが、それを教育行政の側が「ガイドライン」さえ示さず是認するのは果たして適当と言えるでしょうか。日本人の「欧米カルチャーへの憧れ」の話をしましたが、例えばオーストラリア（ビクトリア州等）では初等・中等教育の教室でのスマホ使用を原則禁止にしましたし、フランスでも学校でのスマホ使用を禁止しています。教室は「学び」のためにあり、仮にその「学び」に「通信端末使用」の必然性があるのなら、それこそ欧米同様、学校が責任を持って生徒各々に端末を「貸与」すればいいのです。保護者や子どもの要求におもねる一方で、運用やルールは現場に丸投げする。これでは学校の負担は増えるばかりです。責任を曖昧にしたまま政策を決定し、問題が起きた際は互いに責任を押し付け合う。これは現代日本の悪しき慣習だと私は思います。

▼『週刊よしいえ』第２４２号　２０１９年８月19日

私たちは「いのちの駅伝」のランナーです

昨年に続き記録的猛暑が日本列島を襲っております。また巨大な台風も猛威を振るっております。地球温暖化問題は「人類共通の課題」であり、平和・安全保障と同様に一国のみの努力では何も成し得ません。今週はG7サミットがフランスで開催されますが、「パリ協定」（地球温暖化対策として、各国の排出ガス削減目標を取り決めた協定）から脱退したアメリカに、再びテーブルに戻るよう強力に呼びかけられるのは、安倍総理だけです。経済は重要ですが、それは一過性のものではなく「持続可能」なものでなくてはなりません。「温暖化対策」がG7の主要な議題となるよう、政府与党として全力で内閣を支えてまいります。地球あってこその豊さです。どうぞ皆様も応援くださいますよう、お願いいたします。

ところで今年も「お盆」の「帰省ラッシュ」が、東名高速道路・圏央道・中央道が走る私の選挙区を席捲しました。今年は高速道路内で複数の玉突き事故が発生したため渋滞は例年以上に苛烈《かれつ》を極め、しびれを切らした多くの車が高速を降りて地元の一般道に流入しました。この時期は毎年、厚木・伊勢原・愛川・清川・相模原緑区（城山・津久井・相模湖・藤野）・相模原南区・座間で行われる数多の夏祭りに伺わせて頂くために、縦横無尽に地元を走り回るのですが（多い日は走行距離一五〇キロメートル超）、「高速道路はロック状態」「一般道も渋滞」という二重苦により、いくつかの会場に辿り着くことが叶いませんでした。大変、無念でしたが、しかし、お盆休みに渋滞に苛まれながらも、家族と故郷に帰ってお墓参りをする、という「日本の夏の美徳」が濃密に受け継がれているという事実には尊崇の念を抱いております。

生まれてきてくれて、有難う

我が家は夫婦・息子の三人家族ですが、お盆には決まって息子に「ある話」をしてきました。「お前は、お父さんと、お母さんの子どもとしてこの世に生まれた。そして、お父さんは、お前にとってのおじいちゃん、おばあちゃん、の子どもとして、お母さんも、お前にとっての、じいじ、と、ばあば、の子どもとして生まれてきた。さらにお前のおじいちゃん、おばあちゃんにも、それぞれ、お父さんと、お母さんが居て、お前にとっての、ひいおじいさん、ひいおばあさん、にあたる。その方々にも、それぞれ……」。そうやって一緒にご先祖様を辿っていきます。「10代さかのぼると……一〇二四人、さらに二十代さかのぼると……な、びっくりするだろ。その方々の一人でも欠けていたらお前はここにいない。ご先祖様に感謝しながら、精一杯、夢を追いなさい。お前という存在は歴史そのものであり、未来そのものなんだから」。今週も、先人の労苦に思いを馳せながら責任を全うします。

▼『週刊よしいえ』第２４３号　２０１９年８月26日

後世の歴史年表に残る大事な時を、皆様と

今週で八月も終わりです。その意味では「猛暑の夏」から「残暑の秋」に変わる節目の週です。来年度予算編成の基《もとい》となる「夏の（予算）概算要求」をしっかり決着させると同時に、移り行く季節を五感で感じながら今週も地元の空の下を縦横無尽に走り回ります。

今週八月二十八日からは「第7回・アフリカ開発会議」（ＴＩＣＡＤ７《ティカッドセブン》）が横浜で開催いたします。また九月二十日からは、ラグビーワールドカップ日本大会が開幕、十月二十二日には、天皇陛下が世界に対して御即位を宣明される「即位礼正殿の儀」が執り行われます。

先般も大阪でＧ20サミットが開催されましたが「令和元年」は間違いなく開国以来、日本

がもっとも国際社会から注目され、各国首脳をはじめ、世界中から賓客を迎え、さらに政府の強いリーダーシップと、日本国民・日本社会の「融和の力」が試される「後世の歴史年表に刻まれる年」でございます。そんな重大な時に、皆様の代表として国事にあたらせて頂いていることとの責任を日々自覚しながら、職務と向き合ってまいります。

私はこれまでアフリカ諸国との関係を重視した外交を重ねてまいりました。文部科学副大臣としてエジプト・ケニアを公式訪問し、政府、経済界、医療関係者、研究者と多岐に渡る議論をさせて頂き、複数の合意文書に日本政府を代表して署名をさせて頂きました。ＴＩＣＡＤ７が連帯の更なる深化に繋がるよう微力を尽くします。またラグビーワールドカップ日本大会も、東京オリ・パラ大会と同様、文科副大臣・大臣政務官として、招致ならびに競技場の整備に力を尽くしてきました。いよいよＷ杯が目前に迫り、本当にワクワクしております。

「感謝」は、身を正し、身を清める

「即位礼正殿の儀」は、世界の真ん中で日本が「新時代の到来」と「平和と連帯の大切さ」を宣言する歴史的な日となるでしょう。そのような歴史的な機会に立ち会う事ができるのも全て、皆様方のお支えのお蔭です。野党の議員のみならず、国会に集いし方々の物言いや振る舞いの数々が、今の私の目には、甚《はなは》だ横柄《おうへい》なものに映ります。初めて議席をお預かりした十二年前の私も、おそらくそうだったのではないでしょうか。しかし今、皆様とこうして出会い、皆様のこころに触れ、思いを分かち、陰に陽に御指導を賜りながら、まだまだではありますが、常に己自身と皆様の想いを重ねながら、個々の責任と向き合えるようになってまいりました。「毅然たる態度」と「乱暴な態度」は違います。「論戦」は「暴言の応酬」ではありません。ふんぞり返った政治家など、誰も求めていないのですから。今週も皆様への限りなき感謝を宿して確かな仕事を重ねます。

法務副大臣を拝命

令和元年秋

「よかれ」が「悪しき」になることもある

『週刊よしいえ』第244号　2019年9月2日

「車」と「その運転」は私の数少ない趣味で、数時間でも時間ができると妻を助手席に乗せて地元にいくつかある「お気に入りの静謐《せいひつ》な場所」へのドライブを楽しみます。私の愛車は、私の生誕と同じ年、一九七一年式の「スカイラインセダン」。四十八年も前の車なので現在の車（家族の「日常の足」は軽自動車のデイズルークス）のような快適さからは程遠く、5速マニュアルで、ステアリングも重く（駐車の時はひと苦労）、窓の開閉は手動で、エンジンをかけることさえすんなりいきません。本来、古いものを大切にすることが尊ばれる日本ですが、古い車にかけられる自動車税は高く、サビとの戦いも永遠です。しかし、これからも無理をさせることなく大切に、乗り継いでいきたいと思っております。

ところでドライブと言えば皆様は車の運転中、「合流」や「割り込み」の際、進路を譲ってくれた車に対してどのように「謝意」をお示しになるでしょうか。おそらく多くの皆様が「チッカ、チッカ」と「ハザードランプ」を点灯させる、通称『サンキューハザード』と呼ばれる「サイン」で示されるのではないでしょうか。私も誰から教わったわけでもなく、周囲を見ながら自然とその方法が習慣化いたしました。しかし、よく考えてみると本来、「ハザード（hazard）」は「危険」を意味し、ハザードランプの道路交通法上の正式名称も『非常点滅表示灯』です。そう、このサインは基本的に、故障や、やむを得ない場合の路上駐車など、周囲を走行する車に対して、危険を周知するために用いる合図なのです。「あおり運転」が社会問題化しておりますが、「謝意」を「危険サイン」で伝えるって、考えてみると……。

「普通」「みんな」の中身を考える

「サンキューハザード」は一九八〇年代に、高速道路上でトラックドライバー同士の合図として「合言葉」や「挨拶」のかわりに使われるようになり、その合図を一般ドライバーが真似したことから全国に広がっていったんだそうです。しかし、考えたこともありませんでしたが、高速道路の王様であるトラックは別格として、一般車の「サンキューハザード」は、「あおり運転」を繰り返すような「危険なドライバー」に「格好の因縁ネタ」にされてしまうかも……って、なんとも世知辛《せちがら》い世の中になってきましたね。しかし、「よかれ」と思ってしたことが、相手にそのとおり伝わらない、あるいは、誤解されて受け取られてしまう……とりわけ親子間では、そのようなことが多々あるようにも思われます。変化の時代――私たちがこれまで「普通」とか「なんとなくの習慣」として盲目的に繰り返してきたことを、しばし立ち止り、考えてみる時節なのかもしれませんね。

生まれてきてくれて、有難う

先週、四月からカナダに留学している息子が、サマーバケーションを利用して約四カ月振りに帰国しました。振り返ればちょうど一年前、私たち家族は葛藤の中にありました。親しい友人の影響もあり海外の高校への進学を志望する息子、「それはさすがに無謀では」と息子を案じる妻――その狭間で私の心も揺れ動いておりました。子どもの挑戦を応援する。言葉にするのは簡単ですが、そもそも当初は全く想定しておらず、現実的にも、経済的にも暗中模索の日々でした。しかし有言実行――昨秋、息子は見事に入学審査をパスし、四月から異国の地へと旅立って行きました。「親」＝「木」の上に「立」って「見」守り続ける。私たち夫婦にとってこの四カ月は、まさにそんな日々でした。今週末には再び旅立っていく息子。今週は束の間の時を、家族三人で慈しみながら過ごします。

▼『週刊よしいえ』第２４５号　２０１９年９月９日

「苦労は買ってでもしろ」という言葉の真。

皆様の一番好きな「数字」はなんでしょうか。私のフェイバリット（お気に入り）ナンバーは、どうゆう訳か昔から「九」です。もしかしたら意外（？）に思われる方もいらっしゃるかも知れません。と、申しますのも、日本では「九」の「く」という読みが「苦」を連想させることから、入院施設や一部の宿泊施設などでは「九」を、「死」を連想させる「四」と同様「凶数」として部屋番号から外すなどしているからです。しかし、例えば中国では「九」（チュー）は「久」に通ずる「幸運の数字」であるとされておりますし、西洋でも「不死身」（なかなか死なない）を意味する「A cat has nine lives」という諺《ことわざ》がありますが、これは「ネコが高い所から落ちても死なないのは『九つ』の魂をもっているから」という伝承が由来です。野球の試合も「九回」までですし選手も「九人」。日本の義務教育も「九年」です。そもそも「苦労」せず手にした「幸福」など「まぼろし」です。本日は九月九日。今週も前向きな姿勢で「苦労」を厭《いと》わずに日々を重ねます。ところで「苦労」と言えば、私自身が教師時代から現在に至るまで常に「そうありたい」と意識しながら「苦労」している格言がございます。劇作家の井上ひさし氏の「むずかしいことを、やさしく。やさしいことを、ふかく。ふかいことを、おもしろく」という箴言《しんげん》です。演劇と教育や政治は土俵こそ違いますが、それぞれ観客・生徒・国民の「理解」と「共感」を得られなければ成り立ちません。「難しいこと」を「分かりやすく」伝える。これは演劇も授業も政策も同じです。「難解さ」を「権威」とする一部の風潮は「自己満足」に過ぎない、と私は思っております。

皆様の存在あってこその継続

「上から目線」とか「言語明瞭・意味不明」などの言葉がございますが、政治家や、官僚や、研究者や、著述家でそういう方って、結構、多いと思いませんか？　また「分かった」（理解）だけでは、せっかくの「知識」が「宝の持ちぐされ」となってしまいます。大切なのはそれを「いかす」（いかされる）こと。そのためには、それらを身に沁み込ませながら、他者と共有し「深め」ていく必要がございます。その「共有（共感）の輪」こそが「喜び」（面白さ）となるのです。当コラムも、井上ひさし氏の言葉をかみしめながら「自己満足になっていないか」「共感して頂ける内容になっているか」などと絶えず「自問自答」しながら綴《つづ》らせて頂いておりますが、いよいよ250号の大台も近づいてまいりました。継続は力なり。これからも心を込めて（苦労して）「よしいえの夢」「政治の今」「世界の中の日本」「地元の未来像」を丁寧に綴り、皆様にお届けしてまいります。

▼『週刊よしいえ』第246号　2019年9月16日

法務省副大臣を拝命。全身全霊を傾けます

九月十三日（金）午前、皇居にて天皇陛下の御認証を賜り法務副大臣を拝命いたしました。二期務めた文部科学省副大臣以来、2度目となる認証職（天皇陛下の御認証が必要な公職）の拝命。身が引き締まる思いでございます。法務省は社会秩序の根幹を支えることを使命とする省庁で、「大臣官房」の他、全国の法務局をまとめる「民事局」、検察をまとめる「刑事局」、刑務所や少年院などを所掌している「矯正局」、全国の保護観察所や地方更生保護委員会をまとめている「保護局」や「人権擁護局」「訟務局」などで構成しております。さらに出入国を管理し、外国人材の受け入れや難民認定などの行政事務を司っている「出入国在留管理庁」や、テロ組織等に対する情報収集や分析を行っている「公安調査庁」などの外局もございます。まもなく始まるラグビーW杯、新天皇陛下の御即位を内外

に知らせる「即位正殿の儀」、そして来年夏の「オリンピック・パラリンピック東京大会」（二〇二一年夏に延期）と、今後、歴史的な国際行事が続きます。それに伴って過去に類をみない多数の外国人が訪日いたします。そのような状況下において、出入国の管理や国際テロ組織等への情報収集・分析はまさに「成功」の「生命線」となります。責任は重大です。法務省は長く「序列筆頭の省」として歴史を刻んできました（二〇〇一年の「中央省庁再編」により、現在は総務省に次ぐ序列）。それもあってか法務省の住所は「東京都千代田区霞が関一―一―一」。13日の午後、荘厳な赤れんが棟の門を抜けて初登庁しましたが、副大臣室のカーテンを開けるとなんと皇居が一望――。その光景に度肝を抜かれると同時に、負託された職責の重大さを改めて痛感いたしました。

政治の神様に愛されているよう

私はこれまで政治家として「地元施策」を進める「与党代議士」としての仕事は当然の事としながら、責任者の一人として「人づくり」（文部科学副大臣・文部科学大臣政務官）「国家財政・金融」（自由民主党・財務金融部会長）「地方の振興」（地方創生特別委員会理事）を担当してまいりました。そして今般、法務副大臣として法治国家における「社会秩序の維持・発展」を担わせて頂く事となりました。国会での議席を皆様からお預かりして十三年目――息つく暇《いとま》のない激動の日々でした。しかし私は「これほど恵まれている政治家はいない」と心から思っております。「国家の土台」とは、まさに「人」「財政」「経済」「地方」「秩序」です。その土台を、干支《えと》が一周する期間（十二年）ですき間なく担わせて頂いているのです。それが叶ったのは全て皆様のお蔭でございます。ゆっくり深呼吸して、いざ、ゆきます。今週もどうぞ見守っていてください。

▼『週刊よしいえ』第２４７号　２０１９年９月23日

「国際スタンダード」と「国内スタンダード」

霞が関・永田町の世界に身を置いて十三年。先々週のコラムで「苦労」について「ポジティブ」なこととしてお話させて頂きましたが、実は13年経った今でも頭を抱え続けている「苦労」がございます。役所からの「予算説明」の際の「金額の表記」です。皆様は「一〇〇〇〇千円」は「いくら」だと思いますか？　おそらく多くの皆様が「ん？」とフリーズしてしまうのではないでしょうか。「一〇〇〇〇千円」は、「一〇〇〇万円」を指します。役所から説明を受ける「予算書」はすべからく日本で一般的に用いられている「万円単位」の表記ではなく、「千円単位」で表記されているのです。ずらっと並んだ「千円単位」で表記された予算書って解読（理解）に苦労すると思いませんか？　おそらく会計士の先生や企業の経理担当者、金融関係者でない限り、ほとんどの皆様が頭を抱えるのではないでしょうか。では、なぜこのような表記をするのでしょう。日本における数字の計算は「万」「億」「兆」と「四ケタ」ごとに単位が変わります。これに対して欧米では、「thousand（サウザンド）」（一〇〇〇）、「million（ミリオン）」（一〇〇万）、「billion（ビリオン）」（一〇億）と「三ケタ」ごとに単位が変わっていくのです。法務省が定めている「会社計算規則」では「計算関係書類に係る事項の金額は、一円単位、千円単位又は百万円単位をもって表示するものとする」と定めておりますが、これは国際間の取引を見据えて、数字の数え方を欧米のものと合わせているのです。しかし、それはそれとして、議員へのレクチャーでは「日本の単位」に変換して説明を行うべきなのではないかと思うのですが……。

「難しいこと」を「わかりやすく」

浅学だった十三年前は、「もしかしたら、役人にいじわるされているんじゃないだろうか」と思ったほどです。それでも、最近ではようやく「コツ」をつかんで対応できるようになりました。「００千円」をスムーズに「万円単位」に変える「コツ」とは「〇」を「一個」「減らして」「万」をくっつける、という方法です。例えば、「一〇〇〇千円」は「〇」を「一つ」減らして「一〇」にします。そこに「万」をくっつけると「一〇万円」と読み替えられるのです。この方法を使えば「一〇千円→一万円」「五〇〇千円→五〇万円」「二〇〇〇千円→二〇〇万円」「一〇〇〇〇千円→一〇〇〇万円」と比較的スムーズに金額を理解できます。だが、しか〜し！　今はソフトなどを用い「世界基準の表記」を「日本基準の表記」にするのは容易なことです。「税金」を原資とする「予算」を分かりやすく表記して国民（国民の代表）に説明する努力くらいはなさるべきではないでしょうか。

▼『週刊よしいえ』第２４８号　２０１９年９月30日

しゃけ（鮭）から教えられた「必死」の姿

本日で九月も終わり、今後、急速に秋が深まってまいります。季節の変わり目です。皆様、体調には十分ご留意ください。毎年この季節になると、十年間暮らした北海道で毎年繰り広げられている「壮絶な命のリレー」を思い出します。大海に出ていた「しゃけ」（鮭）たちが、ただ、種の未来を残すためだけに、命の限りを懸けて産まれ故郷の川を上ってくるのです。その光景を始めて目にしたのは、やり直しをかけて辿り着いた余市の私立高校二年生、十六歳の秋でした。学校では連日「学園祭」の準備が行われていました。しかし、なかなかクラスにもなじめなかった私は、身体と時間を持て余しておりました。なんとなくいたたまれなくなった私は自転車に乗り、誰かが居るかも知れない浜とは反対の方角に、あてどなく向かいました。どれだけ自転車を漕いだことでしょう。私は誰もいない川のほとりに辿り着き、自転車を降りました。すると——そこでは、しゃけたちによる「壮絶な営み」が繰り広げられておりました。流れに逆らいながら更なる上流を目指すしゃけ達は、河石との接触で身体がボロボロに傷ついていました。ある者たちは力が尽きかけて川面《かわも》に横たわり、またある者たちは人間が仕掛けた檻《おり》に押し込まれながら、それでも先を目指して力の限り飛び跳ね、ある者たちは互いに寄り添い、支え合いながら人間の罠を潜り抜けて上流へと向かっておりました。さらに上流まで足を運んでみるとそこには、無事に産卵を終えたメスしゃけと、産卵の場までたどり着いたオスしゃけが、自然と同化しながら力尽きておりました。脳裏に「必死」という言葉がありありと浮かびました。そして目からは涙がこぼれました。

激しい逆流であっても流されない

生きとし生ける者は、この世に誕生したその瞬間いつか必ず訪れる死に向かって歩き出す。だからこそ私たちは、今日を「必死」に生きなければならない。有限の「とき」を身を粉にして生き抜かなければならない。人生とは「生まれてきたことの意味」を自身の生涯をかけて証明する営み。君は今「必死」に生きているかい――。川面に横たわるしゃけたちが、私にそう語りかけました。私は涙を拭いて自転車にまたがり、再び学校へと向かいました。親元を離れてやり直しをかけた「よしいえ物語」の「序章」は、あの日、あの場所で始まりました。大学で教員免許を取得し、二十年前、教師として北海道の母校に戻ったのは、あの日出会ったしゃけたちに対する私の誠実でもありました。そして今、私は皆様と一緒に新たな川を上らせて頂いております。日々、数多の困難と遭遇する旅ですが、私にとってそれは「幸せ」以外の何ものでもありません。今週も至誠を貫き前進いたします。

▼『週刊よしいえ』第２４９号　２０１９年10月7日

人生において「集めたもの」「与えたもの」

十月に入り、たわわに実った稲穂も「収穫」の時期を迎えました。第二〇〇回・臨時国会が開会いたしましたが、法務副大臣という重責を常に自覚し、それを全うすべく今週も日々「一生懸命」を尽くしてまいります。

ところで、皆様には、何か特定の「収集物」（コレクション）はございますでしょうか。世の中には様々な「コレクター」がいらっしゃいます。古今東西「絵画の収集家」「切手の収集家」「硬貨の収集家」「鉄道模型の収集家」「時計の収集家」などが有名ですが、先日「驚きのコレクター」からお話を伺う機会がございました。集めているのは一九八〇年代に一世を風靡した「ビックリマンチョコ」の付録（どちらがメインか分かりません）の「ビックリマンシール」。なんと、レアなものだとオークションで三〇万円以上で取引されるそうです。「ビックリマンチョコ」の発売当初の価格は三〇円。その後、五〇円、六〇円と値上げされ、現在は八〇円ですが、その付録のレアシールはなんと三〇万円以上……収集しているシールの「レアさ」を愛おしそうに語るコレクターさんのお話を聞きながら「マニア世界」の深淵を垣間見た気がしました。コレクターとはちょっと違うかもしれませんが、私は昔から読書が好きで、今では五〇〇冊を超える蔵書がございます。必然、壁は本棚と化してしまっており、妻には「断捨離」を勧められますが、精一杯の抵抗を続けてなんとか「微増」を維持しております。他方、妻はしっかり者と言うかなんと言うか――彼女の収集物は「五〇〇円玉」です。「五〇〇円玉」を見つけるやいなやサッとつまみ上げ貯金箱へチャリン。その威力は絶大で、二〇〇〇枚貯まれば一〇〇万円もの大金になります。

渡辺和子氏が遺してくださった箴言《しんげん》

「本」の収集、「五〇〇円玉」の収集のどちらにも共通するのは「豊かさ」に繋がっていることです。本は心を豊かにし、五〇〇円玉が貯まれば旅行などの豊かさを享受できます。他方、私と妻には家にある「あるモノ」を巡る見解の相違もございます。息子が幼かった頃の品々の扱いです。「思い出としてとっておきたい派」の私と未来志向で「断捨離派」の妻。結局は私が窺い知れぬうちになくなってしまっているのですが……モノに対する価値観の相違は、それが収まる器（広い家）あってこそ共存できるんだなぁと自虐する今日この頃です（苦笑）。そんな中、先日、渡辺和子氏の著書を読みながら「ある箴言」と出会いました。「一生の終わりに残るのは自分が集めたものではなく、自分が与えたものです」。深い、深い、言葉ですよね。本から得た知識をいかにして世に還元していくか。貯まった五〇〇円玉でどう世の中に尽くしていくのか。大切なのはそういう事なんですよね。

▼『週刊よしいえ』第250号　2019年10月14日

大型台風が襲来。被災と草の根で向き合う

関東甲信越地方を襲った台風19号により地元選挙区でも甚大な被害が発生しました。相模原市緑区では土砂崩れが発生し民家が倒壊――複数の道路の寸断が現在も続いております。夜を徹しての救助活動もむなしく、尊い命を失ってしまいました。衷心よりご冥福をお祈りすると共に、代議士として一刻も早い復旧を成し遂げるべく全力を尽くすことをお約束いたします。私の古里・長野市でも、千曲川が決壊し、多くの家屋が床上浸水し自衛隊による救助活動が現在も続いております。日付をまたぎ夜を徹して防災活動・救助活動にあたっている消防・自衛隊・警察・行政・業者・自治会の皆様……皆様が頼りでございます。今後も政府としてでき得る全てを行ってまいりますので、どうか引き続きの御尽力をお願い申し上げます。

私の地元に関して言えば、まさに「ダム」に救われた思いでございます。ダム職員の皆様は事前にダムの貯水量を最小限にして大雨に備え、台風の襲来後は相模川の流域水量をつぶさにチェックし、複数のダムと連携しながら「放流」を行い、河川の氾濫を食い止めてくれました。職員の皆様のダムと川を知り尽くした見事な水量調整技術に心より敬意を表させて頂きます。本当に有難うございました。他方「城山ダム」の「放流」を巡っては、為政者から現場を知らぬ無理解なSNS発信もございました。「相模原城山ダム午後一〇時から緊急放流」というニュース報道を受け、ある国会議員がTwitterで「夜の一〇時にダム放流と?!　どうして水害が起こると分かって、溜め込んでおくのか。納得いかないけど、とにかく避難してください」（実際には状況判断で二一時三〇分に放流開始）とアップされたそうです。

為政者に求められる姿勢と覚悟

このツイートに対しては「台風19号に備えて城山ダムはほぼ空にしていたのに、大雨で水の流入が止まらず、これ以上溜めると危険だから放流するんですよ」「城山ダムは当初17時頃に放水と言っていたのを調整によりここまで保たせたんです。ダムはただの水たまりではありません」「この場合の放流ってダムに流れ込んできた水を流す作業であって、ため込んだ水を追加で流すわけじゃないですよ」など議員の見識を問う声が続出し、しばらくしてから議員はツイートを削除されたそうです。危機に際して為政者に求められるのは「不安をあおる」ことではなく、正確な状況を把握（誰より把握できる立場にございます）した上で「適切な判断」を行うことです。新たな「ダム」を「ムダ」だと断じて一時的に人気を博した政党がございましたが、ポピュリズムで防災を論じることは「自然軽視」そのものなのです。今週は台風被害と徹底して向き合います。見守っていてください。

『週刊よしいえ』第２５１号　２０１９年10月21日

発災から一週間。今も深く残る台風の爪痕

地元選挙区に、甚大な被害をもたらした台風19号の襲来から、早や一週間が経ちました。ここ数日は気温も下がっており、一刻も早い復旧を成し遂げねば、二次被害も発生しかねません。政府をあげて「プッシュ型支援」（要請を受けてから支援するのではなく、これまでの経験を踏まえ、先んじて行う支援）を、継続してまいります。どうぞ皆様方のご理解とご協力をお願い申し上げます。

先週のコラムでは「ダム」の効能について書かせて頂きました。ダムは川の水量を必要に応じて調整する「水の銀行」とも言える存在ですが、その建設には立ち退きも含め地元の理解（犠牲）と多額の費用を要します。そのためダムの建設は歴史的に「政争の的」となってきました。田中康夫長野県知事時代の「脱ダム宣言」や「コンクリートから人へ」をスローガンにした民主党の「八ッ場《やんば》ダム建設凍結」（群馬県）は記憶に新しいところです。「八ッ場ダム」は紆余曲折を経て平成27年から工事を着工し、来春からの本格運用を控え「試験湛水《たんすい》」を始めたばかりでしたが、台風19号では絶大なる効果を発揮してくれました。今回の台風により利根川水系では栃木県内七河川九カ所で堤防の決壊が確認されま

したが、八ッ場ダム下流での決壊はありませんでした。いみじくも、当時の民主党が揶揄《やゆ》した「コンクリート」(ダム)が、多くの「人」の「命」と「暮らし」を救った、とも言えます。もちろん前述のようにダムには多額(税金)の費用と地元の方々の犠牲が伴います。だからこそ政治は「目先の一票」のためではなく「後世までの防災」を熟議し、決断しなければならないのです。一つひとつを教訓にいたします。

別の視点からの「有事への備え」

法務副大臣就任以来、多摩少年院、厚木地区更生保護サポートセンター、東京出入国管理局横浜支局、横浜少年鑑別所、横浜刑務所、横浜公安調査事務所、横浜地方検察庁、横浜地方法務局、横浜保護観察所、法テラス神奈川、法務総合研究所、東日本成人矯正医療センター、東日本少年矯正医療・教育センター、東京西少年鑑別所を視察させて頂きました。どこも我が国の治安及び社会基盤を支えている重要な場所ですが、その多くには「施設の老朽化」という問題が横たわっております。例えば学校などは、夏休みの期間を利用して改修を行うことも可能です。しかし刑務所はそうはいきません。三六五日二十四時間、収監されている受刑者がそこにいるのです。必然、改修には多大な時間を要することとなり、改修予算も部分的にしか計上されません。しかし、もし仮に倒壊など重大な被害が発生したら……地域社会はパニックとなります。国民に理解を求めながら着実な対策を進めます。

▼『週刊よしいえ』第２５２号　２０１９年10月28日

即位礼正殿の儀に皆様を代表し参列しました

十月二十二日（火）、天皇陛下からご招待を賜り「法務副大臣」として「即位礼正殿の儀」に参列させて頂く栄に浴しました。皆様すでに御承知のとおり「即位礼正殿の儀」は天皇陛下が即位を国の内外に宣明する古《いにしえ》より続いている宮中儀式で、皇居・宮殿でももっとも格式の高い「松の間」（大臣・副大臣の「認証式」が行われる間でもあります）にて世界一九一の国・地域・機関の賓客が見守る中、荘厳かつ厳粛に執り行われました。その場所に「皆様の代表」として参列させて頂けたことは、私の「生涯の宝」となるでしょう。改めて日頃よりお支え頂いていることに心より感謝申しあげます。「皆様の存在」こそ「我が人生の誇り」です。今週も法務副大臣として、また台風19号被災地を抱える神奈川十六区の代議士として、一つひとつの責任を全うしてまいります。どうぞ、見守っていてください。ところで実際に目の当たりにした「即位礼正殿の儀」は本当に神々しい儀式でした。

当日は夜半から雨が降り続いており、かなり強い風も吹いておりました。私たち副大臣はそれぞれの議員会館から徒歩で首相官邸に集合し、バスに乗り合わせて皇居に向かったのですが、私の事務所がある衆議院第一議員会館からわずか二〇〇メートルほどの距離なのに、仕立てたばかりの燕尾服がずぶ濡れになってしまいました（苦笑い）。皇居に内参したのは午前十一時。天皇陛下が「高御座《たかみくら》」にお出ましになるのが午後一時――私は「松の間」に向かって西側にある副大臣席の最前列でずっと中庭を眺めておりましたが、荒天は時間の経過と共に激しさを増し、暴風雨にあおられて中庭に掲げられた旗が飛ばされる程でした。

私たちは奇跡の証人となりました

午後零時三十分頃までには賓客の方々も各自の御座席に着座されましたが、どなたも心配そうな面持ちでございました。そして午後〇時四十分過ぎ、まずは秋篠宮様が回廊にお出ましになり、静かに「松の間」にお入りになられ、皇族の皆様がそれに続きました。その時点でも、外では相変わらず暴風雨が吹き荒れておりました。そして……午後一時過ぎ、合図と共に「高御座」の御帳《みちょう》がそっと開けられ、ついに天皇・皇后両陛下が御出ましになられました。引き続いて天皇陛下は荘厳な空気の中、柔和な表情と力強いお声で内外に即位を宣明されました。すると、その瞬間――私たちは「奇跡の証人」となったのです。なんと吹き荒れていた風が雨雲を彼方に誘っていき、雲の隙間から光が降り注ぎ、皇居上空に大きな虹が現れたのです。本当に、本当に驚嘆しました。まさに「令和神話」とも言える「奇跡」を私たちはこの目で目撃したのです。（つづく）

▼『週刊よしいえ』第２５３号　２０１９年11月４日

「令和の神話」が「和の国の使命」を暗示

先週のコラムで「即位礼正殿の儀」で「高御座」の御帳が開けられ天皇陛下がお目見えになった時、ずっと降り続いていた雨があがり、雲の隙間から光が差し込み、虹が皇居をまたいでかかるという奇跡的な慶事をお伝えさせて頂きました。神秘的な光景を目の当たりにし、参列者一同で息をのんだのが昨日のことのように思い出されます。その「神秘」は今、ネットを中心に過去の「神話」と重ねられ、大きな話題になっております。皆様も、歴代天皇陛下が継承されてきた「三種の神器」については御存知だと思います。「鏡」（八咫鏡・やたのかがみ）・「勾玉」（八尺瓊勾玉・やさかにのまがたま）・「剣」（天叢雲剣・あまのむらくものつるぎ）の三つで「三種の神器」と呼ばれております。今回の神秘的な出来事を受けて驚嘆の声が上がっているのは、「三種の神器」の一つ、「剣」（天叢雲剣・あまのむらくものつるぎ）と、皇室の「祖神」として「伊勢神宮（内宮）」に祭られている太陽神「天照大御神《あまてらすおおみかみ》」の存在についてです。神器である「剣」は「スサノオノミコト」（神様）が「ヤマタノオロチ」（八岐大蛇）を退治した時に、大蛇の体内（尾）から見つかった神剣とされており、「日本書紀」でも「ヤマタノオロチの頭上には、いつも雨雲がかかっていたことから名付けられた」と記されており、雨雲を発生させる剣とも言われております。「高御座」には、「三種の神器」のうちの「剣」と「勾玉」、天皇印の「御璽（ぎょじ）」と、国印の「国璽《こくじ》」が並べられるのですが、当日の暴風雨は、「剣」（天叢雲剣）が降らせたもの、と大きな話題となっているのです。

「ヤマタノオロチ」と「天照大御神」

確かに我が国を取り巻く内外の諸情勢には憂慮すべき問題が八岐大蛇《やまたのおろち》のごとく横たわっております。日韓の対立、米中の対立、揺れ動くEU並びに中東情勢、国内でも児童虐待や教師イジメなど「人づくり」という国の根幹が大きく揺らいでおります。儀が始まる間際まで続いた雨は、それらを「暗示」するものだったのではないかと言うのです。しかし、世界一九一の国・地域・機関の代表者が見守る中、高御座に太陽神「天照大御神」の子孫とされる「天皇陛下」が御出ましになった途端、雲が切れ、雨が上がり、陽光が射し、さらに虹が現れた――その「奇跡」こそ、和の国・日本こそが世界の真ん中でそれらを解決せよという「天命」に他ならない、と話題になっているのです。まさに「令和の神話」でございます。いずれにしろ、国際社会で日本は極めて重要な国です。今週も「和の国の代議士」として日々、精進を重ねます。

被災者の皆様の心に寄り添う

甚大《じんだい》な被害をもたらした台風19号の襲来から三週間が経過致しました。私の地元選挙区である相模原市緑区では今も行方不明となっている二名の捜索と土砂崩れへの対応が続いております。被災直後から「代議士としてできることの全てをやる」との決意で動いてまいりましたが、十月二十九日、この度の台風被害を「激甚災害指定《げきじん》」にさせて頂きました。これにより農地や水路等の復旧に対する国の補助率はおおむね九割、公共土木への補助率はおおむね8割にかさ上げされます。また東京五輪のロードレースの会場となる国道413号も同日、国が復旧を代行することを決定させて頂きました。いまだ避難を余儀なくされている皆様と寄り添いながら、今後も国・県・市・地元が「ワンチーム」となって対応にあたります。被災した皆様、私の心は常に皆様と一緒にあります。

『週刊よしいえ』第254号　2019年11月11日

今週を「神奈川十六区週間」といたします

毎週コラムを読んで頂いている皆様はお察しになられていると思いますが、私には昔から「数字の配列」や「語呂合わせ」に「思い」や「意味」を重ねたり、見出したりする傾向がございます。本日は令和元年十一月十一日(月)。一(元年)が五つと、さらに週のスタート月曜日(一)が重なる「特別な日」(一が六つ重なる日)。私の地元選挙区は神奈川16区。単なる数字の巡り合わせ、と流すことなく、今週は「神奈川十六区週間」と位置付け、義家事務所の総力でこれまで以上にきめ細やかに地元と向き合う一週間にしようと心静かに誓いを立てております。皆様、どうぞ今週も見守っていてください。

ところで先日「調停制度」を学びに来られた国会議員2名を含むミャンマーの研修団を法務省にお迎えして会談させて頂きました。案外、知られていないことですが法務省は開発途上国に対しての「法制度の支援」を行っており、例えばベトナムやカンボジアの「民法」も日本の協力によって成立したものです。「法の支配」は「社会秩序」の基盤です。「ルール」や「価値観」を「法」として共有する国を増やしていくことは、地域の平和と安定の

「礎《いしづえ》」となります。ＯＤＡ（政府開発援助）も大事ですが、途上国への「法制度支援」「教育制度支援」「人材育成支援」は、まさに「瑞穂の国の国際支援」といえます。実際、ミャンマーの研修団からも心からの謝意が表されましたが、法務副大臣として大変、誇らしい気持ちになりました。ミャンマーは今、急速に「民主化」を進めております。自由・平等・民主主義・法の支配・基本的人権の尊重といった「基本的価値の確立」への貢献を、今後も責任を持って後押ししてまいります。

「瑞穂の国の国際支援」への誇り

「瑞穂の国の国際支援」は実は世界のいたる所で行われております。実際に訪問した国の例を挙げれば、ケニアでは「研究・医療人材の育成支援」が行われておりますし、エジプトやカンボジアでは「文化財修復人材の育成」が長期に渡って行われております。言い過ぎかも知れませんが、日本は「ピラミッド」や「アンコールワット遺跡」の「守護神」とも言えます。「自国の文化は最終的には自国民が守ってゆかなければなりません。ですから我々は『修復をしてあげる』というスタンスではなく、現地の人々と一緒に作業をしながら『人材育成』をしているんだ、と心がけながら修復しています」。印象深かった日本人研究者の言葉です。ベトナムでは、既に日本の「高等専門学校」をモデルとした「コウセン」が始まっていますし、カンボジアでは日本の「学習指導要領」が導入されております。お金には換算できない「和の貢献」。私はそんな我が国を誇りに思っております。

▼『週刊よしいえ』第２５５号　２０１９年11月18日

悠久の歴史と触れた夜。皆様と共に、祈る

「即位礼正殿の儀」への参列に続いて、十一月十四日夕刻から翌十五日の早朝三時十五分まで夜を徹して行われた「大嘗宮《だいじょうきゅう》の儀」、並びに十一月十六日昼十二時より宮中で開催された「大饗《だいきょう》の儀」に法務副大臣として臨席する栄に浴しました。皇居では毎年十一月、国民の安寧《あんねい》と五穀豊穣《ごこくほうじょう》を願う「新嘗祭《にいなめさい》」という宮中祭祀《きゅうちゅうさいし》が行われておりますが、天皇陛下が即位後初めて行う「新嘗祭」は、「大嘗祭《だいじょうさい》」と呼ばれ、天皇の一世に一度の重要な儀式として伝承されてきました。「大嘗祭」は、この日のために皇居・東御苑内に特別に設営された「大嘗宮《だいじょうきゅう》」というお宮《みや》で執り行われましたが、これまで経験したことのない静謐《せいひつ》の中、夜を徹して雅《みやび》やかで荘厳《そうごん》かつ神秘的な祭祀《さいし》が続きました。七世紀後半の「天武天皇」以来、連綿と守られてきた祭祀に臨席させて頂けたことは、私の生涯の宝となるでしょう。あの時、この栄は「私個人」が浴したものではなく「私たちが浴した栄」である——その

ことを改めて深く心に刻ませて頂きました。皆様のお支えがなければ私など何も成せない若造です。日頃より陰に陽に皆様からお力添えを賜ることで初めて、日々の政治活動が続けられているのです。これまで拝命してきた要職も「皆様の名の下に拝命した」――常にそう自覚しながら政務に精励してきました。もちろんこれからも、です。だからこそ皆様に恥じることは決してできないのです。

私が私であるために。至誠通天

振り返れば、平成が始まった一九八九年冬――私はそれまでの人生で最も大きな挫折を経験し、文字どおり暗闇の中をさまよっておりました。そして何もなかった当時の私には「自分を律する」こと以外に努力できることもありませんでした。「誰かのために」まして「国や世界のために」日々努力を重ねるなんてことは夢のまた、夢だったのです。しかし新たな時代が幕を開けた今、日々、与党代議士として国政の中心で汗をかかせて頂き、地元の災害被害からの復旧という重大な案件も一手に担わせて頂き、さらに法務副大臣という社会秩序の根幹を守護する重責まで付与して頂いております。もし「一九八九年冬の私」と「今の私」が会えたなら「少年よしいえ」は感涙にむせぶことでしょう。キャリアを重ねるにつれふんぞり返ってくる人は沢山います。しかし私は絶対そうはなりません。皆様が居《い》てくださるからこそ「私」があります。私が私であるために、今週も至誠を貫きます。

『週刊よしいえ』第256号　2019年11月25日

国会は政党のものではなく国民のものです

今週で十一月も終わり、令和元年も一カ月余を残すのみとなりました。全国各地から日々冬の便りが届いておりますが、寒暖の差が激しい季節。皆様、体調にはくれぐれもご留意ください。今週も誠実な歩みを重ねます。

さて、第二〇〇回・国会も会期の延長がなければ残り二週間となりました（十二月九日閉幕）が、残念ながら今国会「も」これまでの国会と同様、野党の皆さんは徹底して「政局至上主義」の姿勢を貫かれており、内外の諸課題に対する「本質的議論」がしっかりと行われている、とは到底言い難い状況です（幸い、法務委員会は真摯な議論が行われております）。もちろん野党の皆さんに追及されている事柄について、説明責任を果たすのは当然のことです。しかし、それのみをもって「その他の重要課題（法案）の審議」を止める（しなくともよい）という姿勢はいかがなものか、と私は思います。例えば「国民投票法改正案」については、この二年間、四国会に渡って議論らしい議論は皆無でした。もちろん各党の「憲法」に対するスタンスが異なることは十分理解しておりますが「国民投票法」は政党のイデオロギーに類するものではなく、憲法改正の是非を国民が直接投票によって判断する――その手続きを定めた法律です。改正案は「改正・公職選挙法」（二〇一六年）にならって、駅や商業施設など利便性の高い場所に「共通投票所」を設置できるようにすることや、長期間を洋上で過ごす船舶乗組員の「洋上投票」の対象を水産高校の実習生にも拡大する等の改正が盛り込まれております。国民主権の国家において、「政党の主義主張」より「国民の権利」が優先されるべきなのは「自明の理」だと私は思います。

堂々巡りの水掛け論に終止符を

野党の皆さんは、しきりに「国民投票法改正案」の議論より、資金力によって差が生じる懸念がある「テレビ広告（ＣＭ）」の規制を優先させるべきだと主張されておりますが、資金云々《うんぬん》よりも「国民の権利」が優先されるのは当然ですし、そもそも「国民投票法改正案」は当時、与野党が一致して取りまとめ、国会に提出したものです。また放送事業者は「表現の自由を法令によって規制することは望ましくない」という立場を取っておりますし、仮に野党の主張どおりにテレビＣＭが規制されたとして、広告収入がテレビを上回って久しいネット広告についてはどうするのでしょう。もっといえば世界と繋がっているインターネットに国内法で規制を加えることは現実的なのでしょうか。いずれにしても「憲法審議会を動かしたくない」という理由（そうとしか思えない）の水掛け論はもう終わりにすべきです。政党のためではなく、国民のために国会はあるのですから。

「日本再生を語る会」を開催

11月20日（水）、東京プリンスホテルにて「義家ひろゆきと日本再生を語る会」を開催させて頂きました。本年は日頃よりご指導を賜っている世界的アクションスター、千葉真一さんをスペシャルゲストとしてお迎えし、満場の皆様と親しく懇談させて頂きました。地元からも後援会役員の皆様を始め、多くの皆様の御来場を賜りました。私は「叩き上げ」の政治家ゆえ、篤志家《とくしか》の皆様方の物心両面でのお支えがなければ、政治活動を続けることもままなりません。義家事務所一同、この度のパーティーでご厚情を賜った皆様に心より感謝すると共に、皆様方の御期待に恥じることのなきよう、これからも怠ることなく精進を重ね、地元、そして我が国の平和と発展のために尽力していくことを改めて御誓い申し上げます。皆様方のお蔭で、今があります。皆様方のお支えのお蔭で仕事ができるのです。今週もそのことを片時も忘れず、日々を誠実に重ねてまいります。

一隅《いちぐう》を照らす——令和元年末

『週刊よしいえ』第257号　2019年12月2日

平和は「あるもの」ではなく「守るもの」

早いもので、昨日から師走《しわす》を迎えました。令和元年も残すところ一カ月。法務副大臣としての国会対応のみならず、代議士として地元施策の推進に向けた令和元年度補正予算、令和2年度当初予算の編成、予算の裏付けとなる税制、さらには数多お誘いを頂いている忘年会への出席など、今年も多忙な師走となります。体調には十分に気を配りながら、最後まで力の限りを尽くします。皆様、どうぞ今週も見守っていてください。

先週のコラムでは「国民投票法改正案」が国会で置き去りにされているという由々しき事態について自論を披瀝《ひれき》させて頂きましたが、今週は「国民投票」が行われる前提であり、衆参両院で三分の二以上の議員の賛成で「発議」される「憲法改正」について、私の考えをお伝えさせて頂きたく存じます。「憲法改正」の議論をする際には、昔も今も「自衛隊」の存在がまっさきに論点となります。安倍晋三自由民主党総裁は折に触れて「多くの憲法学者は今も、自衛隊の存在は戦力不保持を規定する憲法第九条に違反している、という学説を支持しており、実際、子どもたちの教科書には、この学説が明記されている」と憂慮を示し、「憲法第九条」はそのまま残した上で「自衛隊」を「憲法」に「明記」し「違憲論争に終止符を打つ」と宣言されております。「世論」も「平成」を通じて頻発した大規模自然災害や、他国からの領海・領空侵犯事案を受け、人命救助や復旧・復興に尽力し、さらに国防の最前線で日夜ひたむきな汗を重ねている「自衛隊」の存在を支持する声が大多数となっております。台風19号で被災した私の地元でも自衛隊は警察・消防と連携し、大きな力になってくれました。

今こそ、自衛隊の献身に誠実を

私も自衛隊の「違憲論争に終止符を打つべき」と強く思っております。一方野党は「すでに自衛隊は、多くの国民から支持されており、憲法に明記しても、しなくても同じだ」とうそぶきます。本当にそうでしょうか。皆様は、茨城県に所在する航空自衛隊百里基地の敷地脇に「自衛隊は憲法違反」と書かれた大きな看板が立っているのを御存じでしょうか？　百里基地は「自衛隊は憲法第9条に違反する」という訴訟の舞台となった基地です。最高裁が、住民側の上告を棄却してから三十年が経ちますが「違憲」という看板は今もそのままです。百里基地に属する隊員は三六五日二十四時間、他国からの領空侵犯への対応を重ね、台風19号被害でも被災地・被災者の支援に尽力してくれました。隊員たちの目に基地脇にある巨大看板はどう映っているでしょう。想像しただけで胸が痛みます。違憲論争に終止符を打つ。それは、今を生きる私たちの隊員に対する「誠実」ではないでしょうか。

▼『週刊よしいえ』第２５８号　２０１９年12月9日

法務省史上はじめての試みを実践しました

十一月二十五日（月）、八王子にある多摩少年院の体育館で約一〇〇名の入院している少年達に講演を行いました。認証官・法務副大臣による院生に対する講演は、明治以来続いている長い法務行政の中で「史上初」の試み。少年時代に大きな挫折を経験した者だからこそ、教師として多くの傷つき迷う青少年と向き合い続けてきた者だからこそ、上から目線の「訓示」ではなく彼らの「こころ」とまっすぐ向き合いながら「おもい」を届けたい、ただ、その一念で、自分自身の「これまで」や、人生の転機となった「出会い」、そして「やりなおす」ために「必要なこと」を心からの期待を込めて話しました。

——皆さんは今、大きな荷物を背負っています。きっと、それぞれ、深く後悔し、反省もしていることでしょう。でも、そうであっても、その荷物が何もなかったかのように消えてなくなることはありません。皆さんはそれをずっと背負って生きていかなければならないのです。そんな皆さんがこれからなすべきは、その荷物を背負ってもなお、夢に向かって歩んでいける自分へと『成長』することです。皆さんの更生は多摩少年院の先生方の夢であり、法務省の夢であり、私の夢でもあります。夢は逃げていきません。逃げていくのは自分なのです。まずはずるくても、弱くても、情けなくてもいい、等身大の自分と向き合い、認めてあげて欲しい。その先に『新たな一歩』を踏み出す『未来』は必ず待っています——。

少年たちは私をまっすぐ見つめながら耳を傾けてくれました。「出会い」によって「生かされてきた私」、そして今も「生かされている私」の話が、彼らの更生の「小さなきっかけ」になれたなら、これ以上の幸せはありません。

少年社会の深部に潜む闇を直視

講演をさせて頂いた「多摩少年院」は大正十二年一月に発足した日本で最も長い歴史を持つ矯正院（少年院）ですが、入院している少年達は、まさに「時代、時代の青少年問題」を映す「鏡」です。一昔前は粗暴行為による入院者が大半でしたが、ここ数年は特殊詐欺や薬物乱用により入所してくる少年が急増しております。振り込み詐欺の末端で、現金の受け取り仲介をする「受け子」や、指示に従ってＡＴＭから現金を引き出すだけの「出し子」により罪に問われた少年達は、被害者との直接的な接点がないだけに罪の意識が薄弱で、粗暴行為者と違い、更生により多くの対話を要するとおっしゃっておりました。確かに近年、家庭裁判所に送致される触法少年の数は減っています。しかし薬物を含め摘発が容易ではない事案はむしろ増えているのが現状です。数ではなく、実体と向き合う。現場主義の大切さを痛感致しました。

▼『週刊よしいえ』第２５９号　２０１９年12月16日

令和元年もあと半月。勝負の週に臨みます

第二〇〇回・国会が閉幕して早一週間が経ちますが、「令和元年度補正予算」「令和二年度当初予算」ならびに予算の裏付けとなる「税制改正」は今週が正念場。台風被害の被災

地を抱え、地元施策の進捗を担っている与党代議士として「勝負の週」です。また法務副大臣としても、来年の東京オリ・パラに向けて「出入国管理の強化」や「テロ対策」など治安の根幹に関わる施策を進めるための予算も十二分に確保しなければなりません。冷え込みの厳しい今日この頃でございますが、今週も覚悟と自覚と情熱を持って、日々の職務に精励いたします。

ところで先日、「中央調査社」（東京都中央区）が実施した「国民に信頼されるように努力して欲しい機関・団体」を3つあげてもらうというアンケートの結果（無作為に選んだ全国の成人男女一二〇四人に実施した『面接』調査）が発表されましたが、大変、残念なことに、首位は「国会議員」でございました。二位には「官僚」がランクインしましたが、「国会議員」との差は実に50ポイント以上……まさに「国会議員」は断トツで国民から「負」の眼差しを向けられている存在であるということです。この調査結果が国会で話題になった際、ある同僚議員は「『働き方改革』が叫ばれる中、我々は不眠不休で国や地元のために働いているのに……国民は分かってくれていない」とおっしゃっておりましたが、私は一部は同感しつつも「この結果」を謙虚かつ真剣に受け止める必要がある、と深く感じ入っております。国の予算を審議する「予算委員会」で「予算」の話をそっちのけにして「政局」に明け暮れる国会議員たちを、国民は果たして「信頼」するでしょうか。答えは明白、否、でしょう。

「負」を「正」に、そして「信」に

「桜を見る会」の参加者名簿を巡って野党議員がテレビカメラを引き連れて内閣府に乗り込み「シュレッター」を視察することが、果たして国民からの「信頼」に資する行動でしょうか。また、国民から疑念を持たれた国会議員が十分、説明責任を果たしている、と言えるでしょうか。そもそも国民を「信頼」しない政治家を、国民が「信頼」するでしょうか。「信なくば、立たず」という民主主義の原点を、我々はいま一度、胸に深く刻むべきだと思います。もちろん政治家は、すぐに国民の理解を得ることが難しい政策であっても「国益を守る」ために必要とあらば敢然と決断することも求められます。しかし、そうであるからこそ「平素よりの所作」が大切だと思うのです。日本の古くからの格言にもあるように「お天道様《てんとう》は、見ている」のです。信頼は「ある」ものではなく「育まれる」ものです。年末年始に向け、今週も地に足をつけながら「正道」を歩みます。

皆様方の優しさに、心より感謝

去る十二月十日（火）心より敬愛していた義父（妻の父）が病との壮絶な戦いの末、生涯の幕を降ろされました。享年六十六歳――家族・親族にとってあまりにも早すぎる惜別でした。悲しみに暮れながら妻の生家のある埼玉県さいたま市の斎場にて十三日の夜に通夜を十四日午前から告別式を行いましたが、その際には地元の首長・県議・市町村議の皆様がこぞって弔意を届けてくださいました。坂本連合会長をはじめとする後援会代表の皆様は、地元から遠く離れた大宮の斎場まで足を運んでくださり、私たち夫婦のみならず家族にも励ましの言葉をかけてくださいました。安倍総理をはじめとする大臣各位、そして企業の皆様からも献花と弔電を賜りました。皆様から優しいお心遣いを賜り、本当に有難うございました。感謝に堪えません。義父、そして弔意をお寄せくださった皆様方に恥じぬよう、今後、家族一同で力を合わせ亡き義父の意志を継いでまいります。合掌。

▼『週刊よしいえ』第260号　2019年12月23日

常に貫く現場主義。事件は現場で起きている

いよいよ年の瀬が目前に迫ってまいりました。皆様方も何かと慌ただしい時を過ごされておられることと存じますが、例年より早くインフルエンザの流行が始まっております。令和元年から二年へと変わる節目の年末年始を素晴らしいひと時とするためにも、うがいや

手洗いをこまめに行うなど、感染予防対策を十分にしてください。

法務副大臣を拝命した九月、私は皆様に「現場主義を貫く」と、抱負を述べさせていただきましたが、これまでと同様、師走も足しげく現場に足を運ばせて頂いております。先般も月形刑務所（北海道樺戸郡月形町）と長野刑務所（長野県須坂市）を立て続けに視察させて頂きました。月形刑務所はＢ級（再犯者および暴力団員の短期処遇を目的とする刑務所）に分類される刑務所ですが、現在は「薬物」が服役事由の約半数を占めており、従来の特別改善指導に加え、医療的なアプローチが必須となっている実情を肌で感じさせて頂きました。長野刑務所はＡ級（執行刑期が十年未満で犯罪傾向が進んでいない者【Ａ指標受刑者】、および執行刑期が十年以上で犯罪傾向が進んでいない者【ＬＡ指標受刑者】）に分類されている刑務所ですが、近年は「高齢受刑者」が増えており、認知症の受刑者等に対応するために介護専門スタッフが配置され、養護工場では転んだ際の怪我防止のため厚手のカーペットが敷かれ、洗い場にも手すりを付けるなどの対応が行われておりました。これら手厚い対応への賛否はともかくとして、現場の職員は日々大変です。同じ「刑務所」でも分類によって課題が大きく異なるため、一律の「定数配置」ではなく、課題に対応した「適正配置」が求められていることを痛感しました。

日夜、奮闘している職員と共に

また秋の台風19号で浸水被害を受けながら地域の皆様への対応を遅滞なく続けてこられた長野地方法務局・飯山支局にも足を運ばせて頂き、職員を激励させて頂きました。被災からの復旧・復興には自分たち（法務局）の存在が不可欠、という職員の気概に胸を熱くしました。本当に有難うございます。さらに、八王子の多摩少年院に続き、北海道千歳市に所在する北海少年院と隣接している紫明女子学院に入院している少年少女たちに講話もさせて頂きました。多摩少年院に続き認証官（法務副大臣）による講話は法務省史上二例目となりましたが、男子・女子少年院合同での講話は「史上初」のことです。地理的な優位性はございましたが、合同受講は異例中の異例。英断してくださった北海少年院、紫明女子学院に心より感謝いたします。彼らの「更生」への小さなきっかけになれたら……それだけが本望です。今後も「机上」ではなく「現場」に立脚しながら職務に精励いたします。

▼『週刊よしいえ』第261号　2019年12月30日

皆様のお蔭で人生史に残る一年となりました

一週の休刊もなく発行してきた『週刊よしいえ』も、今号が「令和元年・最終号」です。今年も毎週、毎週、通信をお読みくださっている皆様の姿を思い浮かべながら、一字一句、丁寧に思いを綴《つづ》らせて頂きました。――「国会議員の活動は、選挙の前だけしか見えない」「直面する課題に対して、それぞれの国会議員はどのように考えているのか」「国会議員が日々どのような活動をしているのかよく分からない」――皆様同様、私も当職を拝命するまで、ずっとそう感じておりました。そこで五年前の十二月、一念発起『週刊よしいえ』の発刊を皆様に宣言し、以来五年間休むことなく発行し、今号で２６１号となりました。皆様の存在があってこその継続です。新時代最初の歳末、改めて毎週お読みくださっている皆様に心より感謝を申し上げます。本当に有難うございます。

さて今年の年頭に皆様に送らせて頂いたお手紙でも、また新年最初の『週刊よしいえ』でも、「私はこれまで年男の年に、人生における重大な転機を経験してきました。人生五度目の年男となる本年（0歳・12歳・24歳・36歳・48歳）も、私の人生史に残る一年になると確信しています」と綴らせて頂きましたが、今、心静かに一年を振り返りながら「まさにその通りの年だったなあ」としみじみ感じております。今年は統一地方選挙と参議院選挙が重なる十二年に一度の「亥年選挙の年」でしたが、地元ではこれにプラスして、厚木市長選、厚木市議選、愛川町議選がございました。「選挙」は「民主主義」の「根幹」です。

国政初当選を果たした十二年前とは比較にならないほど、重層的かつ濃密な「草の根選挙（草の根民主主義）」を経験させて頂きました。

次の12年は、恩返しの十二年に

選挙がひと段落した九月十三日には法務副大臣を拝命し、法と社会秩序、社会正義を所掌する法務省のナンバー2として、少年院における講演（多摩少年院・北海少年院・紫明女子学院）など「法務省の歴史」に残る仕事を重ねさせて頂きました。また新天皇陛下が内外に即位を宣明される「即位礼正殿の儀」に参列する栄に浴し、さらに十一月には皇居に特設された「大嘗宮《だいじょうきゅう》」で夜を徹して営まれた「大嘗宮の儀」（一世一代の新嘗祭）にも参列させて頂きました。明後日から始まる令和二年の元旦（一月一日）には「新年祝賀の儀」への御招待を賜り、皆様を代表して、妻と二人で出席させて頂きます。令和元年は私にとっては「民主主義の根幹」と「我が国の歴史」に浸らせて頂いた幸せな一年でした。すべて皆様のお蔭でございます。万感の思いを胸に、年末年始も草の根で地元を歩きます。皆様、どうぞ、よいお年をお迎えくださ い。

義家ひろゆき 拝

政変のジンクス――令和２年新春

▼『週刊よしいえ』第２６２号　２０２０年１月６日

歴史に学び、だからこそ政局ではなく政策

新年、明けましておめでとうございます。いよいよ東京オリンピック・パラリンピック競技大会（二〇二一年夏に延期）が開催される歴史的な年・二〇二〇年がスタートしましたが、地元代議士としての最優先課題は、昨年秋の台風19号による被害からの一刻も早い復旧・復興です。本年も「現場主義」を貫きながら、さらに地に足をつけた活動を重ねてまいります。皆様、本年もどうぞ見守っていてください。

さて、今年の干支《えと》は「子《ね》」です。古くから「子年」は、ネズミが「子だくさん」であることから「繁栄」を象徴する干支とされております。一番目の干支ですし、自然と前向きな気持ちになるのは私だけではないでしょう。しかし先日、ある政治学者から「子年」に

まつわる「不穏当」な御高説を賜り、出鼻を挫かれる思いとなりました。「今年は一寸先は闇の年となる可能性が大です。実は戦後六回あった子年を振り返ると必ず『内閣交代』か『政変』が起こっているんです。今年は何が起こっても不思議じゃありませんよ」と解説されました。二〇〇八年子年——福田康夫内閣から麻生太郎内閣へ。一九九六年子年——村山富市内閣から橋本龍太郎内閣へ。一九八四年子年——中曽根康弘首相に批判的な有力議員が二階堂擁立構想（政変）。一九七二年子年——佐藤栄作内閣が七年八カ月の任期を終え田中角栄内閣へ。一九六〇年子年——岸信介内閣から池田勇人内閣へ。一九四八年子年——片山哲内閣から芦田均内閣へ、さらに「昭和電工事件」を経て第二次・吉田茂内閣へ。そう、戦後の政治史を紐《ひも》解いてみると、確かに我が国では、干支が「子」の年に、必ず重大な「政治の転機（政変）」が繰り返されてきたのです。

求められているのは安定した足腰

その学者はさらに続けました。「日本で五輪が開催された年も必ず内閣交代があったのです」。我が国では一九六四年の「東京大会」、一九七二年の「札幌大会」、一九九八年の「長野大会」と三度、五輪が開催されてきましたが、政治史を紐解けば確かにそうでした。1964年は池田勇人首相が五輪閉幕の翌日に辞意表明し、佐藤栄作氏が後継の首相に就任しています。一九七二年は札幌五輪開催後の六月に佐藤首相が退陣を表明し七月に田中角栄氏が後継の首相に就任しております。一九九八年は、長野五輪後の七月に行われた参議院議員選挙に敗北した橋本龍太郎首相が引責辞任し、小渕恵三氏が後継の首相に就任されました。しかし、組織内における権力闘争が激しかった当時の自民党と、二度に渡る下野を経験し国民政党として生まれ変わった現在の自民党では状況は全く異なります。内外の情勢が激動している今、求められるのは「政変」ではなく「安定した足腰」なのです。

「子」は間違いなく快挙の干支《えと》

「歴史は繰り返す」という諺《ことわざ》もありますが、他方、時代は日々「進歩」しているのです。歴代の「子年」を「進歩」の観点から紐解いてみると、一九四八年・子年は警察・消防・海保など社会秩序の根幹が整備されました。一九六〇年・子年は、欧州の植民地からアフリカ諸国が相次いで独立した年（アフリカの年）ですし、日本ではカラーテレビの本格放送がスタートしております。一九七二年・子年は沖縄がアメリカから返還され、カシオが世界初のパーソナル電卓を発売しました。一九八四年・子年は、アップルからマッキントッシュが発表されました。一九九六年・子年は国連で包括的核実験禁止条約（ＣＴＢＴ）が採択され、広島の原爆ドームが世界遺産に登録されました。二〇〇八年・子年は小林誠・

益川敏英・南部陽一郎の三氏がノーベル物理学賞を受賞しています。そう「子」は「快挙の干支」なのです。憂うことなく、臆することなく、ワンチームで国家に尽くす一年にしてまいります。

カルロス・ゴーン被告の禁出国事案を受けて

▼『週刊よしいえ』第263号　2020年1月13日

令和元年の暮れも押し迫っていた大晦日「出入国在留管理庁」を所管する法務副大臣を努めている私の元に、「保釈」（被告人側からの請求に基づき、裁判所が勾留されている被告人の「住居の限定」や「保釈金の納付」などを条件に身柄の拘束を解除する制度）中だった「カルロス・ゴーン被告（日産元会長）が国外に逃亡した」という衝撃的な一報が飛び込んできました。長年にわたり日本を代表する企業のトップを務めてきた被告人（金融取引法違反・会社法違反）の「スパイ映画」さながらの逃亡劇――副大臣として守秘義務があるため逃走事案の詳細は申し述べることができませんが、周到に準備された組織的かつ悪質な逃走であることは間違いございません。事案の把握を受けて、政府としては直後の一月二日、警察庁経由でＩＣＰＯ（国際刑事警察機構）に「赤手配書」（被手配者の身柄拘束と引き渡しを求める手配書）の発行を申請し、同3日に発行され、国際手配がなされましたが、被告人の引き渡しの可否は相手国（レバノン）に委ねられており、今も硬直状態が続いております。法治国家・日本の司法が今、揺らいでおります。

裁判所は近年、積極的に「保釈」を認める傾向にあります。一審判決が出る前に裁判所が「保釈」を認めた割合は二〇〇八年の「一四％」から、二〇一八年には「三三％」に激増しております。また「保釈中」の被告人が「別の事件」により検察から「起訴」された件数も、二〇〇八年と二〇一八年で比較すると三倍以上（八〇件から二五八件）となっています。つまり、被告に余罪があるにもかかわらず「保釈」されているケースが増えているのです。「被害者」はこの実態に、何を思うでしょう。

保釈中の逃走は想定されていない

昨年六月、私の地元で「実刑判決」が確定している中で「保釈中」を許されていた男が、収容のため訪れた横浜地裁の検察事務官に包丁を振り回した末、車で逃走するという由々しき事案が発生しました。その際、身柄を確保するための捜査は「逃走」ではなく「公務執行妨害」の罪状で行われました。実は「刑法」に定められる「逃走罪」は「留置施設で身柄を拘束されている者の逃走」（一年以下の懲役）が対象であり、現行法上「保釈中の逃走」を罪に問うことはできません。保釈中の被告人が逃げることは、そもそも想定されていないのです。また「刑事訴訟法」でも「裁判所」から呼び出しを受けたにもかかわらず「出廷」しなかった場合には「罰則」（一年以下の懲役等）が設けられておりますが、「保釈中の被告」が呼び出しに応じない場合にそれが適用されることはありません。呼び出しに応じない可能性のある被告を裁判所が「保釈」する事はないという前提からです。

問題を分析し、網の目を塞《ふさ》ぐ

日本の司法制度ではカルロス・ゴーン被告の国外逃走は「逃走罪」は適用されず、「出入国管理及び難民認定法」の第二十五条「出国しようとする外国人は手続きにより入国審査官から出国の確認を受けなければならない」（ゴーン被告は出国確認手続きをしておりません）違反による罪にしか問えないのです。さらに、そもそもゴーン被告が現在滞在している「レバノン」と我が国との間では「犯罪人引き渡し条約」がございません。実際、元日本赤軍（過激派）のメンバーは今もレバノンに滞在しながら罪から逃れ続けております。極めて狡猾《こうかつ》な逃走だったのです。今後も「裁判所」が「保釈を積極的に認める」という近年の姿勢を変えないのであれば、刑法の「逃走罪」を「保釈中の被告にも適用する」などの法改正や、他国で採用されているＧＰＳの装着を保釈条件に加えるなどの改善が必要になってくるでしょう。問題点を洗い出し、副大臣として責任を果たします。

▼『週刊よしいえ』第264号　2020年1月20日

第二〇一回・通常国会が開幕いたします

本日（令和二年一月二十日・月）、第二〇一回・通常国会が招集されます。まずは、速やかに本会議・予算委員会を開催し、台風19号など昨年も相次いだ自然災害への復旧・復興と消費税増税や、米中の貿易摩擦等の影響による下振れリスクに対応するために編成した令和元年度・補正予算を成立させる必要がございます。この補正予算は民間支出を含む「事業規模約二六兆円」（国の財政支出は一三・二兆円）という、過去に例のない規模の「大規模補正予算」で、成立後に国会にはかられる令和二年・当初予算と合わせると「十五カ月予算」となります。東京オリンピック・パラリンピック後も見据えながら、来年の三月（令和三年三月）まで切れ目のない経済対策を継続的に行ってまいります。これによって実質国内総生産（GDP）を、一・四％押し上げることを見込んでおります。まだ道半ばとはいえ、これまで七年以上に渡り一貫して押し進めてきた経済政策「アベノミクス」によって、企業業績が大幅に改善し、それによって税収が大きく増えたからこそ編成できた予算。「成長の果実」（令和の風）を「被災地」はもとより「全国津々浦々」にお届けする。地元に被災地を抱える代議士として、政府与党の一員として使命感と緊張感を持って日々の国会に臨んでまいります。皆様、どうぞ見守っていてください。同時に、今国会は「法務副大臣」として「正念場」となる国会でもございます。昨年末に国外に逃走したカルロス・ゴーン被告の「禁出国問題」は、法務省が所管する「出入国在留管理」の在り方に直結する問題です。オリンピックでも、多くのプライベートジェットが日本にやってきます。体制の抜本強化は必須です。

責任を自覚し、真摯に、丁寧に

関係省庁ならびに関係各国と連携を密にしながらテロ等に対しても万全の備えを講じる必要がございます。また「ＩＲ（統合型リゾート施設）」への参入を巡って、中国企業と政治家の間で贈収賄があったという事案（一名は逮捕）について昨年から東京地検特捜部が捜査を続けておりますが（当然ながら、捜査への介入はできませんが）検察庁も法務省の所管です。事実であれば政治の信頼を著しく毀損《きそん》する由々しき事態であり、事件の背景も含め全容の解明が求められます。成人年齢の引き下げに伴う「少年法」の改正の最終ライン（成人年齢は二〇二二年四月一日から引き下げられます）も迫っており、一刻も早く意見の集約と、改正に向けた手続きや周知を進めていかなければなりません。担わせて頂いている重責を二十四時間自覚しながら、お支え頂いている皆様に恥じることのなきよう、誠心誠意、職務を全うしてまいります。今週もどうぞ宜しくお願い致します。

▼『週刊よしいえ』第265号　2020年1月27日

憂慮すべき内外の情勢から目を逸らさない

第二〇一回・国会が開幕して一週間が経ちました。この間、総理の所信表明演説、続いて衆参で代表質問が行われましたが、大変失礼ながら、野党の皆さんは相も変わらず現実的国家論から離れた「ワイドショー質問」と「自己主張」に終始しておられました。アメリカとイランの武力衝突、背後では大国の思惑が複雑に交錯している中東情勢、今週ついに断行されるイギリスの「EU離脱」により、パワーバランスが大きく崩れるヨーロッパ情勢、二十九年ぶりの低経済成長（六・一%）となった中国経済と、日本経済への影響、新生児が初めて八十七万人を割り込んだ我が国の社会保障制度の行方、昨年の消費税増税による影響と、オリ・パラ後の経済の腰折れを防ぐための経済対策……国権の最高機関である国会では今、世界の平和や国民生活の向上のために議論を尽くさねばならない重要なテーマが山積しております。もちろん私は野党の皆さんが「第一義」とされている疑念や疑惑を軽視するつもりは一切ありません。しかし現在捜査中の案件については、当事者以外、答えようがありません。それらは捜査状況を注視しながら後刻、徹底検証すべき事柄で、まずは直面する内外の諸課題を真剣に議論する責任が我々にはあるはずです。国会の運営費は「一日に四億円」と試算されておりますが、それだけの製作費をかけている「ワイドショー」は皆無でございましょう。この四億円は国民の税金です。貴重な税で「ワイドショー」に（取り上げてもらうために）「ネタを提供するような質問」を繰り返すことは果たして「国益」に叶っているといえるでしょうか。国民の「血税」は、「ワイドショー」の「製作補助金」ではありません。

新型コロナウイルスの脅威と対峙《たいじ》

さらに現在、法務省が所管する「出入国在留管理」についても最大限憂慮すべき事態が発生しております。大陸で感染拡大が続いている「新型コロナウイルス」についてです。すでに日本でも四例の感染が確認されておりますが、当初は、「ヒトからヒトへ感染する可能性は低い」という見立てでした。しかし先週、中国政府は見解を一転させ――「ヒトからヒトに感染しているのは間違いない」と発表しました。中国では一月二十四日から春節

（中国のお正月・七連休）が始まっており、今年も現在進行形で多くの中国人が訪日しております。「水際対策をどうするのか」「仮に日本に感染が広がった場合どのように対処するのか」「新型コロナウイルスに関する我が国独自の分析と見解」など、早急に国民に周知すべき事柄があります。国会には国民に対する「責任」があります。私は、今週も内閣の一員として「国民第一」の姿勢を貫きながら、ひたむきに「地道」を行きます。

▼『週刊よしいえ』第266号　2020年2月3日

春が始まります。今年も心を込めて豆をまく

二月三日（月）――本日は「節分」です。「節分」は「季節を分ける日」を意味しており江戸時代以降は「立春の前日」が「節分」とされました。明日からは「春」（立春）です。今年も「伊勢原大神宮」「大山阿夫利神社」「三之宮比々多神社」の三カ所で大相撲力士の皆様と「鬼はそと、福はうち」（伊勢原大神宮には鬼がいないため「福はうち、福はうち」）と「豆まき」をさせて頂きます。皆様に幸多かれと、心より念じながら……。

一月三十日（木）、事業規模二六兆円の大型補正予算（令和元年度補正予算）が成立いたしました。この予算には昨年の台風15号・19号被害の復旧・復興のための大規模国費

（三兆三〇八六億円）が盛り込まれております。地元選挙区に被災地を抱える代議士として、被災した皆様に誓わせて頂いたとおり、責任を持って復旧・復興を加速化いたします。ところで、相模原市とりわけ緑区・南区の相模川隣接地域にお住いの皆様に強調しておきたいのは、維新の党を除く野党の皆さんは補正予算に「反対」したということです。「党派を超えて復旧・復興に尽力します」……幾度も耳にした言葉ですが、まさに口だけだった、ということです。予算なしでどう復興するというのでしょう。どのような理屈をこねようとも現在も復旧の目途さえたっていない被災地・被災者の皆様を「置き去り」にする「判断」をされたという事実に変わりはありません。他方、そんな野党の中にあっても「言葉だけではなかった議員」はおられました。台風19号で甚大《じんだい》な被害を受けた長野選出の衆議院議員の篠原孝氏（国民）と、下条みつ氏（国民）は本会議での採決を「棄権」されました（事実上の造反）。

五名の野党議員と他の議員の違い

篠原氏は本会議後「こんなに真摯《しんし》に政府が対応してくれたことはない。敬意を表している」と述べられ、また、下条氏も「被災地を抱えている議員として（党として反対する本会議採決）欠席した」と語られました。参議院では長野県選出の羽田雄一郎氏（国民）、福島県選出の増子輝彦氏（国民）、宮城県選出の桜井充氏（野党会派）の三名が党の決定に反して「賛成票」を投じました。増子氏は「党の方針も大事だが、それ以上に国民が大事だ」と述べておられます。いずれの議員も、これまで被災地・被災者の皆様に真摯に寄り添い続けてこられたが故の「決断」だったのでしょう。敬意を表したいと思います。他方、選挙区に被災地を抱える他の議員に良心の呵責《かしゃく》はなかったのでしょうか……極めて残念です。政治は「政党」の為ではなく「国民」の為にあります。皆様に誓った原点を私は見失いません。

▼『週刊よしいえ』第２６７号　２０２０年２月10日

常に謙虚な姿勢で「権力」と向き合います

衆議院予算委員会における国会論戦は、相も変わらず政局優先の状況で推移しております。東京オリ・パラを夏に控える（二〇二一年夏に延期）我が国は、世界からかつてないほど注目を集めております。そんな中で国会は、新型コロナウイルスへの対応等「日本の姿勢（態度）」についてしっかり議論する責任があると私は強く思っておりますが、野党の皆様は、そうは思っておられないようです。相も変わらず「どうしたらメディアに好意的に取り上げてもらえるか」を至上命題とされているようです。その証左として象徴的な出来事が二月四日「国会内」でございました。野党の国会運営責任者である安住《あずみ》国会対策委員長（立・国・社・無）が「国会質疑の模様」を伝える新聞各紙をコピーした上で「花丸」（朝日・毎日）「ギリギリセーフ」（読売）「出入り禁止・くず○点」（日経）「論外」（産経）などの論評を書き加えて会派控え室のドアの外側（廊下側）に貼り出すという、小学生でもしないような示威行為をされました。野党国対のトップが、です。メディアと野党は「権力（政権）の監視」という側面で「親和性」があり「暗黙の利害」を共有されております。野党議員は「知名度向上」を意識しながら劇場型の質問に注力し、メディアは「視聴率」を意識しながらそれらを編集・報道する。ある意味で「持ちつ持たれつの間柄」です。しかし、忘れてはならないのは野党もまた「権力」であるという事です。野党国対の責任者が好ましいと感じた報道は「絶賛」し、意に添わない報道は「くず」「論外」と幼稚な手法でこき下ろす。天に唾する行為です。私がお預かりしている力は皆様のもの。その事を忘れることなく今週も正道を歩みます。

輪（和）の一員としての誇りを胸に

今年も後援会の皆様の「輪（和）」の御力により、二月八日（土）、厚木市のレンブラントホテル厚木で「義家ひろゆき新春の集い」を盛大に開催して頂きました。公務ご多用の中、選挙区六市町村の首長の皆様、参議院議員・県議・市町村議の皆様、日頃より政治活動を支えてくださっている企業・組織・団体の皆様にもご参集賜り、温かき言葉も賜りました。心より感謝申し上げます。会でもお話しさせて頂きましたが相模原市緑区（旧津久井）は昨年の台風19号により甚大な被害が発生し、現在も先が見えない不安をお抱えの皆様が多数おられます。復旧・復興は「チーム」でなければできません。防災・減災・国土強靭《きょうじん》化も「チーム」であたらなければ成し遂げられないのです。皆様方が織りなす「輪（和＝チーム）」の「一員」であることを誇りとしながら、これからも先頭に立って「責任ある仕事」を重ねて参ります。皆様、幸せな時間を有難うございました。感謝。

▼『週刊よしいえ』第２６８号　２０２０年２月17日

地球の歴史に「チバニアン（千葉時代）」

連日、令和二年・当初予算を審議する衆議院予算委員会で「押し問答」が続いておりますが、今週は国会のドタバタとは一線を画して、我が国が手にした「歴史的快挙」について、皆様にお伝えさせて頂きたく存じます。過日「国際地質科学連合」は、「地球の歴史」

における「約77万~13万年前までの年代」を「チバニアン」と命名することに決定しました。これまで国立極地研究所や茨城大学などの「研究チーム」が「千葉県市原市」で発見された「地層」についての「研究と分析」を重ね、「見つかった地層は約77万~13万年前の時代の基準地たり得る」と結論づけ、この時代の「地球史年代名」を「チバニアン」と命名すべきであることを「国際地質科学連合」に申し入れておりましたが、その申請が「地質年代」として正式に「世界承認」されたのです。「地質年代」とは「地球」が誕生してから現在までの「46億年」の「地層」を分析しながら「時代」を区切ったもので、恐竜が繁栄した時代である「ジュラ紀」などは、つとに有名です。「国際地質科学連合」では、世界の地層を分析しながら「その年代の始まりを最もよく示している地層」を「基準地」として指定しておりますが、おおむね「年代の命名」は「基準地」に由来したものが採用されます。今回決定した「チバニアン」は、「千葉時代」を意味する「ラテン語」で、今後、この年代の研究では我が国の研究・知見が基準となります。「チバニアン」が始まった「約77万年前」は、「地球の磁気」の方向が「南北で逆転する現象」が最後に起きたことで知られておりますが、千葉県市原市で見つかった地層には、この現象の痕跡が世界で最も明瞭に残っていたのです。

世界中の教科書に刻まれる快挙

この時代は凍てつく「氷期」と、温暖な「間氷期」が交互に繰り返された時期で、我が国でも多数の化石が出土している大型哺乳類《ほにゅうるい》の「マンモス」が生息し「現生人類」である「ホモサピエンス」が出現した時代とされております。そう考えると「ホモサピエンス（現生人類）は日本（チバニアン）で誕生した」と言いかえることもできる、まさに世紀の認定なのです。ノーベル賞に代表される科学分野での「権威」は、往々にして「欧州偏重」となっております。「地質学」もこれまで、まったく同様でした。そんな中で国際承認を受けた「チバニアン」は、平成27年にＩＵＰＡＣ（国際純正・応用化学連合）により国際認定された新元素「ニホニウム」（１１３番目の元素）以来となる歴史的快挙です。今後は順次、世界の教科書に「ニホニウム」と「チバニアン」が記載されてゆくのです。日本の研究者たちが勝ち取った「偉業」を心から誇りに思っております。

▼『週刊よしいえ』第269号　2020年2月24日

天皇誕生日を挟む三連休。悠久の歴史を想う

昨日（二月二十三日・日曜）は令和の時代になって初めてとなる今上天皇陛下の誕生日（天皇誕生日）でした。新型コロナウイルスの感染拡大に対する懸念から「一般参賀」は中止となってしまいましたが、多くの国民が日本国と天皇陛下の弥栄《いやさか》を祈念されたことと思います。今年は「天皇誕生日」（祝日）が「日曜日」と重なっているため、本日（二月二十四日・月曜）は「振替休日」になっておりますが、二〇〇〇年よりハッピーマンデー制度（土日と祝日を組み合わせて連休を増やす制度）が始まって以来（「成人の日」が一月十五日から一月第二週の月曜日へ、「体育の日」が十月十日から十月第二週の月曜日へ、「海の日」が七月二十日から七月第三週の月曜日へ、「敬老の日」が九月十五日から九月第三週の月曜日へ）「祝日と休日」が混然一体となり「祝日」本来の由来が希薄化してきているように感じるのは私だけではないでしょう。例えば、今年から「体育の日」は「スポーツの日」に変わりますが、この「祝日」は一九六四年の東京オリンピックの開会式の日（十月十日）に由来していることを知っている若者が果たしてどれだけいるでしょう。私は仕事柄「祝日」も（こそ）草の根で地元を回らせて頂いておりますが、国旗が掲揚されている家

は、ここ10年だけを見ても目に見えて減少しております。国の「歴史」「伝統」「祝祭」は自国民の手でしか守ってゆくことができません。まだ、そのような心配はないと確信はしておりますが、仮に将来「天皇誕生日」と「振替休日」の違いさえも曖昧模糊《あいまいもこ》になったなら、我が国は「日本という名前」の「日本とは違う国」になってしまうのではないでしょうか。

日本は自国民の手でしか守れない

作家・三島由紀夫氏が市ヶ谷の自衛隊駐屯地で割腹自決をしてから、今年で50年となります。その四カ月前、三島氏は産經新聞への寄稿で我が国への危機感を以下のように綴っております。「このまま行ったら『日本』はなくなってしまうのではないかという感を日ましに深くする。日本はなくなって、その代わりに、無機的な、からっぽな、ニュートラルな、中間色の、富裕な、抜目がない或る経済大国が極東の一角に残るであろう……」（昭和四十五年七月七日『サンケイ新聞』夕刊）。三島氏が割腹自決した昭和四十五年は「東洋の奇跡」と謳《うた》われた「高度経済成長」が、まさにピークを迎えていた時期で「大阪万博」も開催された祝賀の年です。それから、現在までの歳月は、翌年（昭和四十六年）の三月に生誕した私の人生と重なります。あれから五十年……「日本」は、今もここに在ります。

それは、諸先輩の御尽力の賜物です。しかし、この先は我々が守らねばなりません。先人への感謝を胸に令和の新たな地平へと歩みを進めます。

▼『週刊よしいえ』第270号　2020年3月2日

日本の刑事・司法制度を背負った外交交渉

今週号の後援会通信『週刊よしいえ・270号』を皆様の元にお届けしているちょうど今（三月二日・月）、私は日本政府を代表して、昨年暮れに我が国から密出国した日産自動車元会長のカルロス・ゴーン被告人（金融取引法違反・特別背任罪で起訴。保釈中に国外逃亡）が滞在しているレバノン共和国にて、ミシェル・アウン大統領、マリークロード・ナジェム司法大臣、ナシーフ・ヒッティ外務・移民大臣と「ハイレベル会談」を行っております。会談ではレバノン政府に対し、ゴーン被告人が歪曲しながら一方的に吹聴している我が国の刑事・司法制度について正確に説明すると共に、ゴーン被告人が我が国の裁判所で審判を受けるのは当然であることを明確に伝え、日本とレバノンの「未来志向」の協力・連携を実現できるように強く働きかけております。

皆様はレバノンの今をどれだけ御存知でしょうか。レバノンは、西は「地中海」に隣接、南は「イスラエル」（交戦中）、東は「シリア」（内戦）と国境が隣接している共和国で、岐阜県とほぼ同じ国土面積（約一〇四五二平方キロメートル）におよそ六一〇万人が暮らしております。かつては「中東のパリ」とも称される有数のリゾート地でしたが、現在は「デフォルト（債務不履行＝財政破綻）」の危機に直面しております。レバノンには三月九日に償還期限を迎える「外貨建て国債」が12億ドルあります。加えて年内に「債務の金利」として40億ドルを支払わねばなりませんが「ドル建て」の外貨準備高は一〇〇億ドルしかないといわれています。カーネギー研究所は「このままでは、国民の四〇％が貧困ラインを下回る」と警鐘を鳴らしています。まさに危機的な状況なのです。

日本とレバノンの「未来」のために

こういった背景もあり、レバノンでは『ディアスポラ』と呼ばれる「レバノンにルーツを持つ国外の成功者」がもたらす潤沢なドル建ての投資（送金）が「生命線」となっているのです。ゴーン被告人が、なぜあえてレバノン共和国に逃亡したのか、の理由の一端がお分かりになって頂けたと思います。彼はどこまでいっても「カネさえあればなんでもできる」というマインドなのです。苦境にあえいでいるレバノンの国民に対しても失礼です。日・レバノンはこれまで友好な二国間関係を築いてきました。先般も日本は経済危機にあるレバノンに約一〇〇〇万ドルの追加支援を行ったばかりです。今回の外交交渉では「裁判から逃避（密出国）した被告人の隠匿」を選択するのか、「未来に繋がる二国間関係の深化」を選択するか、が問われているのです。私は政府が「レバノン国民」のために「後者」を選択してくれることを信じております。至誠通天の信念を胸に交渉に臨みます。

▼『週刊よしいえ』第271号　2020年3月9日

レバノン共和国への出張と、その成果報告

『週刊よしいえ・号外』と先週号の『週刊よしいえ・3月2日号』でも告知をさせて頂きましたが二月二十九日（土）から三月三日（火）までという強行日程（一泊三日・日付換算だと一泊四日）で、金融取引法違反ならびに特別背任罪等により逮捕・起訴され、「証拠の隠滅や口裏合わせ、逃亡等はしない」ことを裁判所に約束して「保釈」されていながら、プライベートジェットで国外に「密出国」を企てたカルロス・ゴーン被告人が滞在している「レバノン共和国」を訪問し「ミシェル・アウン大統領」「マリークロード・ナジェム司法大臣」「ナシーフ・ヒッティ外務・移民大臣」「ヤシーン・ジャーベル国民議会外交・移民委員長」と立て続けに会談させて頂きました。とりわけカウンターパートである「ナジェ

ム司法大臣」とは1時間余りに渡って（陪席されたアウン大統領と私の会談を合わせると一時間三十分余）議論しました。会談の冒頭こそ、同じ一九七一生まれ（私＝三月三十一日生、ナジェム司法相＝四月六日生）で、共に大学で教鞭を執ってきた、という「共通点」を確認し合い「なごやかな雰囲気」でスタートいたしましたが、その後は、お互いに「国家」を背負い、厳しいやり取りの応酬となりました。外交上、詳細をお話することは叶いませんが、私からは「ゴーン被告人が日本の裁判所で審判を受けるのは当然のことである」という日本政府の意志を明確に伝達させて頂き、様々な角度からレバノン政府の協力を要請させて頂きました。そして最終的には、国内法に隔たりがある両国ですが「本件の解決が日本・レバノン両国にとって極めて重要な課題である」という基本認識について「完全に一致」するに至りました。

「レバノン政府」の協力に期待します

その上で法務・司法分野の連携に関して「事務レベルでの協議」を継続していくことでも一致することができました。大きな進展です。新内閣の発足から間もない中、国内世論が割れる難しい問題を一手に背負い、それでも私（日本）と誠実かつ真摯《しんし》に向き合ってくださった「ナジェム司法大臣」に心より敬意を表したいと思います。そもそも（ゴーン被告をめぐって）両国の立場がある意味「平行線」をたどることになった「原因」は、「カルロス・ゴーン氏」が「逮捕・起訴されたこと」であり、また「裁判所から示され、誓約した保釈条件を破って国外に密出国したこと」なのです。それがなければ「今回のレバノン訪問」も「極めて困難な外交交渉」もなかったのです。彼は今、どのような気持ちでいるのでしょう。しかし、いずれにしても彼が日本・レバノン両国民に対して「新たな罪」を重ねた、という事実は消えません。今後も厳しい姿勢で対峙いたします。

第3章

新型コロナウイルス感染症パンデミック――令和2年春

『週刊よしいえ』第272号　2020年3月16日

分離の水際対策と、共同の新薬開発の両立

三月十一日（水）、WHO（世界保健機関）は、我が国でも猛威をふるっている「新型コロナウイルス」への感染について「パンデミック宣言」を発しました。「パンデミック（pandemic）」は「世界的感染（世界的流行）」を意味します。過去の「パンデミック」を紐解《ひもと》くと十四世紀にヨーロッパで流行した「ペスト（黒死病）」、十九世紀から二十世紀にかけて、地域を変えながら7回も大流行した「コレラ」、第一次世界大戦中の一九一八年から一九一九年にかけて猛威を振るった「スペインかぜ（インフルエンザ）」、一九六八年に発生した「香港かぜ」などがございます。特に「スペインかぜ（インフルエンザ）」は、当時の世界人口の約50％が感染し、死者は二〇〇〇万人以上、一説には四～五〇〇〇万人に

のぼったとも言われております。「インフルエンザ」に対しては「予防接種」が普及し「タミフル」など有効な治療薬も開発されましたが、現代でも我が国だけで三〇〇〇人以上の方々がお亡くなりになられております。アメリカでも今シーズンの感染者は二六〇〇万人、死者は少なくとも一万四〇〇〇人にのぼっているそうです（アメリカ疾病対策センター）。確かに単純に比すれば一部の専門家のおっしゃっているように「新型コロナウイルス」は「インフルエンザ」ほどの脅威ではない、とも言えますが、いかんせん、まだ「特効薬」のない「新型ウイルス」であり、恐怖の連鎖は日々、広がり続けています。今こそ世界の国々が「ワンチーム」となり、一日も早く「治療薬」（特効薬）を開発し、それを世界の隅々に届けられる体制を構築する必要がございます。今、我々は新型ウイルスから試されているのです。

偏った情報ではなく、正しい情報を

ここ二カ月、ニュースや情報番組は「新型コロナウイルス」の話題で持ち切りですが、マスコミの報道姿勢には偏りがあると私は思っております。流されるのは「新たな感染者」と「不幸にもお亡くなりになられた方」の「数」だけで「回復者数」については全く報道されていないからです。国内で「新型コロナウイルス陽性」と判定された方々の内「六〇〇名」（三月十四日時点）の皆様はすでに回復して、退院なさっております。マスコミは「不安をあおる」のではなく「バランスよく事実を伝える」という「社会的使命」があるはずです。もちろん一義的には日々、最新の情報にアクセスしている私たち政治家が地域草の根で「生の情報」を皆様にお伝えする責務がございます（不安をあおるだけの議員もおりますが……）。しかし、それにも限界がございます。マスコミの皆様におかれましては、その影響力を再認識され、御理解と御協力を賜れたらと切に希望しております。

▼『週刊よしいえ』第273号　2020年3月23日

今こそオールジャパンで「救国の施策」を

桜の季節がやってまいりましたが、「新型コロナウイルス」の影響により、とても静かなお花見シーズンとなってしまっております。毎年、皆様と一緒に愛《め》でる桜並木もなんだか寂し気です。しかし有事の際には「公共」を重んじ、それぞれが勝手きままな行動を慎むという我が国の「国民性」もあり、諸外国と比して感染の急激な拡大はなんとか封じ込められており、ヨーロッパ諸国も「封じ込めモデル」として「日本方式」を採用しております。「パンデミック」を一刻も早く終息させ、皆様が「安心」して地域活動や行事、行楽を楽しめるよう、今週も「虫の眼」「鳥の眼」で全体を俯瞰《ふかん》しながら「水際対策」を所管する法務副大臣として全力を傾注いたします。同時に、この約2カ月来、日本経済は著しい停滞を余儀なくされております。すでに政府内では検討に入っておりますが「大規模な財政出動」による「大型の経済対策」を速やかに実施しなければ、経済が「転覆」しかねません。今こそオールジャパンの対応が求められます。しかし野党の皆様は残念ながらこの段になっても「政局」に強いご関心をお持ちのようです。振り返りますと東日本大震災が発生した9年前、当時、野党だった自民党は「決められない政治」と揶揄《やゆ》され、迷走を続けていた民主党政権（菅直人内閣）に対して「政治休戦」を宣言し、さらに「全面協力」を申し入れ「党の総力」で震災からの復旧・復興を牽引しました。「政治とは、国民のものである」という一九五五年の結党時に全党員で共有した「立党の精神」に立ち返っての英断でした。私は当時、参議院自民党執行部の一員を務めておりましたが大変、誇らしく感じたものです。

経験に勝るものなし。矜持《きょうじ》に期待

ひるがえって「未曽有の大震災」の際に「政権を担当した」という「比類なき経験」をお持ちの野党はどうでしょう。三月十三日に成立した「新型コロナ特措法」でも「造反者」

が相次ぎました。その際、造反議員が「党内プロセスに問題があった」と訴えておられましたが、それは、民主政治の前提となる党内議論・手続きが確立されていない、という事なのでしょうか。もし、本当にそうなら、大問題です。議員それぞれが党として集約していない「個人の意見」を国会で自由（勝手）に開陳し、自身の意に添わねば「公党間合意」を無視して「造反」する――それでは「民主政治」など成り立ちません。「経験に勝るものなし」という諺《ことわざ》がございます。「国家危機への対応」や「決められない政治」を「当事者」として「経験」されてきた旧民主党系の議員の皆様におかれては、是非とも「経験者の矜持」を持って国会に臨んで頂きたい、そう切に願っております。

昨年よりカナダに留学して寮生活を続けている息子が、ブリティッシュコロンビア州の学校一斉休校の決定により二十日夜に帰国しました。今後は自宅で一日五時間、ＩＣＴによる授業となります。再開時期は未定とのことですが、親としてしっかり見守ります。

▼『週刊よしいえ』第２７４号　２０２０年３月30日

新型コロナウイルス対策を加速させます

三月二十七日（金）史上最大規模となる「令和二年度・当初予算」が参議院で可決・成立

いたしました。まずは春の風と共に先だって成立した事業規模二六兆円の「補正予算」（令和元年度補正予算）、新型コロナウイルス対策のため予備費等を活用して行った四三〇八億円の「財政措置」、中小企業の資金繰りのための一兆六〇〇〇億円の「金融措置」を「4本の矢」として束ね、全国津々浦々に届ける必要がございます。さらに、先週のコラムでも言及しましたが2カ月余り続いている世界経済ならびに日本経済の停滞を深刻に受け止め、「前例にとらわれない強力な経済対策」（令和二年度・補正予算）を速やかに編成し、国会に諮《はか》って成立させる必要がございます。「出入国在留管理」という国の「水際対策」を所管する法務副大臣としての戦いも続いております。今週も緊張感を持ちながら、目の前の責務を誠実に全うしてまいります。皆様、どうぞ見守っていてください。

三月二十四日（火）、安倍総理とＩＯＣ（国際オリンピック委員会）のバッハ会長が電話会談を行い、「オリンピック・パラリンピック東京大会」を、「一年程度延期」する、という「英断」がくだされました。新型コロナウイルスの脅威が世界全域に広がり、東京五輪の「開催自体」が危ぶまれる中での「英断」に、私はホッと胸をなでおろしました。オリンピック憲章には「延期」についての規定も想定も一切なく、形式上「二〇二〇年開催」か「中止」かの二択です。「延期」しかも「越年の開催（二〇二〇以降）」ができるのか否か……その可能性を、水面下で探り続けた先で、手にした「英断」だったのです。五輪史ではこれまで五つの大会が「中止」されました。

世界の真ん中で希望の五輪を

初の「五輪中止」は一九一六年「ベルリン大会」（ドイツ）で、第1次世界大戦の戦火が広がったことが理由でした。二度目は一九四〇年に予定されていた「東京大会」（日本）で、日中戦争のさなかにあった日本側が返上。ＩＯＣは「ヘルシンキ」（フィンランド）を代替地に選びましたが、ソ連の侵攻により結局は「中止」となりました。三度目は一九四四年の「ロンドン大会」（英国）で、第2次世界大戦により二大会連続で「中止」を余儀なくされました。また当時、冬季五輪と夏季五輪は同年の開催だったため「札幌大会」（四〇年・日本）と「コルチナ・ダンペッツォ大会」（四四年・イタリア）も「中止」となっています。

他方で「五輪が延期」されたことは一度もなく、今回の英断は「史上初の特例」なのです。東日本大震災から十年という節目の年に、新型コロナウイルスを乗り越えて開催される東京大会は、後世まで語り継がれる「特別な五輪」となるでしょう。

『週刊よしいえ』第２７５号　２０２０年４月６日

あらゆる手段を尽くして、国民を守ります

新型コロナウイルス感染拡大の「水際対策」として、法務省が「入管法第五条第一項第14号」の規定（日本国の利益又は公安を害する行為を行うおそれがあると認めるに足りる相当の理由がある者の入国を拒否することができる）を根拠として、二月一日（土）より中国湖北省から訪日する「外国人」の「入国を拒否」し、その後は諸外国の感染拡大の状況を見極めながら対象の地域を適宜拡大し、四月三日（金）の〇時からはアメリカを含む世界49の国・地域を追加――現時点（四月六日現在）で「七十三」の国と地域の「外国人」の入国を拒否する措置を講じるに至りました。「遅い！　なぜ諸外国のように速やかに入国拒否ができないんだ！」という声も多く頂きますが、冒頭でお伝えさせて頂いたように、日本では「外国人の入国を拒否できる事由」を定めた法律は「入管法」のみであり、例えばその第五条第一項第一号では、「新感染症患者」は「入国を拒否できる」と定められてはいるのですが、これはあくまで「感染者」並びに「新感染症の所見がある者」に対する規定であり「感染していない者」や「症状のない者」の「入国拒否」はできません。そのため今回は、過去に適用した例がほとんどない「日本の利益又は公安を害する行為を行うお

それがあると認めるに足りる相当の理由がある者」という「第五条第一項第14号」を根拠としながら「入国拒否」の措置を講じているのです。しかし、この条項は「国」ではなく「者（個人）」を対象としており、また繰り返しになりますが「利益又は公安を害する行為を行うおそれがあると認めるに足りる相当の理由がある者」とされ、適用には客観性が強く求められる条項となっております。

我が国の危機管理体制の脆弱さ

憲法に緊急事態条項が規定されていない我が国では、欧米のような国境封鎖等の強力な措置を講じることはできません。いざ国際有事が発生した際には、日本の危機管理体制は極めて脆弱《ぜいじゃく》なのです。しかし仮令《たと》えそうであっても、「新型コロナウイルス」の流入を指をくわえて見ているわけにはいきません。我々は中国・武漢で新型コロナウイルスの感染拡大が急速に広がった年頭より議論に議論を重ね、諸外国の「感染拡大状況」と「専門家」の意見を踏まえながら、まずは「政府対策本部」が「特段の事情がない限り上陸拒否の対象とすべき国と地域」を指定、それを受けて外務省が感染症危険情報（レベル3・渡航中止勧告）を発令、同時に法務省が入管法第五条第一項第14号を根拠に入国拒否とする、という流れで対応しているのです。今回の危機を教訓として速やかに法改正に着手する必要がございます。今週も至誠を尽くして働きます。どうぞ、見守っていてください。

▼『週刊よしいえ』第２７６号　２０２０年４月13日

「緊急事態宣言」発出。今こそ、結束の時

新型コロナウイルスへの感染拡大を受けて、四月七日（火）、史上最大の事業規模一〇八兆円の「緊急経済対策」の閣議決定と同時に、「改正・新型インフルエンザ等対策特別措置法（新型コロナ特措法）」に基づき、東京・神奈川・埼玉・千葉・大阪・兵庫・福岡の七都道府県に対して「緊急事態宣言」が発出されました。これまでも累次に渡って政府・都道府県知事から「自粛要請」（お願い）が行われてきましたが、七日以降はそれに「法的根拠」が加わった格好です。ただし、宣言が出された後も感染が急拡大している世界の一部の都市で行われているような「ロックダウン」（都市封鎖）といった強い措置を行うことはできません。今後は宣言が出された七都道府県の知事が対応の主体となってまいりますが、例えば「不要不急の外出自粛」は、これまでと同様の「要請」であり、従わなくても「罰則」はありません。学校などの施設使用や、音楽・スポーツイベントなどの開催についても「自粛要請」が前提で、従わない場合は「指示」することはできますが、

同じく「罰則」はありません。他方、医療品やマスクなど「特定物資」の収容や、医療施設開設のための土地・家屋の使用などについては「強制力」が伴います。「罰則」が定められているのは二例で「特定都道府県知事の『命令』に従わず『特定物資』を隠したり、破棄や搬出をした場合」(六カ月以下の懲役または三十万円以下の罰金)と、「『特定物資』の保管場所の立ち入り検査を拒否したり妨害、虚偽報告をした場合」(三十万円以下の罰金)に限られております。パニックをあおる報道が目につきますが、我が国の緊急時における「私権制限」は極めて抑制的なのです。

私は「和の遺伝子」を信じます

「日本は諸外国と比べて対応が甘すぎる」という意見も多数寄せられておりますが、例えばフランスやドイツは「憲法」において「緊急事態条項」が規定され国家危機下においては政府に強い権限が付与されますし、アメリカには「大統領令」という伝家の宝刀がございます。しかし我が国の「憲法」には「緊急事態条項」は定められておらず、「国家危機」に際しても、国民の「基本的人権」を制限できるのは「公共の福祉に反する場合」という諸説ある概念に該当する場合のみであり、そもそも国会の「憲法審査会」は、野党の反対により数年間、まともな議論が行われていないのが実情です。「やらない」のではなく「できない」のです。しかし、そうであっても私は「日本人」を信じます。東日本大震災という国難をも乗り越えてきた、「奪い合い」ではなく「分かち合い」を重んずる「和の遺伝子」を私は信じています。皆様、今こそ力と心を合わせましょう。頑張ろう、日本！

▼『週刊よしいえ』第277号　2020年4月20日

国民一人につき十万円の一律給付を決断

四月十六日夜、政府の新型コロナウイルス対策本部で特措法に基づく「緊急事態宣言」（五月六日まで）を全国すべての都道府県に拡大する決定がなされました。また、すでに「非常事態宣言」が出されていた、私たちが暮らす神奈川と、東京・埼玉・千葉・大阪・兵庫・福岡に加え、北海道・茨城・石川・愛知・岐阜・京都の十三都道府県が「特定警戒都道府県」に指定されました。皆様に置かれましては二月以降、ウイルスへの恐怖と、外出制限などにより多大なストレスを抱えながらの日々を送られていることと存じますが、ゴールデンウィークなどで一部の「タガ」がゆるんでしまい、感染がさらに広がってしまうような事態になることは何としても避けねばなりません。何卒ご理解を賜りますようお願い申し上げます。同時に新型コロナで生活が急変した世帯に三十万円を支給する緊急経済対策を検討してきましたが、制度が複雑で申請者ならびに自治体の負担が余りにも大きいこと、最速で届ける必要性、などを勘案し「国民一人十万円を一律に給付する」という過去に例のない財政出動を決断いたしました。野党の議員は「我々も一律十万円を提案していた」などとおっしゃっておられますが、財源も考えず「提案」するだけなら誰でもできるのです。求められるのは「実行」であり、政府与党と財務省の攻防がどれほど熾烈《しれつ》だったか（当初の予定財源四兆円から約十二兆円に積み増し・消費税五％分相当）を学んでからおっしゃって頂きたいものです。いずれにしても今が「正念場」です。感染拡大の収束、治療薬の開発、生活支援の三つを同時に行う厳しい局面が続きます。皆様、どうぞ今週も見守っていてください。

クラスターの発生を断固阻止する

四月五日、大阪拘置所の職員一名が新型コロナに感染したことが発覚しました。法務省では速やかに私を座長とする「矯正施設感染防止タスクフォース」を立ち上げ、先手先手で対策を講じてきました。初動としては感染した職員と接触または接触が疑われる一〇〇名超の職員を「自宅待機」に、収容者は「単独室処遇」とし、ゾーニング（エリア分け）と消毒を実施しました。報告を受けた保健所は濃厚接触と認定した職員以外は「二週間の自宅待機で症状が出なければ職場復帰可」との見解を示しましたが、私は厚労省の橋本岳副大臣に直接掛け合い「政治判断」で自宅待機となっている全ての職員と、隔離している収容者にＰＣＲ検査を実施しました。結果、八名の職員の新型コロナへの感染が確認されました（無症状感染者を含む）。もしも私と橋本副大臣の「政治決断」がなかったら無症状感染職員の職場復帰により「クラスター（集団感染）」が発生していた可能性がありました。

現場を預かる刑務官と力をあわせて

大阪拘置所が直面している危機はどの矯正施設にもあてはまります。矯正施設は「密閉」「密集」「密接」という「三つの密」がそろう完全隔離空間であるからです。実際、東京拘置所でも警察から移送されてきた収容者一名が新型コロナウイルスに感染しておりました。刑務官の聞き取りにより四月初旬に発熱があったことを認識（移送当時は無症状）。ただちにゾーニングと消毒、単独室隔離を行うことで新型コロナの流入を水際で阻止できましたが、緊張の日々は今後も続きます。仮に無症状感染者を雑居房に処遇するなどしたら大変な事態となるからです。タイの刑務所では新型コロナウイルスの「噂」だけで暴動が発生し、一部の受刑者が脱獄しました。常に「最悪の事態」を想定しながら、現場を預かる刑務官と力を合わせ、新型コロナから「治安」と「秩序」を守り抜きます。

▼『週刊よしいえ』第278号 2020年4月27日

我が国の伝統的生活習慣が世界で話題に

いよいよ、今週から大型連休が始まります。全ての都道府県が、「緊急事態宣言」の対象となり「外出自粛要請」が出されておりますが、これまで言及してきたように、要請には「強制力」も「罰則」もありません。「緊急事態宣言」が出された後に、新宿歌舞伎町の性風俗店で濃厚接触をされた野党の衆議院議員や、同じく新宿歌舞伎町で、警ら中の警察官をスマホで撮影し、職務質問を受けると、「警官にプライバシーなどない！」「俺は国会議員だぞ！」などと、暴言を吐く大トラブルを起こした野党の参議院議員もおりますが、変わらず国会議員を続けられている、という由々しき現実がその証左です。コロナ危機を前に、今「日本」、そして「日本人」そのものが問われています。私は我が国を、そして国民を信じます。今週も心を合わせながら、この難局と向き合いましょう。

ところで、世界中で新型コロナウイルスとの戦いが続いておりますが、例えばG7諸国(先進7カ国)と、我が国の感染者・死者数を比べると、我が国の数字は圧倒的に小さく映ります。そんな中、今、我が国の「伝統的生活習慣」が世界の識者の注目を集めているのです。いわく――「日本の家庭では、玄関で靴を脱ぐ」「幼少期から、手洗い・うがい・マスクの指導を徹底」「毎日の入浴習慣」＝【衛生面での優位性】、「抗ウイルスの効能が確認されている日本茶」「バランスのいい和食」＝【免疫力での優位性】、「挨拶は握手やハグ、キスではなく『お辞儀』という独特のスタイルで行う」＝【感染抑止における優位性】――が列挙され、「日本の伝統的生活習慣こそが、他国に比べて感染の拡大を抑え込めている最大の要因なのかも知れない」と結ばれています。

困難を抱える方を守るのが政治

言われてみると、「確かに」と思い当たりますよね。長い歴史の中で今日《こんにち》まで大切に受け継がれてきた「伝統的生活習慣」には、その一つひとつに「先人のやさしさ」が込められているんだなあ、としみじみ感じております。ところで皆様のもとにはマスコミが「アベノマスク」などと揶揄《やゆ》している「布製マスク二枚」は届きましたでしょうか。我が家でも開店前に薬局に並ばなければ手に入らない、という状況が続き、高値ではありましたがインターネットで「洗えるマスク」を買って急場をしのいできましたが、ネット通販になじみのない皆様や、ご自宅近くに大手ドラッグストアがない皆様にとっては「マスク着用」の前に「マスクがない」のが実態です。朝一で街中のドラッグストアに行くと、すでに行列ができていて、並んでみたけれど結局買えなかった、という経験をされた方も多くいらっしゃることでしょう。郡部にお住まいの皆様なら、なおさらです。

一隅《いちぐう》を照らし、陰ひなたなく咲く

ニュースは「都会」で作られます。そして「必要な物資」も「都会」から配られます。しかし、マスクに関していえば「都会」では「何とか手に入る状況」です。そこで僭越《せんえつ》ながら、官邸に対して「東京から配送を始めるのではなく、田舎から配送を始めるべき」と申し入れをさせて頂きましたが、地元選挙区の中でも、特に鉄道のない地域、大手ドラックストアのない地域の皆様にちゃんと届いているのかと気を揉んでおります。一隅《いちぐう》を照らす。陰ひなたなく、咲く。それは皆様から授かった箴言《しんげん》であり、私の揺ぎなき信念です。新型コロナ対策関係予算には様々なメニューがございます。どうぞ遠慮なく私に、または、よしいえ事務所に御用命ください。皆様のためにこそ、私は存在しているのですから。今週は収束を占う重要な週。至誠を貫き正道を進みます。

▼『週刊よしいえ』第279号　2020年5月4日

「緊急事態」の「その先」を見つめながら。

暦の上でも五月二日（土）から、今週水曜の五月六日の振替休日まで「大型連休」が続いておりますが、皆様方におかれては活動自粛期間が一カ月近くとなり、多大なストレスを抱えた「大型連休」となっていると推察しております。しかし蔓延するウイルスから「自分」と「大切なひと」をなんとしても守り抜かねばなりません。思い返せばこの時期は毎年、地元の皆様と一緒に飯山ポピーまつり、森の里鯉のぼり祭り、七沢のせんみ凧《たこ》揚《あ》げ大会、相模の大凧まつり、座間市大凧まつりなどの行事を楽しんできましたが、「緊急事態宣言」が発出中の本年はすべて中止……。私にとって経験したことのない「寂しいゴールデンウィーク」です。同時に、ひとたびクラスターが発生したら大惨事となる刑務所等矯正施設の危機管理を担当する法務副大臣として、24時間携帯電話を手元に置いての「緊張の連休」でもございます。

さて、四月三十日（木）に「新型コロナ対策」のための「令和二年度補正予算」が成立いたしました。一日でも早く「一人一律十万円」を皆様にお届けすべく地元自治体の職員の皆様と力を合わせて準備を急いでおりますが、それはまだ「コロナ対策のはじまり」に過ぎません。休校要請により実質二カ月以上「ひきこもり」を余儀なくされている子どもたちの心と身体への影響が懸念されます。またコロナから「くらし」と「なりわい」を守るために補正予算の早期執行と並行しながら、事業者への「家賃補助」を含めた更なる支援を「政治決断」しなければなりません。野党は「法案を提出した」と強弁されていますが「議員立法」は、二十人の賛同で提出できますし「財源」も「内閣法制局の審査」もありません。

「国難」の中で求められる政治

政治に課される責任とは「状況を精査」し「財源を捻出」し、速やかに「実行」することです。一口に「テナント」といっても業態は多種多様です。例えば反社勢力が運営している店にも一律に「血税」を注ぐことが国民に理解されるのか、理解を得られないとすれば、どのような線引きをするのか、果たしてそれは可能なのか等をあらゆる角度から検証し、「エビデンス（根拠）ベース」で「財源」を積み上げてはじめて「実行」が可能となります。「非常時はスピードがすべて。いちいち線引きする必要はない」とおっしゃられる方もおられますが、財源となる「税」は、国民一人ひとりが必死に働いて積み上げた国民共有の資産です。また、税の不足分を補うために発行する「赤字国債」は、そっくりそのまま「次世代へのツケ」となります。我が国は「独裁国家」ではなく「民主国家」です。スピードは極めて重要です。しかし政策の前提として「国民の理解」が不可欠なのです。

父の背中と母の眼差しを感じながら

しかし、そうは言ってもギリギリの状況を続けておられる皆様の様子を指をくわえて眺めているようなら、「私」など必要ありません。我々には一刻の猶予も残されていないのです。信なくば立たず――その箴言《しんげん》を胸に「日々の決断」と真摯《しんし》に、対峙しながら職務を全ういたします。

そのように緊迫の日々を送る中、連日、女性部の皆様が「作ったから、使ってね」と温かい「手作りマスク」を届けてくださいます。「感染リスクがあっても国会と法務省をどうしても行き来しなければならないから最優先で。私はしっかり『ステイホーム』している私から国民、地元民のために頑張って」と優しい言葉を添えて……。皆様にお育て頂いている私は、本当に幸せ者です。今週も「父の背中」と「母の眼差し」を感じながら、徹底して「至誠」を貫き通します。

義家ひろゆき　拝

『週刊よしいえ』第280号　2020年5月11日

辛抱の時。私は常に皆様と共にあります

特別措置法に基づく「緊急事態宣言」の延長が行われウイルスとの戦いが続いております。この間、世界の様子を垣間見ると、買占めによりスーパーは在庫が希薄となり、ゴミが路上に散乱し、無人となっているテナントに盗人が入り、刑務所でも暴動が起こるなどの混乱が伝えられております。しかし我が国においては、マスクこそ品薄状態が続いておりますが、農業や食品加工、製造、物流、販売業に従事されている皆様のお蔭でスーパーやコンビニでは生活必需品を不自由なく調達でき、資源ごみ収集業に従事されておられる皆様の御尽力で「公衆衛生」が保たれ、国民の努力と当局の献身によって「治安」も保たれております。そんな日本を、私は心から誇りに思っております。もう少しの辛抱です。今週も、皆様に恥じることのなきよう、日々「精一杯」を重ねます。

ところで「不要不急の外出制限」の要請が発出されて以来、通信販売やデリバリーの需要が大きく膨らみ、物流業や宅配業の皆様にキャパシティを超えるほどの負担がかかっていると聞きます。意識して観るとテレビでも通信販売のCMが増えていますよね。そんな中、今週は是非とも皆様と「今まで聞き流していた」あるいは「お得感を抱いていた」あ

る「ワード」について考えてみたいと思います。それは通販ＣＭや折込チラシなどで目にする『送料無料』という言葉です。私は職業柄、物流業の皆様からも現場の声をお聞きする機会を多く頂いておりますが、以前あるドライバーから頂いた御意見に「ハッ」と気付かされました。「義家さん『送料無料』という言葉なんとかなりませんかね。私たちは無料で届けているのではなく、仕事としてお届けしているんです」。

「送料無料」の勘違い。感謝を胸に

「確かに」と目からうろこが落ちました。本来は、『送料無料』ではなく『送料は当社（商品を販売している会社）が（代わりに）負担します』こそが、正確な表現でしょう。『送料無料』という言葉は、配送業者が無料で届けてくれる（請け負ってくれる）、そんな誤解を抱かせかねない言葉ですし、雨の日も風の日も、新型コロナの脅威の中でも、お店や自宅に変わることなく荷物を運び続けることでライフラインを守ってくださっている配送業者の皆様に対して申し訳ない言葉だと私は思います。それ以来、我が家では、荷物を自宅に届けてくださった方に対しては「有難うございました」と丁寧に伝えるように心がけております。これまで、日常的に享受してきた「当たり前」は、実は「当たり前」などでは決してない……今般の状況下であるからこそ、そのことがより鮮明となり、自身が「生かされている」ことを、痛感させられます。感謝を込めて有難う。頑張ろう、日本！

「当たり前」など、どこにもない

宅配業者と同様に、日々、家庭から出されるゴミを回収してくださっている環境美化業者の皆様も、極めて重要な役割を担ってくださっております。我が家もそうですが「ステイホーム」が続き家庭ごみの量は飛躍的に増加しておりますが、ゴミの中には「使用済みマスク」も含まれております。最前線で新型コロナと戦ってくださっている医療現場から出される「医療廃棄物」を回収・処理してくださっている業者ともども、感染リスクと対峙しながら職務を遂行されておられます。本当に頭が下がる思いです。だからこそ我々は「使用済みマスク」は小さな袋に密封した上でゴミ袋に入れるといった配慮をする必要があると思います。またゴミ袋に「感謝の言葉」を綴ることなど業者の皆様の大きなモチベーションとなることでしょう。感謝を込めて、有難う。頑張ろう、日本！

義家拝

▼『週刊よしいえ』第281号　2020年5月18日

重圧の中にあっても責任から目を逸らさない

五月十四日（木）、政府の「専門家会議」が示した「基準」を満たした三十九県で「緊急事態宣言」が解除されました。しかし、私が暮らす神奈川を含む「東京圏」と大阪を中心とする「関西圏」、「北海道」は解除が見送られ、当面の間は「新たな生活スタイル」を意識した「自粛生活」が続きます。皆様のストレスもピークをはるかに越えていることと推察しております。かくいう私も気が付けば「後頭部」に「円形脱毛症」が発症しました。多くの試練と常に対峙しながら歩んできた「波乱の人生」ですが「脱毛症」になったのは九年前の「東日本大震災」以来二度目のことです。昨年九月に法務副大臣就任直後に地元を襲った「台風19号被害」、元日産自動車会長の「カルロス・ゴーン被告人」の「密出国事件」を受けて、直談判に赴いたレバノン政府との激しい交渉、すでに「入国手続き」がなされてしまっていた「新型コロナ・クラスター」が発生した「ダイヤモンド・プリンセス号」乗客への対応、新型コロナによりロックダウンとなった中国湖北省から「邦人」を「チャーター機」で帰国させるための手続き、「入国拒否」の対象とする国・地域の指定決断と対応、コロナウイルスが侵入すればたちまち第2の「ダイヤモンド・プリンセス号」と化してしまう刑務所等の矯正施設職員と収容者の新型コロナ感染発覚（大阪拘置所・東京拘置所・月形刑務所等）と「即断即決」の対処、「矯正施設感染防止ガイドライン」の策定、地元からの声を集約しながら奔走した「一人一律十万円の定額給付金」を含む「新型コロナ補正予算」の編成と成立、衆参両院での各委員会における答弁（法務・予算委員会以外の答弁は主として副大臣が担当）……。

ハゲにもマケズ、風にもマケズ

改めて振り返ると、本当に「ストレスフル」な日々が続いております。しかし、その中でも一番のストレスは、長期間に渡って皆様に「辛抱」をお願いしていることです。学校に行きたくても行けない、友達と遊びたくても遊べない子どもたち、子どもの成長と学習の遅れを心配しながら寄り添う保護者の皆様、車もなく生活必需品の購入もままならない皆様、昨年の台風被害の復旧がいまだ道半ばの中で堪え忍んでいる皆様、大切な人を亡くされた皆様、葬儀さえままならなかった皆様、夢にまで見た結婚披露宴の中止を余儀なくされたカップル、先の見えない不安の中で膝を抱える事業者の皆様、社会を守るために不安を抱えながらも日々のお仕事に向かわれる皆様……その心中を想うだけで、いたたまれない気持ちになります。しかしうつむいている場合ではありません。二次補正予算の編成も決まりました。一日でも早く「当たり前の日常」に戻せるよう今週も至誠を尽くします。

危機下における「報道」の在り方

活動自粛が続く中、これまでの人生で一番長い時間「テレビ」を視聴しているように思います。そんな中で「新型コロナ問題」を扱う「情報番組」の報道にあきれ果てることもしばしばです。例えば、自粛を守っている大多数の国民の努力は報じずに、パチンコ店に通ったり、立ち入りが禁じられている場所に入る「少数」の姿を過剰に報じたりしています。自身もパチンコ店や立ち入り禁止地区でカメラを回しているという自覚はないのでしょうか。さらに「全国民にPCR検査を実施すべき」など極端な主張をされますが、精緻《せいち》な医学検査を全国民にするにはどれだけの態勢と時間を要すると考えているのでしょう。医療崩壊に誘導しているようにさえ感じます。報道は社会の公器です。視聴率も大切かも知れませんが危機下における報道は十分な配慮が必要だと、私は思います。

『週刊よしいえ』第282号　2020年5月25日

東京高検・黒川検事長の辞職について

日頃より御支援頂いている皆様に、率直に御詫びしなければならない事案が副大臣を務めている法務省で発生いたしました。東京高等検察庁・黒川弘務検事長が、法律（特措法）に基づく「緊急事態宣言」が発出され、都道府県の要請により飲食業や接客業など多くの事業者が休業し、また、国民全体が旅行や帰省の断念を求められた「自粛のゴールデンウィーク」の渦中であった五月一日（金）と、同じく首都圏で「緊急事態宣言」が継続中の五月十三日（水）の両日、大手新聞社記者・社員と共に「賭けマージャン」に興じていたことが、週刊誌の取材をきっかけとして明らかとなりました。未確認情報として、法務副大臣の私に第一報が届けられた際には「まさか、いくらなんでも……」と半信半疑でした。しかし、翌朝より法務省で本人からの聞き取り等により確認した所、この情報は紛れもない事実で、四月にも同じメンバーで2度、賭けマージャンが行われており、数年に渡り月に2回程度の頻度で行っていたことも、明らかになりました。

黒川氏は東京大学法学部卒の司法修習35期の検察官で東京地検、新潟地検、名古屋地検、青森地検など地方検察庁勤務を経て法務省に異動し、刑事局総務課長、大臣官房秘書課長、大臣官房審議官、法務省の事務方トップの法務事務次官を歴任し、昨年（２０１９年）一月からは、東京・神奈川・埼玉・千葉・茨城・栃木・群馬・静岡・山梨・長野・新潟の地方検察庁を所管する東京高等検察庁の検事長（天皇認証官）に任ぜられました。東京高等検察庁は、海外にいる「逃亡犯罪人」の「引き渡し交渉」も担当しており、カルロス・ゴーン被告人の密出国事件では陣頭指揮にあたっておりました。

政府、そして検察、マスコミの責任

黒川氏については、国外逃亡事案のみならず、管内に複雑かつ重大な案件が数多あることに鑑み、これまで検察官は人事院規則で定年後の「勤務延長」が認められている国家公務員（六十歳定年）とは一線を画し六十三歳で一律定年退職（検事総長のみ六十五歳）していましたが、今年一月、人事院、内閣法制局と協議し、了承を得た上で、法務省から内閣に「閣議請議（内閣に了承を求める要請）」を求め、その後「閣議決定」により六カ月「定年」が「延長」されました。その一刻も惜しまれる限られた期間に、しかも新型コロナで国中が混乱している最中に、記者と賭けマージャンに興じていたとは……まさに言語道断の所業です。マスコミはことあるごとに「黒川氏は政権に近い」と評してきましたが、長年、賭けマージャンという後ろ暗い秘密を共有してきた様を目の当たりにすれば「黒川氏とマスコミこそズブズブだった」という謗《そし》りも免れることはできないでしょう。

覚悟を胸に日々の職務に精励します

もちろん、黒川氏のこれまでの実績を否定するつもりはありませんし、本人からの聞き取り情報（側聞情報）のみを持って罪人扱いする横柄さも持ち合わせておりません。しかし、黒川氏と記者らが新型コロナの渦中にあっても繰り返していた愚行は、職責的にも道義的にも著しく適格性を欠いており抗弁の余地はありません。黒川氏は内閣の任命、天皇陛下の認証により任にあたっていた認証官です。当然、内閣の一員である私にも責があります。検察庁は現時点で立件の目途が立っていないことにも鑑み黒川氏を「訓告」（処分）とし、黒川氏は検事長の職を辞しましたが、影響は甚大です。まずは皆様にこの度の不祥事について心からお詫びすると共に、副大臣として検察の信頼回復と機能正常化に向けて職を賭して取り組むことをお誓い申し上げます。皆様どうぞ見守っていてください。

恩返しの旅――令和2年夏

『週刊よしいえ』第283号　2020年6月1日

補正予算を閣議決定。速やかな成立を期待

今日から六月……早いもので間もなく一年の折り返しとなりますが、二月の半ばから「当たり前の日常」が止まってしまい、「春がなかった年」として歴史に刻まれるであろう令和二年――新型コロナウイルス感染拡大への「緊急事態宣言」が解除されたとはいえ、未だ、皆様の「日常」は、「自粛」と共にあると推察しております。だからこそ、皆様に国政へと送り出して頂いている私に「座して終息を待つ」ことなどできません。あらゆるリスクを恐れず、果敢に「コロナ後の社会」を、構築するための施策を講じる責任がございます。

先週、令和二年度・第二次補正予算案（第二次コロナ対策予算）を「閣議決定」いたしま

した。規模としては「史上最大」の「補正予算」となります。「一般会計」からの「歳出（真《ま》水《みず》）」は「三一兆九一一四億円」、「財政投融資」を含めた「財政支出」は「七二兆七〇〇〇億円」、「民間投資」を含めると「事業規模」は「一一七兆一〇〇〇億円」となり、国民ひとり一律一〇万円支給を含む第一次補正予算と合わせると「事業規模二三三兆九〇〇〇億円」という世界に類のない「不退転の覚悟」を込めた「補正予算」となっております。経済学者等からの「財政健全化が遠のく」という批判もございますが、そもそも「税金」は「政府のお金」ではなく「政府が国民からお預かりしているお金」であり、経済が壊滅的な打撃を受け、国民生活が危機的な状況に瀕《ひん》している現下の状況を静観する（見捨てる）なら、『国』はあれども『国家』（同じ場所で共生する家族）なし、です。財政当局との折衝は苛《か》烈《れつ》を極めましたが、誰もがみな「家族」なのです。

同じ国で暮らす家族（国家）として

具体的には、業績の悪化している中小零細企業の資金繰り支援に一一兆六〇〇〇億円を積み増し、売り上げが急減した中小企業や個人事業主への「家賃支援給付金」（大型の家賃補助）の創設に二兆二四二億円（一社あたり最大六〇〇万円）、「休業手当」を助成する「雇用調整助成金」（第一次補正予算では日額上限八三三〇円）の日額上限を一五〇〇〇円に大幅引き上げ（雇用保険に加入していないアルバイトなどの非正規労働者も対象）、コロナ対策の窓口を担ってくださっている地方自治体への「臨時交付金」を二兆円増額、新型コロナと最前線で戦う医療従事者への支援として三兆五〇〇〇万円、低所得ひとり親世帯にも一三六五億円の追加給付を盛り込みました。補正予算は「経済重視」という指摘もありますが、「働く場所」がなければ「コロナ後の社会」を構築することはできません。速やかに国会で成立を図り、一日も早く皆様に「温かい風」（未来）をお届けできるよう、今週も粉骨砕身いたします。

▼『週刊よしいえ』第284号　2020年6月8日

国際司法連携により粛々と包囲網の整えを

第二次・新型コロナ対策補正予算の審議が始まります。先週細目についてお伝えしましたが、一刻も早く必要とされている皆様のお手元に届けられるように今週も「至誠」を貫きながら丁寧な答弁に努めます。

ところで「新型コロナ」のニュースで埋没してしまい、ほとんど報道されませんでしたが、アメリカ当局は、日本側の要請に応じ、逃亡中のカルロス・ゴーン被告人の密出国を

「幇助《ほう》」した元米特殊部隊員二名を逮捕しました。日米両国は『犯罪人引き渡し条約』を締結しているため、所要の手続きを経て、新型コロナウイルスの終息状況を見極めた上（国境をまたいだ移動の緩和）で日本側に移送されることになります。逮捕された二名については、昨年末、ゴーン被告人が関西国際空港からプライベートジェットを利用し（トルコ経由）現在滞在しているレバノンに密出国する際、東京から大阪までの移動の護衛、関西国際空港近くのホテルで大型ケースにゴーン被告人を隠して空港の保安検査を通過させた、などの容疑（犯人隠避）で、すでに東京地検が逮捕状を取っております。アメリカの司法当局によれば、逮捕された容疑者二名は、昨年夏からゴーン被告人が密出国する十二月末まで少なくとも「七回」被告人と面会していたとしており、まさにゴーン被告の計画逃亡の詳細を知るキーマンです。日本に引き渡された後は、東京地検が取り調べを担当しますが、被告人が保釈（起訴後、条件付きで身柄の拘束を解くという裁判所の決定）中に、保釈条件を破り国外逃亡するという「暴挙」に至った経緯（計画）が、これにより詳《つまび》らかになります。

個人ではなく、国民のための国家

二月末から三月四日まで二泊四日の強行日程でゴーン被告人が滞在するレバノン共和国

を訪問し、アウン大統領やナジェム司法大臣と日本政府を代表して会談してから三カ月――その後もゴーン被告はメディア取材等で日本の司法制度や日産自動車に対して誤った批判を繰り返し、さらには「逃亡劇」について出版や映画化の話を進めているとも伝えられておりますが、司法当局の「国際連携」によって「ゴーン包囲網」は着々と整えられつつあります。さらに、レバノン共和国は現在、過去最悪の「金融危機」に直面しておりますが、ＩＭＦ（国際通貨基金）からの緊急援助などを求める場合には「国際社会の同意」が求められます。ちなみに我が国のＩＭＦ（国際通貨基金）への「出資額」は、ゴーン被告の密出国を幇助《ほうじょ》した二名を逮捕してくれたアメリカに次いで世界第二位です。レバノン政府におかれては「国民生活」と「日・レバノン関係」の重要性を鑑みて、速やかに決断して頂きたいと願っております。

▼『週刊よしいえ』第２８５号　２０２０年６月15日

「誰一人取り残さない」という覚悟

通常国会が会期末を迎えます（六月十七日）。最後まで遺漏《いろう》なきよう、法務副大臣として与党代議士として日々、緊張感を保ちながら職務に精励いたします。それにしても「新型コロナウイルス」の流行がなかったなら、今頃は「東京オリンピック・パラリンピック」のカウントダウンに国じゅうが沸き上がっていたであろうことを思うと、先人が残してくれた「一寸先は闇」という諺《ことわざ》が、我が身に沁みます。唯一の幸いは今国会は「東京都知事選」そして「東京オリパラ開催」を見据え「国会提出法案」を「必要最小限」に控えておいたことです。もしそうでなければ「令和元年度・補正予算」「令和二年度・当初予算」に続いて「令和二年度・補正予算（新型コロナ対策予算）」「令和二年度・第二次補正予算（第二次新型コロナ対策予算）」と通常国会で「四つの大型予算」を成立させるという過去に例のない「挑戦」は不可能だったことでしょう。ちなみに今国会で最初に成立した「令和元年度・補正予算」は昨年の夏から秋にかけて襲来した大型台風による甚大な被害に手当てした「追加予算」です。私の地元でも、とりわけ相模原市緑区で大きな損害が発生しました。「新型コロナウイルス」の感染拡大で復旧への歩みが埋没しがちになっておりますが、いまだ復旧できていない地域や箇所が多数ございます。補正予算の成立により、財源は確保できているのです。「一隅《いちぐう》を照らす」（――これすなわち国宝なり）。天台宗の開祖・最澄《さいちょう》の言葉を胸に、県・市と連携して、事業化・執行・復旧・復興を再加速させてまいります。

こんな時は下へ下へと根を伸ばす

地元では二月半ばから次々に行事が中止となり、計画していた伊勢原後援会、城山後援会、愛川町後援会の「春の集い」も中止を余儀なくされました。解除後に再開しましたが「緊急事態宣言」の発出中は早朝の駅頭挨拶も自粛しました。日頃よりお支え賜っている後援会の皆様や地元の皆様と親しく意見交換や交流ができないことは私にとって深刻なストレスとなり、当初は悶々とした気分を持て余しておりました。しかしそんな折、偶然手にしていた本に綴られていたマラソンランナーの高橋尚子さん（Ｑちゃん）の言葉「何も咲かない寒い日は、下へ下へと根を伸ばせ」という箴言《しんげん》が目にとまりハッとさせられました。以来、それまで惰性で運営（主に活動報告）していたＳＮＳ（ツイッター、フェイスブック、インスタグラム）の積極活用を決意し、これまでになかった地元の皆様との「新たな輪」の創生に邁進《まいしん》しております。皆様も是非、御高覧ください。今週も「コロナ後」を見据え、地道な歩みを重ねます。

『週刊よしいえ』第２８６号　２０２０年６月22日

私が「この場所」にいる「存在理由」

法務副大臣を拝命して以来、私が関係者と議論に議論を重ね調整を続けてきた『法務省の歴史的事業』がいよいよ今週（六月二十五日）キックオフとなります。

皆様ご承知の通り、私は自らの弱さと過ちにより十六歳の時、大きな挫折を味わいました。生家にもいれなくなり、児童相談所を経由して里親さんのもとで暮らしました。新型コロナの感染拡大に伴う「緊急事態宣言」により私を含めほとんどの国民が「巣ごもり」を余儀なくされましたが、里親さんの家にお世話になった十六歳から十七歳までの私は、今回のような自衛的な「巣ごもり」ではなく、失意と絶望の「ひきこもり」でした。学ぶ場所を失い、帰る家を失い、友を失い、可能性を失い……毎日、絶望に打ちひしがれておりました。そんな失意のどん底にいた私に「希望の光」をくれたのは、当時、生徒募集難で廃校の危機に瀕《ひん》していた北海道の小さな私立高校（北星学園余市高等学校）の「新たな取り組み」を紹介する新聞記事でした。「全国から高校中退者、不登校者を地域ぐるみで受け入れる」という全国初の取り組みは「小さな学校の大きな挑戦」と謳《うた》われました。そして……里親さんのご尽力も賜り、私はその「挑戦の船」の乗組員となることが叶ったのです。あの場所が、あの時の精一杯の挑戦がなかったなら、今の私はございません。

このコラムでも皆様に報告させて頂きましたが、法務副大臣を拝命以来、多摩少年院、北海少年院、紫明女子学院で、自らの少年時代の挫折と挑戦を赤裸々に語る講演を行ってきました。大臣・副大臣が少年院で講演するのは、法務省の歴史上初めてのことでした。

全ては「恩返し」のためにあります

少年時代に希望の光をくれた北海道の私立高校に教師として奉職したことも、少年院での講演や成人式への出席などでエールを送るのも、生かされている地元への献身も、私にとってはすべて同根です。私は自らの人生を「恩返しの旅」だと定め、今日を生きているのです。

冒頭に書いた『歴史的事業』に話を戻しますが、少年院に入院している少年・少女の大半は「中卒」又は「高校中退」です。必然、大半の少年・少女は「無職少年・少女」として「仮退院」していきます。不安定な社会復帰は、再び「同じ境遇の者が集いし部分社会」の形成を促《うなが》します。薬物違反等により入院した少年・少女ならなおさらです。私は自らの経験も踏まえ、かねてから彼らに「高校生として社会復帰して欲しい」と切望しておりました。これまで文科副大臣を二期務めましたが、法務副大臣に就任以来、その人脈を生かし複数の「広域通信制高校」と話し合いの場を持ってきました。

法務省の「新たな歴史」を拓《ひら》きます

少年院でも「高卒認定試験」の合格を目指す就学支援カリキュラムがありますが、この試験の合格率は約三〇％です。ブランクがある上、学業のみに専念できない環境での合格は至難の業です。そこで私は、希望者が少年院在院中に、全国に教育拠点を有する「広域通信制高校」に「入学」「編入」ができ、少年院における「カリキュラムの一部」を「高校の単位」として認定したり、広域通信制高校の「インターネット授業」を少年院で受講できるという省庁の垣根を越えた制度の構築を模索してきたのです。六月二十五日（木）ついに法務省・少年院・文科省・広域通信制高校の「歴史的合同会議」がスタートいたします。この制度が実現すれば学校推薦等の利用により高等教育への扉も同時に開かれます。私は彼らの更生を信じています。恩返しの旅……これからも誠実に歩んでまいります。

▼『週刊よしいえ』第287号　2020年6月29日

甦《よみがえ》り（更と生）を教育で支える

先週のコラムでも皆様に紹介させて頂きましたが、六月二十五日（木）、法務省内に「少年院在院者の高等学校教育提供に向けた検討会」を発足させました。教育界からは、文部科学省初等中等教育局、全国通信制教育研究会、研究会に加盟する星槎《せいさ》国際高等学校・向陽台高等学校・八洲《やしま》学園高等学校、並木学院高等学校・禅林《ぜんりん》学園高等学校が検討会に参画してくださいました。また少年矯正の現場からも北海少年院・多摩少年院・浪速少年院・交野女子学院・和泉学園・広島少年院・四国少年院の各院長先生が参画してくださいました。「歴史的プロジェクト」の始動です。

少年院に入院している少年たちは、確かに度重なる非行を犯しました。その罪を社会から離れて「償う」（少年院で矯正教育を受ける）のは「当然の責任」です。そして、同時に「被害者」に深く思いを致しながら「更生」していく「責任」があります。では、「更生」とは一体、何でしょう。それは反省だけで、少年院のカリキュラムをこなすだけで、成し遂げられるものではないと私は思います。彼らは退院後、我々が暮らす「社会」へと戻ります。そこには様々な誘惑も、苦しみも、そして、当然ながら偏見も存在しております。その社会で自らを律して生きる、過《あやま》ちを背負いながらも、それぞれが、それぞれの「幸せ」に向かって歩む、大切に思える「誰かの幸せ」に「自らの人生」を重ね合わせながら生きる、それこそが、「真に更生した姿」ではないでしょうか。「将来なき反省」の先では、必ず「新たな闇」が生まれます。そしてその闇は、やがて彼らだけでなく彼らの周囲をも飲み込み……悲劇の連鎖は続きます。

希望する全ての子供にチャンスを

私はこの連鎖を断ち切りたいのです。現在、高校の進学率は99％。私も文科大臣政務官・文科副大臣として制度設計に携わりましたが、高校の授業料は私学も実質無償化されております。家庭環境にかかわらず希望する全ての子供が高等教育にアクセスできるよう「給付型の奨学金の創設」や「授業料の無償化」を進めてまいりました。かつての日本は「中卒」が「社会で生きる前提」でしたが、今は「高卒」がそれに代わる前提です。「少年院仮退院者の**再処分**率」（法務省）を見ると、「無職少年」は四四・六％、「有職少年」は一六・三％、「学生・生徒」は八・六％となっております。成長することができる「居場所」と新たな未来に繋がる「教育の提供」が、少年たちの「更生」を促すのは明白なのです。彼らが生活基盤もままならない「無職少年」としてではなく、新たな未来に挑戦する「高校生」として退院することができる、そのチャンスを提供すべく、誠心誠意を重ねます。

▼『週刊よしいえ』第288号　2020年7月6日

仲間と力を合わせながら「時代」を拓きます

ジメジメした梅雨が続いております。再び増加の兆しを見せる新型コロナウイルス。皆様におかれましても再警戒されている事と存じます。他方、マスク着用の習慣化により「一日の水分摂取量」は大幅に減少しているという専門家の指摘もあります。高温多湿の時期。小まめな水分補給を心がけて十分な熱中症対策をなさってください。私は「密を避ける」ことを意識しつつも「今できる精一杯」を日々、重ねております。国会が閉じているとはいえ、現在は原則週一回、衆議院・参議院の各委員会が「閉会中審査」という形で開催されておりますが「法務副大臣」として「法務委員会」への出席は当然なのですが、その他の委員会においては「副大臣」が「大臣」に変わって答弁を担当します。テレビには映りませんが入念な準備と誠実な答弁を心がけております。また主体となって進めている法務省所管の各政策、来年度予算編成の指針となる「骨太の方針」の策定作業、自民党政務調査会や法務部会への出席・対応、地元政策への予算獲得に向けた各省との折衝など、国政業務は国会会期中と変わらない忙しさです。同時に「緊急事態宣言」の解除後は地元での「草の根活動」も再開いたしました。毎日朝五時には起床し、連日、秘書、そして市町村議会議員の先生方と地元駅や交差点に立って、早朝より責任へと向かわれる皆様に御挨拶をさせて頂きながら『週刊よしいえ』をお手元に届けさせて頂いております（直近二週間で八回、朝駅頭を実施しました）。また週末は広報車に乗って地元を回りながら「密」を避けた上で「街頭演説」も行っております。ここでも仲間の県市町村議会議員の皆様が支えてくださっております。感謝に堪えません。

土と汗にまみれた活動を続けます

我々は「皆様のお力」により「皆様のため」に公職に就いております。野党の皆さんは「政権批判」が主要なお仕事ですが、政権を担当している我々は「予算編成」「税制改正」「省庁間折衝」「政策立案」「政策実行」「地元の声の反映」「外交折衝」「国・県・市町村との政策共有と協働」……など日々、国民生活や国際社会に直結する重責を担っております。コロナ禍にあっても、いや、コロナ禍という「一〇〇年に一度の危機」にあるからこそ、常に「大局観（鳥の眼）」と共に「草の根の活動（虫の眼）」が求められていると自覚しております。残念ながら地域のイベントは軒並み中止となってしまっておりますが、私はこの夏もこれまで同様、それ以上に、地元を回り「小さな声」を一つでも多く拾い上げながら仲間と共に「コロナ後の社会」の畑を耕し続けます。それこそが皆様に産んで頂いた「義家の議」です。土と汗にまみれながら今週も「誠実」を貫きます。

『週刊よしいえ』第２８９号　２０２０年７月13日

第七十回・社会を明るくする運動がスタート

毎年七月は法務省所管の「社会を明るくする運動（社明運動）」の強化月間です。この運動は、戦後の混乱期に民間有志の皆様が開催した「犯罪者予防更生法実施記念フェアー（銀座フェアー）」を源流とする「国民運動」で、私の地元でも毎年、保護司の先生方を始めとする有志の皆様により「草の根運動」が展開されております。令和二年は運動スタートから七十年という節目の年。法務省としてもこれまで様々な準備を重ねてきましたが、残念ながら「新型コロナウイルス感染症」の影響で「草の根運動」は中止の判断を余儀なくされてしまいました。しかし七十年前とは時代が違います。「運動の聖火リレーを消してはならない」そんな思いから、法務省ではオンライン（インターネット）を活用した「第七十回・社会を明るくする運動」を展開させて頂いております。先日は運動のキックオフイベントとして、法務副大臣の私と歌手の谷村新司さんで『立ち直り』をテーマとした対談を行い、インターネットで配信させて頂いております。谷村新司さんは『昴《すばる》』『サライ』『いい日旅立ち』など、誰もが口ずさめる名曲を紡いできた「国民的歌手」ですが、十年前より「社明運動」の「フラッグアーティスト」を引き受けてくださり、毎年の「立ち直りフェスティバル」や「こころをつなぐプロジェクト」に参画いただいている篤志家《とくしか》でもございます。私にとっては少年時代からのスーパースターで、今でも『アリス』時代の名曲『チャンピオン』を聞くと血がたぎります（笑）。対談前、谷村さんが副大臣室を訪問してくださった際は、さすがにカタマリました（笑）。実際にお会いした谷村さんは「柔和な紳士」でした。

谷村新司さんのお言葉に我思う

対談で谷村さんは、全国各地の更生施設を訪ねて保護司の先生方や更生を目指す若者たちと交流してきたエピソードを語ってくれました。「世の中で失敗しない人間などいません。すべて『お互い様』なんです。なのに、今の社会はどこか『寛容さ』が欠けてきているように感じるんです。うん、大丈夫。そう言ってあげられる優しい社会になって欲しい」——まさにそのとおりだと思います。コロナ禍では『コロナ警察』などと形容される「市民監視」が一部で表出して問題となっておりますが、マスクを忘れて外出してしまうことだってあります。芸能人の不祥事等も、昨今は引退を余儀なくされるまで叩かれます。当然、反省や償いは必要です。しかし、それのみをもって「全人格」を、さらに「これから」さえも全否定されるような社会では多くの「可能性」が消失してしまいます。お互い様で支え合う社会。皆様と力を合わせながら、今後もそんな国づくりを進めてまいります。

▼『週刊よしいえ』第２９０号　２０２０年7月20日

「必ず今年も襲来する」を前提としながら

梅雨とはいえ地元でも「長雨」が続いております。ご存知のように、熊本県を中心とする九州や中部地方では激しい豪雨による河川の氾濫にともない、甚大《じんだい》な被害が発生しました（令和二年七月豪雨）。事態を受けて政府は速《すみ》やかに「特定非常災害」に指定し、現在「総がかりの復旧」にあたっておりますが、更なる豪雨が心配です。水害に関しては「十年に一度」「百年に一度」という言葉はもはや過去のものとなり、豪雨は毎年のように全国各地に襲来しております。私の地元でも昨年秋の「台風19号」により甚大な被害が発生しました。また九死に一生を得ましたが、相模川水系は決壊寸前にまで追い込まれました。東京の荒川と多摩川も同様にギリギリの状況でした。仮に首都圏を流れるこれらの河川が決壊すれば流域に暮らす数百万人に被害が及び、都市機能が壊滅していたことでしょう。今は昔、政治の場では多額の予算と歳月を要する「ダム」と「ムダ（無駄）」を重ねて「公共事業削減」を訴える政治手法がトレンドとなり（コンクリートから人へ）、実際、七月に水害が発生した熊本県でもダムの新設が凍結されておりました。また昨年、千曲川が氾濫した長野県でも当時の知事の「脱ダム宣言」によって水害対策が置き去りになっておりました。「豪雨は毎年必ずやってくる」――我々政府はその前提に立って備えに万全を期さなければなりません。しかし「言うは易く、行うは難し」という現実もございます。過去例を紐解《ひも》けばダムの新設には四〇年～五〇年の歳月を要しております。豪雨はダムの完成を待ってはくれません。ならば今、何を成すべきか。豪雨に即応できる対策はないのか。我々は、動き出しました。

治水・利水一元化で危機に備える

我が国には現在一四七〇のダムがございますが、そのうち国交省が所管し「水害対策」に活用しているダムは五七〇ダムだけで、残りの九〇〇のダムは「利水ダム」として経産省が電力会社のダムを、農水省は農業用水用のダムを所管してきました。豪雨対策には、まだ伸びしろがある――我々はそこに着眼し『政治主導』で国交省・農水省・経産省に大号令を発して「合同検討チーム」を発足させ、今年六月「台風シーズンは国交省が全てのダムを一元的に管理し、全国一〇九の一級水系ごとに一元運用する」という計画を取りまとめました。また、この一元運用により電力会社等に損害が発生した場合は、国が補償するという仕組みも創設いたしました。これで、これまで全ダム容量のうち「豪雨対策」に利用できる割合が、三〇％だったものを六〇％にまで増やすことが可能となりました。利水関係者との調整は困難を極めましたが、国民の生命と財産を守るのは「政府の責任」なのです。

教訓を政策に生かし改革を実行

「全ダム容量の三〇％から六〇％になった」と言われてもなかなかイメージがわきにくいので分かりやすく説明させて頂くと、これは昨年の台風19号で利根川水系を救った群馬県の「八ッ場《やんば》ダム」の「五十個分」に相当します。民主党政権による建設中断でさらに遅れた八ッ場ダムを完成させるまでに費やした期間は約五十年、費やした費用は五〇〇〇億円にのぼります。この度の運用見直しによって「八ッ場ダム五十個分」を「豪雨対策」に利用できるようになったことをお金（税金）に換算すると単純計算で二五兆円になります。また「時間」と「ダム完成までに想定される水害と復旧費用」を勘案すれば、その額は天文学的数字となります。大切なものを守るために、変えるべきは変える。それが保守改革です。今週も政府の真ん中で、皆様を想いながら無私の汗を重ねてまいります。

▼『週刊よしいえ』第291号　2020年7月27日

深刻に受け止めながらも、冷静に分析する

本来であれば東京オリンピックが開幕し、世界中の目が我が国に注がれていたであろう「二〇二〇年（令和二年）夏」――しかしコロナ禍、さらに首都圏を中心に再び感染者数が増加していることを受け、先週の4連休も多くの皆様が「巣ごもり」を余儀なくされてしまったと推察しております。もちろん今は「辛抱の時」です。しかしメディアは危機を煽《あお》るばかりで正確な報道をしてくれませんが「緊急事態宣言」が発出された際と今の状況は、同じように危機ではありますが、中身（内訳）は異なっているということも皆様には知って頂きたいと思います。まず重症化が懸念される「六十代以上」の感染者数は「緊急事態宣言」が発出された際には全体の四割（四〇％）に上っておりましたが現在は一割（一〇％）を下回っております。対象の皆様の感染防止の御努力に心より敬意を表します。次に「重症者」の数ですが、「緊急事態宣言」が発出されたピーク時（四月三〇日）は「三二八名」に上りましたが、現在は「五十五名」となり、新型コロナ感染者の「重症者割合」はピーク時の「九・六％」から「一・二％」に減少しております。また医療体制（病床の確保数）も全国で「一万九四九六病床」（東京三三〇〇床）、うち重症者用病床は「二五五五病

床」（東京四〇〇床）が確保され、今後のさらなる感染拡大を想定した「想定病床数」も「二万八七九四病床」（東京四〇〇〇病床）、うち重症者病床は「三八八八病床」（東京五〇〇病床）と体制は整えられております。医療に従事されている皆様の献身に心より敬意と感謝を申し上げます。軽症者に対する「宿泊施設受入可能室数」も「一万六七六二室」が用意されています。

「日の丸ワクチン」の開発を急ぐ

コロナ感染を判定するＰＣＲ検査センターも五月一日の「二十カ所」から「二三九カ所」（帰国者・接触者外来は二三二五カ所）に増設され、現在はＰＣＲ検査の実施件数も１日一万三三七六人（七月十七日）にまで増えております。無症状者を含めた検査の強化は結果として感染者数を増やしますが、感染拡大を最小限に抑え込むため、さらなる強化をはかります。しかし、どんな策を講じようとも「ワクチン」の開発・接種なしに「新型コロナ」の「完全終息」はございません。我が国も世界の研究機関と協働しながら開発を急いでおりますが、先般、イギリスのオックスフォード大学と中国の軍事科学医療部門から「ワクチン」の開発に成功したとの発表がありました。オックスフォードと共同研究した製薬会社アストラゼネカ社はワクチンの供給を九月から始めると表明しております。我が国も

「日の丸ワクチン」の一日も早い開発に向け、政府一丸で研究を支援してまいります。

「特別定額給付金」。一刻も早く

新型コロナウイルス感染症の感染拡大により強いられる自粛と、それによる生業《なりわい》や地元経済の縮小への処方箋として、我々は「国民に一律10万円を給付する」という過去に例のない『特別定額給付金』の支給を決断しました。多くの皆様から「義家さんやっと振り込まれたよ」という声を届けて頂いておりますが、まだ受け取っておられない方がいらっしゃるのも事実です。地元自治体も受け付けた順番に開封、給付手続きを行っております。申請には期限がございます。すでに終えている皆様には必ず支給されますが、まだ未申請の皆様はお急ぎください。厚木市8／31、伊勢原市8／24、座間市8／25、愛川町8／14、清川村8／14、相模原市9／15が申請期限日です。もし、未申請の方がお近くにいらっしゃいましたら、お声がけを、宜しくお願い致します。

▼『週刊よしいえ』第292号　2020年8月3日

渡り鳥には守れない。私は根を張り地を守る

立憲民主党と国民民主党の「新党結成」を巡る政局が続いております。目まぐるしく変わるのですでに記憶が薄れてきている皆様も多いかと思いますが、この2党の源流は１１年前に政権に就いた「民主党」です。しかし「政権運営」の失敗に加え、「決められない政治」と揶揄《やゆ》されるほど党内がバラバラだったことも重なり党勢は低迷を続けました。――このままでは選挙は戦えない。さらに大きな野党の塊《かたまり》を作らなければ――。夏に参議院議員選挙を控えていた二〇一六年三月二十七日、民主党は大阪組と分裂していた維新の党を加え民進党（岡田克也代表）に衣替えしました。国会会期中に行われた合流でした。しかし迎えた夏の参院選で敗北、続いて東京都知事選でも敗北し（鳥越俊太郎氏・三位）、岡田代表は辞任を余儀なくされました。後任には蓮舫氏（現立憲民主党）が就任しました。しかし党勢は回復せず翌年の東京都議選で歴史的敗北。責任を取る形で蓮舫氏が代表を辞任し、後任に前原誠司氏（現国民民主党）が選ばれました。この頃には解散総選挙が取りざたされるようになっておりました。そんな中、先んじて民進党を離党していた細野豪志氏（現自民党二階派）に近い議員が次々と民進党から離脱――人気絶頂だった小池百合子都知事を担いで希望の党を結成したのです。

何のために政党が存在するのか

三年前（二〇一七年）の秋――ついに衆議院解散総選挙が行われることとなりましたが、ここで「アッと驚くウルトラC」が民進党の前原代表から繰り出されました。解散総選挙で民進党は候補者を擁立せず所属議員は希望の党から出馬することを容認する、というものでした。しかし希望の党を率いる小池代表（元自民党）は、憲法改正、安保法制容認、外国人参政権付与への反対、党への金銭提供の約束などを列記した「政策協定書」（踏み絵）に署名をすることを公認条件とし、さらに総理大臣経験者等に加え一部の左派系議員を公認から「排除」する方針を示したのです。実際に「排除」された枝野氏らは新たに「立憲民主党」を結党して選挙に臨みました。迎えた衆院選では――「希望の党」は失速。他方で「立憲民主党」は躍進し、野党第1党となりました。選挙後「希望の党」は小池氏を退け、参議院に残っていた「民進党」と合併する形で「国民民主党」を結成しました。

自民党立党宣言「政治は国民のものである」

その後「国民民主党」は小沢一郎氏が代表を務める「自由党（旧山本太郎と仲間たち）」とも合併しました。民主党時代から積み残してきた潤沢な政治資金はそっくりそのまま「国民民主党」に引き継がれ、野党第1党の「立憲民主党」には、びた一文渡っておりません。「この『政治資金』を巡るしこりと、『選挙公約』のしこり、『選挙対立』のしこりは、今も両党の深い溝になっている」と、ある野党有力議員が語っておられました。それは、そうでしょうとも……。しかし、それでもなお両党は一年二カ月（令和三年十月任期満了）以内には行われる総選挙をにらんで「新党」の結成を急いでいるのです。歴史は繰り返されるのでしょうか……。政治は政党や議員の生き残りのためではなく、国民のためにこそあります。コロナの夏。渡り鳥では守れません。私は根を張り、地を守ります。

▼『週刊よしいえ』第２９３号　２０２０年8月10日

日本が世界の真ん中で輝かなければならない

猛暑日が続いております。新型コロナ禍により「マスク着用」が習慣化しましたが同時に「熱中症」の「リスク」も高まっております。実際に「熱中症」による「救急搬送」は同じく記録的な猛暑が続いた昨年と比較しても増加しております。特に「炎天下の屋外」では「密」に配慮しながらマスクを外すことは「熱中症」から身を護る重要な選択肢です。皆様、どうぞご自愛ください。

新型コロナウイルスは我が国ばかりでなく世界中の経済を破壊し続けております。企業が「倒産」すると、それまで働いていた「従業員」は「失業者」へと変わります。失業者は先行き不透明のため、必然「消費」を「最小限」にとどめます。「消費」が冷え込むと、さらに多くの企業が業績悪化となり「倒産」していきます。するとさらに多くの「失業者」が生まれ、「消費」は益々落ち込み、さらに多くの企業が倒産し――辿り着く先は、「恐慌《きょうこう》」です。一九二九年から始まった「世界恐慌」は「第二次世界大戦」の「導火線」となりました。世界史を紐《ひも》解くまでもなく、「協調による繁栄」が不安定化すると必ず「力による現状変更」という悲劇が萌芽《ほうが》いたします。実際、中国は、世界が混乱する中、覇権の動きを隠そうともしなくなりました。我が国の領海及び接続水域への侵入は、コロナ禍にあって連続一〇〇日を超えております。米中対立も深刻化の一途を辿っております。まさに「歴史は繰り返す」という諺《ことわざ》が現実味を帯びつつあるのです。しかし、他方で我々は「歴史から学ぶ」こともできます。今、世界の平和と安定の肝《きも》は、日本・アメリカ・イギリスの「有機的連帯」であると私は確信しております。

日・米・英連合で危機と対峙する

我が国はユーラシア大陸の「極東」に存する島国です。ＡＳＥＡＮ（東南アジア諸国連合）諸国は先人の努力もあり総じて親日ですし、インド、さらに内部対立を抱える中東アラブ諸国との関係も極めて良好です。また我が国と「日英同盟（一九〇二年）」を結んだ歴史を持つイギリスは、ユーラシア大陸の「極西」の島国です。ＥＵ（ヨーロッパ連合）から「離脱」するとはいえ、今もヨーロッパのみならず世界の「金融センター」としての役割を担っております。そしてアメリカは、現在、我が国唯一の「同盟国」です。自由・平等・民主主義・法の支配という共通の価値観を持った「シーパワーの国」である日・英・米が連帯して、自国民のみならず、世界中の人々をコロナ禍から救済するというビジョンを高らかに示せたなら、世界諸国は無条件で我々を支持するでしょう。「奪い合い」は不幸と分断しか生みません。コロナ禍では「分かち合い」こそが、人類を救済するのです。

「分かち合い」こそが世界を救う

以前、このコラムでも書かせて頂きましたが、世界文明の歴史は「水源」の「奪い合い」の歴史でもありました。しかし国土の多くが山地である我が国は、奪い合うのではなく、大切な水源を分かち合い、力を合わせて開墾し、共に支え合い、助け合いながら独自の文化を築いてきました。他方、イギリス・アメリカは自由競争（市場原理主義）を伝統としております。ともすればコロナワクチンの「利」も「益」も独占しようとするかも知れません。そんな中で世界の真ん中に立する日本が軸となって、イギリス・アメリカを両翼に結び、その翼を羽ばたかせることができれば、世界はきっと救われるでしょう。今、求められているのは「奪い合い」でも「利」でも「益」でもなく、「救済」なのです。業《ごう》の深い人類は今ウイルスから試されています。今週も至誠を貫きながら置かれた場所で日々、精一杯を重ねます。

▼『週刊よしいえ』第294号　2020年8月17日

世界の国々と連携しながら正義を貫きます

猛暑が続いておりますが、「お盆」も明けました。日中のセミの声と同様に、夕刻から夜にそよぐ涼風が虫の声を耳に届けてくれるようになりました。とはいえコロナ禍の中、クラスターを何としても阻止せねばならない刑務所等の収容施設や出入国在留管理を所掌する法務副大臣の重責はいささかも変わりません。今週も緊張感を持って負託いただいている職務を誠実に全ういたします。

昨年末、保釈中に逃走し、レバノンに滞在しているカルロス・ゴーン被告人（金融商品取引法違反・特別背任罪）の対処について、政府を代表してレバノン国に赴き、大統領・

司法大臣・外務大臣・外務委員長と相次いで会談――厳しいやり取りをいとわず「我が国の立場」と「法治国家としての揺るがぬ意志」を明確に伝え、「日・レバノン当局の司法連携と協議継続」の合意を勝ち取った電撃訪問から約半年が経過しました。ゴーン被告人の「密出国」を請け負った協力者九名はすでに逮捕（トルコで七名・アメリカで二名）されておりますが、一方で、ゴーン被告当人は「どこ吹く風」。レバノン国内で悠々自適な生活を続けてきました。これは我が国が誇るグローバル企業（日産・三菱自動車）のトップを長らく務めた経営者としても「あるまじき居直り」です（ゴーン氏の進めた大量リストラで多くの社員が失業しております）。以前にも皆様にお伝えしましたが、逃亡を続けているゴーン被告人は、現在「国際刑事警察機構（ＩＣＰＯ・インターポール）」から、「国際手配」（赤手配書）を受けております。ちなみに「国際刑事警察機構」は、世界一九二の国と地域が加盟する、規模としては「国際連合」と並ぶ「法と正義」を所管する「国際機関」です。

政府は国民のためにこそ存在する

前述のようにレバノン政府は日本政府（私）に対して「当局による協議の継続」を確約し、それを受けてこれまでの累次のやり取りが重ねられてきましたが、レバノンの不安定な国内情勢にコロナ禍も加わり、協議は「膠着《こうちゃく》状態」に陥りつつありました。そんな中で届いたのが首都ベイルートでの大規模爆発のニュースです。この半径数キロメートルに及ぶ大爆発による死者は数百人、負傷者は五〇〇〇人を超え、二〇万人以上の市民が家を失うか窓やドアのない家での生活を余儀なくされているそうです。レバノン政府は、倉庫で杜撰《ずさん》に保管されていた二七五〇トンもの硝酸アンモニウムが何らかの事情で爆発した、と公表しておりますが、かねてから危険性を指摘する声が届けられていたそうです。レバノン訪問時に爆心地を何度も通った私も、報道を受けて背筋が寒くなりました。「既得権者」は徹底して守る一方「国民の生命と財産」は「二の次」という姿勢のレバノン政府――。

日本に戻って審判を受けるのは当然

その様《さま》は私の中で、「ゴーン被告人」の様《さま》とぴったり重なりました。大爆発と数々の失政を受けて内閣は「総辞職」を余儀なくされ、現在は「政府がない」という異常事態が続いております。これまで積み上げてきた莫大な債務（一部は不履行）に加え、今回の大規模爆発による損失は三〇億ドル（三二〇〇億円）、レバノン経済への影響は約一五〇億ドル（一兆六〇〇〇億円）以上にのぼると推計されており、国際社会からの支援が不可欠です。国民・市民の怒りが最高潮に達する中、既得権者の象徴であり、国際刑事司法連携や友好国との関係を阻害しているゴーン被告人の立場はもはや安泰ではありません。彼を一刻も早く日本に戻し、我が国の裁判所で審判を受けさせることは、レバノン国が内外に「公正」さを示すまたとない契機です。大統領の英断に期待しています。

『週刊よしいえ』第２９５号　２０２０年８月24日

「コロナ禍」だからこそ、分かち合えた時

今週いっぱいで八月もほぼ終わりです。四季がはっきりしている我が国だからこそ尚更《なおさら》、コロナ禍でセピア色に染まってしまった二〇二〇年冬・春・夏の「失われた季節の情景」に寂寥《せきりょう》が募ります。しかし同時に、私にとっては「得難い時」でもございました。家族でこんなにも多くの時を分かち合ったのは初めてだったからです。新型コロナを受け、カナダに留学している息子が日本に帰国したのが三月二十日――あれから五カ月。彼が誕生した十七年前の二〇〇三年五月、当時、私はドキュメント番組や連続ドラマ・映画にもなった北海道の私立高校で生活指導部長を務める傍ら、書籍も相次いで上梓させて頂き、休日は全国を講演会で飛び回るという生活をしておりました。そして息子が一歳十カ月だった二〇〇五年四月からは横浜市教育委員会教育委員に就任。連日、市内の教育現場を回らせ

て頂く傍ら、東北福祉大学でも教鞭を執り、内閣官房教育再生会議の担当室長も務めさせて頂くという超多忙な日々を続けていました。さらに、息子が四歳の時（二〇〇七年七月）には国民からの負託を賜り参議院議員に――。東日本大震災が発災した際には国会の中枢（議院運営委員会理事・国会対策副委員長）で震災対応に奔走しました。時を同じくして衆議院神奈川県第十六選挙区支部の支部長に就任し、息子が九歳の時に、地元の皆様より衆議院へと送り出して頂きました。政権奪還後は文部科学大臣政務官を拝命し、東京オリンピック・パラリンピックの招致実務を担うという貴重な経験をさせて頂きました。その後も文科副大臣（二期）、文科委筆頭理事等の要職を務め、党でも副幹事長・財金部会長を歴任しました。

背中でする子育てには限界がある

そして昨年からは、法務副大臣として法務行政の「現場」を任せて頂いております。今年はコロナ禍により地元の夏行事の大半が中止となってしまっておりますが、例年はひと夏で六〇〇カ所を超える夏祭りがございます。土日は朝七時過ぎに自宅を出て、お祭りを準備する皆様への挨拶からスタートし、二二時過ぎの後片づけまでくまなく地元を回らせて頂きます。毎年、夏に始まる「補正予算編成」「次年度予算編成」では、地元施策の予算確保に向け政治生命を懸けて心血を注ぎます（今もしております）。まさに「無我夢中」の、充実した十七年でした。しかし……息子は、十七年間の記憶をどんなに紐解いても「忙しく働く父」の姿しか見つからないことでしょう。夏・冬休みやゴールデンウィークも彼の傍らには居てやれませんでした。よく「父親は背中で子供を育てるもの」といわれますが、ものには限度があります。そのことを私はずっと申し訳なく思ってきました。

「ピンチはチャンス」という言葉を実感

息子が帰国してからの五カ月は、父子にとって、初めて経験する濃密な時でした。毎日一緒に食事し、散歩に出掛けたり、買い出しに行ったり、ジグソーパズルを作ったり、映画鑑賞をしたり、将来の夢の話しをしたり……「ごく普通の家族」の「当たり前の日常」を日々、愛おしむように過ごしてきました（息子にとっては少々、ウザかったかも）。本当に幸せな時間でした。

八月二十六日――息子は留学先のカナダに戻って、寮で二週間の隔離された後、高校生活を再開します。女々《めめ》しい父とは違い、彼は日本（家族から）離れる寂しさより、仲間と再会できる喜びの方がはるかに勝《まさ》っている様子です。不安は尽きませんが親としても笑顔で送ってやりたいと思います。「ピンチはチャンス」。その言葉を胸に秘め、今週もコロナ禍と真正面から対峙してまいります。

『週刊よしいえ』第296号　2020年8月31日

安倍総理が辞任を表明。後を継ぐ者として

八月二十八日（金）、安倍晋三内閣総理大臣は、政府コロナウイルス感染症対策本部で「新対策パッケージ」を決定した後、午後五時から行われた記者会見で「内閣総理大臣」の職を辞する決断を表明されました。持病である潰瘍《かいよう》性大腸炎（難病）の再発を公表した上で、「体力が万全ではないという苦痛の中、大切な政治判断を誤ること、結果を出せないことがあってはならない（中略）新体制に移行するのであればこのタイミング（政治空白が生まれないこの時期）しかない」と悔しさを滲ませながら決断の理由を語られました。第一次安倍内閣で設置された「教育再生会議」の「担当室長」に抜擢されて以来十四年間、私は安倍総理と苦楽を共にしてきましたが、その揺るぎなき信念と政策実現に向けた執念はすさまじいものがございました。その総理が「日本人拉致問題」「日ロ平和条約の締結」と「北方領土問題の解決」そして「憲法改正」を積み残しにしての退陣を決断されるまでには「血の滲むような葛藤」があったことでしょう。潰瘍性大腸炎という難病を抱えなが

ら国家を率いてきた総理の「これまで」は、文字通り「命がけの日々」でした。その総理が任期残り1年を切ろうという最終コーナーで辞任を決断せざるを得なかったのは、想像を絶する事態が体内で起こっているということでしょう。安倍総理の「これまで」に心からの尊敬と感謝の念を表すると共に、治療に専念され健康を取り戻された暁には変わらぬご指導を賜りたいと切に希望しております。一日も早く新たな体制を整えてコロナ禍と対峙する責務が我々にはございます。その意味で今週は「試される週」です。皆様、どうぞ見守っていてください。

これまでの「挑戦」に敬意を込めて

安倍政権が成し遂げてきた主な業績を改めて皆様と共有させて頂きたく存じます。①教育基本法の改正。②防衛庁を「防衛省」に昇格。③憲法改正の手続きを定めた「国民投票法」成立。④「アベノミクス」と命名された大胆な金融・財政・成長戦略（３本の矢）で円高・株安を大きく是正。⑤４００万人を超える雇用の創出。⑥教育委員会制度の大改革。⑦オリンピック・パラリンピック東京大会の招致成功。⑧国家安全保障会議（ＮＳＣ）の創設。⑨初の国家安全保障戦略を策定。⑩特定秘密保護法の成立。⑪税と社会保障の一体改革（野田内閣）で定められていた「消費税」の増税を実施。⑫戦後七十年談話を国際社会に発信。⑬平和安全法制の成立で集団的自衛権の限定的行使が可能に。⑭日米同盟の深化と抑止力の強化。⑮日韓で「慰安婦問題」の「最終的かつ不可逆的解決」を合意。⑯オバマ大統領による原爆被爆地の広島訪問。⑰天皇陛下の譲位を可能とする特例法成立。⑱組織犯罪処罰法を改正し「テロ等準備罪」（テロ対策）を新設。⑲七年振りとなる中国公式訪問。⑳新天皇陛下の御即位。㉑トランプ大統領の国賓来日。㉒テヘランでイランの最高指導者ハメネイ師と会談し中東対立の仲裁。㉓オリンピックの一年延期を決定。㉔相次いだ地震や台風・豪雨災害への迅速な対応と財政出動。㉕衆参選挙での勝利。㉖連続在職日数歴代一位。㉗サミット等国際会議のまとめ役……等。

政治は結果がすべてという強い信念

歴代の政権が見送ってきた賛否の分かれる法案や政策を、国益を踏まえながら果敢に挑戦、成立させてきたことは後世まで評価されるでしょう。また国際社会の中心でリーダシップを取った歴史上初めての総理大臣でもあります。現職の米国大統領（バラク・オバマ氏）の被爆地・広島への訪問実現は歴史年表に刻まれます。都合八年八カ月……本当にお疲れさまでした。

義家弘介拝

これからも皆様と共に――令和2年秋

▼『週刊よしいえ』第297号　2020年9月7日

国家公務員は、あくまで国民全体の奉仕者

内閣人事局が昨年十一月～十二月にかけて各府省庁に勤務する国家公務員およそ三割（約四万五〇〇〇人）を対象に実施した「意識調査」の結果が先般公表されましたが、そこで三十歳未満の若手男性官僚の七人に一人が「すでに辞職を準備中」又は「一～三年程度のうちに辞めたい」と回答していたことが明らかになりました（同女性官僚は十人に一人）。理由としては（複数回答）「もっと魅力的な仕事に就きたい」が四九・四％で最多を占めました。「日本という国、そして国民に尽くしたい」という青雲の志を抱いて難関の国家公務員試験をクリアして職務に就いた国家官僚。しかし奉職から十年も経たないうちに七人に一人が「辞める」「辞めたい」と失望してしまう――。「民間企業でも同様の傾向が指

摘されている。これだから近頃の若い者は……」という声もございますが、私はこの回答結果を極めて深刻に受け止めております。日本国憲法第十五条第二項では「すべての公務員は、全体の奉仕者であって、一部の奉仕者ではない」と定められておりますが、翻って各府省庁の国家公務員は「国民の公僕である」という意識と自覚を持って仕事ができているでしょうか。答えは否でしょう。国会開会中は議員からの「質問通告」が真夜中にずれ込み、連日、朝まで答弁作成に追われます。やっと開かれた委員会では、「提出法案」についての質問ではなく「追及質問」の乱れ打ち。国会議員から会館に呼び付けられては「パワハラ」まがいの恫喝《どうかつ》を受け、選挙で選ばれているわけではない議員秘書からもぞんざいな扱いを受け続ける……そのような状況下で青雲の志を保ち続けるのは至難の業でしょう。民間企業なら大問題になります。

理不尽の中で消えゆく地上の星

「ボクは国民に尽くしたいと思って国家官僚を志しました。しかし実際の仕事は、国民ではなく、国会議員や秘書、そして役所の上司に尽くしている、というのが現実……いやもっとはっきり言わせてもらえば、言葉はアレですけど、理不尽に振り回されている、というのが実際です。一度しかない人生なので家族とも相談を重ねましたが、来月から国際貢献活動を展開しているＮＰＯに転職することにしました」――先般、挨拶に来てくれた若手官僚の言葉です。彼によれば役人出身の議員ほどパワハラ傾向が強いそうです。官僚時代のうっぷんを晴らしているのだとしたら、言語道断です。私も国会での議席をお預かりしてから十四年目に入りましたが「国会の常識は社会の非常識」といった場面に幾度も遭遇してまいりました。ヤジという名の罵詈雑言《ばりぞうごん》、追及という名のレッテル貼り、与野党対決法案の採決の際の「もみ合い」という名の「暴行」……失望してしまう気持ちも分かります。

実るほど、頭《こうべ》を垂《た》れる、稲穂かな

七年八カ月もの間、政府を率いてこられた安倍総理が難病の再発を告白され、首相退陣の意向を示されてから１週間余り。後任の自民党総裁を巡って候補者間の「政策論争」が熱を帯びております。しかし、私たちはしかと自覚しておく必要があります。いずれの政策も各省庁の職員の尽力なしでは実現できないこと、また国民の理解なしには、なにひとつ実現できないということを……。今、求められているのは権力闘争、政局や分断工作ではありません。求められているのは同じ空の下、同じ場所で、同じ汗を重ねていく政治姿勢であると私は確信しております。官僚の思いもきっと同じです。現下の危機は「総力」

でしか乗り越えることができません。実るほど、頭を垂れる稲穂かな。今週も驕《おご》ることなく、揺らぐことなく、皆様の日常の暮らしに思いを致しながら謙虚に歩みます。

▼『週刊よしいえ』第298号　2020年9月14日

前原氏が激白——舞台の裏側を赤裸々に語る

本日、都道府県連代表と党所属国会議員で構成する両院議員総会が開催され自由民主党の新総裁が選出されます。それを受け、十六日に臨時国会が召集され、安倍総理に代わる新たな首相（第九九代）が選ばれ、新総理の下で各省庁の大臣が任命され新内閣が発足いたします。コロナ禍——現下の危機にあって政治の停滞は許されません。私自身も新たな体制の中で日々、精一杯の汗を重ねてまいります。皆様、どうぞ見守っていてください。

ところで、ちょうど十年前（民主党・菅《かん》直人政権）の平成二十二年九月七日、尖閣諸島周辺（我が国の領海）で中国漁船が、海上警備にあたっていた巡視船（海上保安庁）に体当たりを企てるという暴挙（尖閣諸島中国漁船衝突事件）があったことは皆様も憶えていらっしゃると存じます。この暴挙を受け、海上保安庁は船長らを逮捕（公務執行妨害）、身柄が那覇地方検察庁石垣支部に送検されました。検察は乗組員は釈放し中国に帰国させる一方で、船長については国内法に基づき「起訴」する方針を固め、十九日に「勾留延長」を決定しました。ところが……二十四日になって、どういうわけか方針が一転――「船長の行為には計画性が認められない」と検察が処分保留で釈放する決定を行いました。この判断を受け義憤に駆られた海上保安官（停職十二カ月・自主退職）が、中国漁船が行った暴挙の一部始終の映像をインターネットのユーチューブにアップしたことで、国内世論は騒然となりました。一体この事件の裏側で何があったのか……事件から十年、当時、外務大臣を務めていた前原誠司衆議院議員が産經新聞の取材に応じ、舞台の裏側を赤裸々に語られました（九月八日朝刊一面に掲載）。

記事を読み身の毛がよだちました

前原氏の告白によれば、訪米し国連総会に出席する直前に首相公邸で行われた外務省の「勉強会」の席上で菅《かん》直人総理大臣（当時）が公務執行妨害容疑で勾留中の中国人船長について「かなり強い口調」で「釈放しろ」と迫ったそうです。これに対し前原外務大臣（当時）が理由を問うた所、菅首相（当時）は同年、横浜市で開催されたアジア太平洋経済協力会議（ＡＰＥＣ／エイペック）を引き合いに、「国家主席（当時）の胡錦濤《こきんとう》が来なくなる」と主張したそうです。確かに中国側は船長の釈放を強硬に要求し、政府間協議や人的交流の中止など様々な報復措置を講じていました。しかし、日本はあくまで法治国家です。前原外務大臣（当時）は「来なくてもいいではないか。中国が国益を損なうだけ」と意見。しかし菅《かん》首相（当時）は「オレがＡＰＥＣの議長だ。言うとおりにしろ」と押し切り、仙谷由人内閣官房長官（当時）に「総理の指示は釈放です」と報告したのだそうです。

自分ではなく、国家・国民のために

当時の民主党政権は（処分保留による釈放は）「検察独自の判断だ」と繰り返し強調しましたが、前原氏の告白はそれを根底から覆す証言です。記事を読みながら憤《いきどお》りに震えました。菅《かん》直人元総理は『前原証言』に対する事実確認の取材に対し「記憶にない」とだけ答えたそうです……が、当時の政府関係者もおおむね『前原証言』を裏付ける証言をされております……。国益のため、外交の立て直しに全身全霊を傾けてきた安倍総理に代わる首相が選出され「新内閣」が発足するのと時を同じくして、度重なる離合集散の末、当時の民主党幹部が再び顔をそろえた新・立憲民主党が発足しました。国会は左派勢力が最大化した構図となります。だからこそ我々は国家・国民のため「ワンチーム」にならなければなりません。我々は今、まさに歴史の側から試されているのです。

『週刊よしいえ』第299号　2020年9月21日

国家が国家であるために守らねばならぬもの

社会科の高校教師として「政治経済」と「現代社会」を生徒たちに教えていた二〇〇一年五月、今でも鮮明に思い出す「政治的できごと（教え子たちと日本という国家を憂いたできごと）」がありました。現在の北朝鮮の最高指導者・金正恩（キム・ジョンウン）の「異母兄」（前最高権力者・金正日氏の長男）である「金正男（キム・ジョンナム、二〇一七年二月十三日、マレーシア・クアラルンプール国際空港で暗殺）」が「偽造パスポート（ドミニカ国籍のパン・シオン名義の旅券）」で、女性二人と子供一人を伴って来日（シンガポールから成田）しましたが、その際にパスポートの偽造が判明し、「密入国」の疑いで身柄拘束。法務省東日本入国管理センターに収容された、という事件です。「金正男氏とみられる男性ら四人の身柄を拘束」――と報道されたのは事件から二日後の三日夕刻のことでした。当時の外務大臣は田中眞紀子氏が務めており、国民から圧倒的な人気を集めておりました。私も報道で一報を知り、一国民として政治のリーダーシップに心より期待したものです。金正男氏の身柄は北朝鮮による日本人拉致問題の極めて重要な交渉カードとなり得るからです。例え難しい判断を迫られたとしても田中眞紀子外務大臣なら「中央突破」してくれるだろうという強い期待を抱きました。しかし……五月三日午前、金正男氏一行は何事もなかったかのように成田空港から、北京に向けて飛び立っていきました。後に分かったことですが、一般客は一階客席に異動させられ、四人は二階のビジネスクラスを占有して北京入りしたそうです。マスコミも腫れ物に触るようにサラリと報道するのみ。日本という国家に強い危機感を抱いた出来事でした。

事なかれ主義では主権は守れない

政府として取り得た対応はおおむね四パターンだと思います。①入管で身柄拘束をした上で、手続きに則って国外退去の処分をする。②逮捕して（前歴を含め）取り調べる。③金正男一行をあえて入国させた上で徹底した行動確認を実施し、どこに出かけ、誰と接触したか等を詳細につかみ出国の際に身柄を拘束する。④拉致問題のカードとして北朝鮮と強気の交渉を行う。——の四つです。そもそも日本は金正男氏を無理に拘束したわけではなく、彼の方から「法」を犯して飛び込んできたのです。日本は世界に冠たる法治国家です。仮に政府が②や④の方法を選択しても、世界の国々はおろか日本国民も「当然のこと」と受け止めたことでしょう。しかし当時の政府は（手続き上にも疑義のある）①を選択し、さらに本人の希望を丸呑みして（特別待遇で）中国に退去させるという判断をくだしました。北朝鮮に家族を拉致された家族はどんな思いで顚末を見守っていたことでしょう。

一国では守れない。だからこそ外交

先週のコラムで民主党・菅《かん》直人政権の際に発生した「尖閣諸島中国漁船衝突事件」で逮捕した船長が「菅《かん》総理の強い要求で釈放することになった」という、前原外務大臣（当時）の告白について書かせて頂きましたが、これらの判断の後、中国や北朝鮮の挑発がエスカレートしていることは火を見るよりも明らかです。いや、もっとはっきり言えば中国や北朝鮮の暴挙の起点となったのです。両事案とも相手国は強硬な態度で「釈放」を迫りました。しかし、「強く迫れば、日本は言う事を聞く」では、国益ばかりか国民の生命と財産を守りきることはできません。新たに発足した菅《すが》内閣におかれては安倍総理が進めた「地球儀を俯瞰《ふかん》する外交」を更に進化させ、価値観を共有する国々とより強固な協働関係を構築しながら拉致問題・領海侵犯問題と継続して向き合って頂きたいと、切に願っております。

▼『週刊よしいえ』第３００号　２０２０年9月28日

法務副大臣退任。次を目指して明日へ行く

六年前、一念発起で決意し、今日まで毎週月曜日に発行を続けてきた『週刊よしいえ』が今週で３００号となりました。毎週愛読してくださっている皆様、感想や意見を寄せてくださる皆様に支えられての到達。感謝に堪えません。これからも政治・経済・社会・外交・安全保障・国会等に関する私の考えを丁寧に綴ってまいります。皆様の御力で「購読の輪」をさらに広げてくだされば幸いです。

「敬老の日」「秋分の日」を含めた秋の４連休により一連の手続きが分散してしまったため、皆様への正式な報告が遅れてしまいましたが九月十八日（金）、天皇陛下の認証を賜り令和元年九月十三日より務めてまいりました法務副大臣の任を終えました。まさに「激動」の一年でした。昨秋の台風19号の被害対応、新型コロナウイルス水際対策、刑務所等矯正施設のコロナ封じ込め対策、京都で開催を予定していた国連犯罪防止刑事司法会議・京都コングレス（来年三月に延期）に関する調整……枚挙に暇がありません。また昨年末の、元日産自動車会長、カルロス・ゴーン被告人の国外逃亡を受け、一泊四日の強行行程で滞在先のレバノンまで飛び、アウン大統領を始めとする政府首脳に我が国の立場を明確

に伝える『主張する外交』の任も担わせて頂きました（これまでで最も厳しい外交交渉でした）。コロナ禍にありながらも足を運んだ現場は延べ五十七カ所。多摩少年院・北海少年院・紫明女子学院・四国少年院では入院者に向けての講演もさせて頂き（史上初）、また「少年院での高校教育提供プロジェクト」を文科省と協働で立ち上げました。暗礁に乗り上げていた「少年法改正案」も「法制審の答申」まで、なんとか漕ぎ付けることができました。

皆様のお蔭で全てがございます

中でも認証官として令和元年十月二十二日、皇居にて執り行われた『即位礼正殿の儀』に主催側で臨席できたこと、十一月十四日夕刻から十五日明け方まで夜を徹して営まれた『大嘗祭《だいじょうさい》』に参列できたことは生涯の栄誉です。九月十八日（金）私は心静かに皇居宮殿を訪問し、天皇皇后両陛下、上皇上皇后両陛下に法務副大臣退任の挨拶記帳をさせて頂きました。続いて秋篠宮邸、寛仁親王妃邸、三笠宮東邸、三笠宮邸、高円宮邸、常陸宮邸にもそれぞれ訪問させて頂き法務副大臣退任の挨拶記帳をいたしました。そして連休明けの九月二十三日に、新旧法務副大臣の事務引継ぎを行い、法務省職員への離任挨拶の後、多くの職員に見送られながら1年間汗を重ねた法務省を後にしました。皆様のお蔭で「全て」

がございます。今後も一層の精進を重ね国を地元を守りながら、皆様の御期待に応えてまいります。今週も地道な汗を重ね続けます。どうぞ見守っていてください。

あとがき

変化こそ、唯一の永遠である（岡倉天心）。

五十歳を前にして、幼いころから接してきたこの箴言《しんげん》が真にこの身に沁み入るようになりました。

歴代最長政権を率いた安倍晋三内閣総理大臣は停滞を余儀なくされていた当時の我が国を憂い「日本を保守するために、変えるべきは断固変える」という毅然たる姿勢で「強くて優しい日本」の創生に粉骨砕身尽力されました。

あれから約八年――危機の時こそ「真価」は鮮明に映し出されます。

世界が新型コロナウイルス・パンデミックに揺れる中、我が国は今、堂々たる存在感を発揮しております。「新しい生活様式」が「日常」へと変化しつつありますが、我が国、そして日本人の新型コロナという未知のウイルスへの向き合い方は、間違いなく「範」として後世に受け継がれていくでしょう。また、この危機の中で日々成長している子どもたちは新たな時代を担うにふさわしい「強く優しいリーダー」へと成長してゆくことでしょう。「改革」は「目的」ではありません。あくまで「大切なもの」を守り抜くための「手段」です。我々為政者の責務とは、その「大切なもの」を、身体を張って国民、そして世界に示すことであると私は考えております。

この約六年間、私は雨の日も、風の日も、雪の日も、毎朝、地元の駅頭や交差点に立って早朝より責任へと向かわれる皆様に御挨拶することから一日を始めてまいりました。

地元を守る、日本を取り戻す——そのためには徹底した自己改革を断行しなければならない。六年前の小選挙区での敗北（比例復活当選）受け、私は「天・地・人を尊び地元の汗と土になる」という決意を胸に新たなスタートを切りました。本書の原文となっている『週刊よしいえ』も同様の理由から創刊いたしました。

もし私があの日決意した「自己改革」を途中で投げ出していたなら、こうして皆様と分かち合っている「今」は、まったく違う「今」となっていたことでしょう。守るために、変わる。その姿勢を貫き通せたからこそ、こうして皆様に思いを伝え続けることができているのです。

これまで私は地元の皆様の庇護のもとで衆議院議員を続け、安倍前総理を始めとする諸先輩の庇護のもとで国政におけるキャリアを築いてまいりました。

しかし、そんな私も程なく生誕五十年――一切の甘えを排して厳然たる覚悟を胸に「更なる高み（更なる深み）」を目指す朝を迎えねばなりません。

我、今こそ新章の扉を開く。

天の時
地の利
人の和

これからも、何よりそれを尊ぶ為政者として生きてまいります。

そしていつの日か自らの歩みを振り返った時、本書が新たな扉を開く鍵の役割を果たした――そう回想できることを願いながら、新著『一隅《いちぐう》を照らす』を真心《まごころ》込めて皆様のお手元にお届けさせて頂きます。

令和二年十一月十八日

義家《よしいえ》弘介《ひろゆき》拝

義《よし》家《いえ》弘《ひろ》介《ゆき》　プロフィール

衆議院法務委員長。1971年3月31日生まれ。明治学院大学法学部法律学科卒業。大学卒業後、母校の高等学校に教師として赴任。その後、横浜市教育委員会委員、内閣官房教育再生会議担当室長を務める。参議院議員、議員運営委員会理事、文部科学大臣政務官、自民党副幹事長、文部科学委員会筆頭理事、地方創生特別委員会理事、文部科学副大臣、法務副大臣を歴任。2020年7月、国会議員在職13年を迎えた。現在、神奈川県第16区（厚木市、伊勢原市、相模原市の一部、座間市の一部、愛川町、清川村）選出の衆議院議員3期目、神奈川県厚木市在住。

一隅《いちぐう》を照らす

ISBN　978-4-319-00342-6

令和2年11月18日　第1刷発行

著　者　　義家弘介

発行者　　協同出版株式会社
代表者　小貫輝雄
〒101－0054
東京都千代田区神田錦町2－5
電話　編集 03－3295－6291　営業 03－3295－1341

印刷者　　協同出版・POD工場
振替　東京00190－4－94061

落丁・乱丁はお取り替えいたします。定価はカバーに表示してあります。

本書の全部または一部を無断で複写複製（コピー）することは，著作権法上での例外を除き，禁じられています。